房地产开发新兵入门丛书

写字楼新兵入门

刘丽娟　主编
天火同人房地产研究中心　策划

中国建筑工业出版社

图书在版编目（CIP）数据

写字楼新兵入门/刘丽娟主编；天火同人房地产研究中心策划.—北京：中国建筑工业出版社，2015.8
（房地产开发新兵入门丛书）
ISBN 978-7-112-18225-1

Ⅰ.①写… Ⅱ.①刘…②天… Ⅲ.①行政建筑—房地产开发—基本知识 Ⅳ.①F293.3

中国版本图书馆CIP数据核字（2015）第141730号

本书全面介绍了写字楼投资建设、经营管理、品质提升的基本知识和方法。共6章，包括写字楼概况、写字楼投资盈利分析、写字楼项目前期策划、写字楼产品规划设计、写字楼营销管理、写字楼物业管理。书中文图结合，文字叙述条理清晰，内容丰富，便于阅读学习。

本书可作为写字楼房地产开发管理从业人员的工作学习用书，也可作为大专学校相关专业师生教学参考资料。

责任编辑：封　毅　周方圆
责任校对：李欣慰　党　蕾

房地产开发新兵入门丛书

写字楼新兵入门

刘丽娟　主编

天火同人房地产研究中心　策划

*

中国建筑工业出版社出版、发行（北京西郊百万庄）
各地新华书店、建筑书店经销
北京京点图文设计有限公司制版
北京中科印刷有限公司印刷

*

开本：787×1092毫米　1/16　印张：20　字数：319千字
2015年11月第一版　2015年11月第一次印刷
定价：68.00元
ISBN 978-7-112-18225-1
（27460）

版权所有　翻印必究
如有印装质量问题，可寄本社退换
（邮政编码　100037）

本书编委会

策划
 天火同人房地产研究中心

主编
刘丽娟

编委

刘丽娟	龙　镇	肖　鹏	张连杰	成文冠	孙权辉	金　毅
周国伟	吴仲津	曾庆伟	林樱如	陈秋珊	杨春烨	邓钰彬
樊　娟	叶雯枞	杨　莹	卜鲲鹏	曾　艳	刘丽伟	王丽君
卜华伟	张墨菊	林德才	林燕贞	陈越海	冯　墨	董　丽
			王晓丽	李林发	张展飞	廖金柱

执行主编
林樱如

美术编辑
广州恒烨广告设计有限公司

前言

"写字楼"一词起源于英文中的"office",后经中国香港、澳门翻译成"写字楼"。20世纪80年代随着港产电影进入内地,首先在东南沿海的广州、深圳等经济发达城市流行起来。后来由于中国香港、澳门地产商进入北京、上海等内陆地区,"写字楼"这一叫法逐渐成为国内房地产行业中商务办公物业的代名词。

中国写字楼市场在二十几年的发展过程中,有过辉煌也有过低迷。近年来,越来越多的外资公司进入中国,中小企业不断建立和发展,写字楼的市场需求也在不断增加,高标准的写字楼价格不菲,成为房地产类别中极具投资价值的项目。高收益伴随着高风险,写字楼是宏观经济的显示器,同时也是房地产市场中抗经济风险最低的物业。对于初级投资者来说,投资写字楼要慎重。

随着经济的发展,写字楼的需求量与日俱增,人们对写字楼产品的要求和期望也越来越高。为顺应市场要求,写字楼对开发商在硬件配置、智能化、立面形象、物业服务等方面的要求不断提高,逐步提升了写字楼的开发门槛。对于写字楼开发商来说,在机会与竞争并存的大环境下开发写字楼,需要开拓思维,注重写字楼开发的全过程管理及全程营销。

基于写字楼投资开发的背景,本书重新对写字楼的理论体系进行梳理,先是总括性地描绘了过去我国写字楼的发展,同时对写字楼未来的趋势进行展望。紧接着列出了写字楼投资决策的要点、投资盈利评估的策略及投资风险的规避方法,从实践经验和科学方法两个方面为投资者提出写字楼投资建议。除此之外,本书以较大的篇幅介绍写字楼的全过程管理及全程营销。在这部分内容中,本书将写字楼开发过程划分为前期策划、产品规划设计、营销管理及物业管理四个阶段,每个阶段中以分点解析的方式为写字楼入门者提供开发、运营指导。

编撰过程中还从读者角度出发,把要点通过图、表的形式提取出来,提高可读性,便于读者理解、记忆。

目录 CONTENTS

01 写字楼概况　　　　　　　　　　　　　　007

第一节　我国写字楼历史沿革……………………………………………008
第二节　国内一线城市写字楼历史演变…………………………………014
第三节　写字楼的4种分类………………………………………………022
第四节　写字楼的6个特点………………………………………………032
第五节　写字楼的6个发展方向…………………………………………033

02 写字楼投资盈利分析　　　　　　　　　　041

第一节　中国写字楼投资的市场状态……………………………………042
第二节　写字楼投资决策要点……………………………………………051
第三节　写字楼投资盈利评估策略………………………………………060
第四节　规避写字楼投资风险……………………………………………069

03 写字楼项目前期策划　　　　　　　　　　089

第一节　写字楼市场调研分析……………………………………………090
第二节　写字楼项目可行性分析…………………………………………112
第三节　写字楼项目定位…………………………………………………138

04 写字楼产品规划设计　　　　　　　　**161**

第一节　写字楼产品规划设计全程管理……………………………… 162
第二节　掌握写字楼产品规划设计要点………………………………… 173
第三节　写字楼建筑规划设计6个模块………………………………… 181
第四节　写字楼设施设备设计…………………………………………… 219

05 写字楼营销管理　　　　　　　　　　**235**

第一节　写字楼营销概要………………………………………………… 236
第二节　写字楼销售管理………………………………………………… 250
第三节　写字楼租赁经营………………………………………………… 273

06 写字楼物业管理　　　　　　　　　　**289**

第一节　写字楼物业管理全程介入……………………………………… 290
第二节　写字楼物业精细化管理………………………………………… 307

写字楼概况

操作程序

第一节　我国写字楼历史沿革
第二节　国内一线城市写字楼历史演变
第三节　写字楼的4种分类
第四节　写字楼的6个特点
第五节　写字楼的6个发展方向

写字楼是指专门为商务、办公等活动提供空间的建筑及附属设施、设备和场地。本章按照写字楼的"历史沿革——业态要点——未来方向"的线索，分别对全国一线城市写字楼作了梳理和分析，以解说写字楼这种地产业态的全貌（图1-1）。

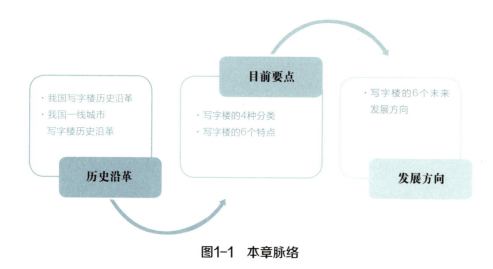

图1-1 本章脉络

第一节 我国写字楼历史沿革

我国写字楼由实行行政管理的办公楼演变到现代化的商品写字楼，其性质、结构、体制、用途等都在不断更新。依据写字楼的构造形式，把写字楼主要分为第一代写字楼、第二代写字楼、第三代写字楼和第四代写字楼；依据市场的发展轨迹，把我国写字楼市场大致划分为超速增长（1992～1996年）、萧条萎缩（1997～1999年）和稳步回升（2000年至今）三个阶段（图1-2）。

一、我国"写字楼"概念的由来

"写字楼"（office building）一词是由境外传入的。按照国内过去的习惯，通常称为"办公楼"。主要作为供各种政府机关的行政管理人员和企事业单位的职员办理行政事务和从事业务活动之用，由办公用房、辅助用房和交通系统三部分组成，一般不允许用于人员居住。

"写字楼"一词起源于英文中的"office"，后经我国香港、澳门翻译成"写字楼"。20世纪80年代随着港产电影进入内地，首先在东南沿海的广州、深圳等经济发达城市流行起来。后来由于港澳地产商进入北京、上海等内陆地区，"写字楼"这一叫法逐渐成为国内房地产行业中商务办公物业的代名词。

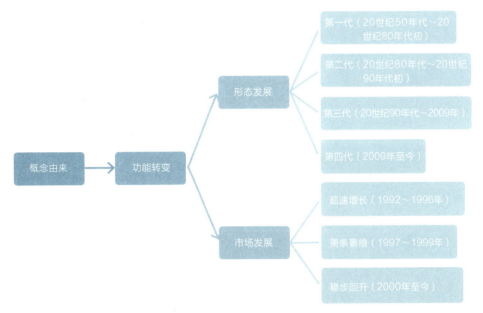

图1-2　我国写字楼历史沿革

二、我国"写字楼"功能的转变

　　计划经济时期，中国传统生产方式中没有写字楼，只有行政机构管理的单位办公楼，管理也是一种只对内的封闭式行政管理。

　　最早出现的写字楼，是因商务活动的需要而集中在一群小房子中的各自独立又相互紧密联系的相关业务群体。

　　从建筑形式的方面说，建筑师从土地集中有效利用和减少风雨中的交通时间与距离考虑，开始将这些分散的小房子堆在一起向高发展，把银行、律师、会计师、商业客户集中在一起。随后发现被集中的工作人群，还有喝咖啡、吃饭、休闲、健身、合并使用公共服务功能的需求等问题，写字楼建筑设计中就增加相应的功能设施（如集中的卫生间、开水间、餐厅、健身房等）。

　　目前，功能设施齐全的商务化写字楼、具有特殊生存空间的商住楼迅速崛起，志在为各类公司提供更理想的办公空间，进而拉动了房地产业的迅猛发展。

　　现在写字楼的概念，不仅限于以往办公场所，而成了新兴服务行业所必需的生产空间。写字楼成为城市第三类建筑就必然有为它服务的饭店及公寓、商业、餐饮业、娱乐设施等相应的综合配套建筑，这些建筑综合在一起便形成了现代城市的中心，也就是中心商务区（图1-3）。

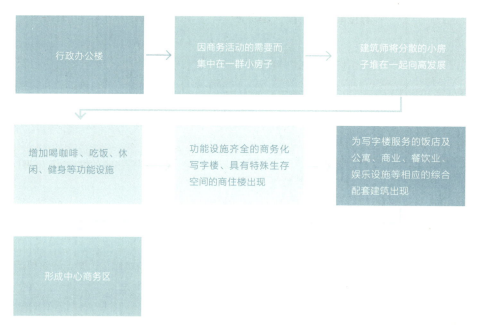

图1-3　写字楼功能演变史

现代办公楼正向综合化、一体化方向发展，由于城市土地紧缺，特别是市中心区地价猛涨，建筑物逐步向高层发展，使许多中小企事业单位难以独立修建办公楼，因此，房地产综合开发企业修建办公楼，分层出售、出租的业务迅速兴起。

三、我国写字楼形态发展的 4 个阶段

从写字楼构造形式看，写字楼的发展主要分为四个阶段（见表1-1）。

我国写字楼形态发展的 4 个阶段　　　　　　　　　　表1-1

发展阶段	第一代写字楼	第二代写字楼	第三代写字楼	第四代写字楼
	真空期	萌芽期	发展期	井喷期
时间	20世纪50年代～80年代初	20世纪80年代～90年代	20世纪90年代～2009年	2009年至今
代表形式	普通型商务写字楼	综合型仿国际标准写字楼	智能型商务写字楼	国际型顶级商务写字楼

01 写字楼概况

续表

发展阶段	第一代写字楼 真空期	第二代写字楼 萌芽期	第三代写字楼 发展期	第四代写字楼 井喷期
结构	采用沉重的砖石结构墙体	砖石材料为主，但注重写字楼的时代性、审美性和实用性	采用框架剪力墙	钢结构
层高	不超过6层	从6～8层向高空间格局发展	多数超过20层	比高阶段，以建设区域标志性建筑高度为标准
功能	多为自用型行政办公楼	分层、分区出租、出售给业主或租户，实现写字楼物业的商业化	多为营利型，通过运营管理、提供配套服务获取利润	打造国际影响力、扩大知名度、赢取利益
模式	事业型行政化管理	逐渐出现土地划拨，由发展商统一开发商务写字楼	土地出让、产权形式	土地出让、产权形式、国家给予政策鼓励
配套	自成体系，围墙围地，独门独院并配有小礼堂、食堂、车库、锅炉、医务室、托儿所等机构，自给自足的局面。功能上只提供简单办公场所，陈旧的通信手段，大食堂式的午餐服务，传达室式的报刊信件收发，值班室式的保安措施等项内容	配备消防系统、空调系统、给水排水系统、中控系统、避雷系统、通信系统等现代化设施；配备了商务中心	5A写字楼标准：通信自动化（CA）、办公自动化（OA）、建筑设备自动化（BA）、防火自动化（FA）、安全保卫自动化（SA），人性化服务，商务中心、票务、问询、邮政、银行、美容美发、康乐、洗衣、工作餐、标准服务、特约服务、停车场、保洁、保安服务等内容	基本与第三代写字楼相同，但建筑标准上有更深一层的突破

> **链接**
>
> **第四代写字楼的特点**
>
> 和前三代写字楼相比,第四代写字楼具有以下4个特点:
>
> **特点1. 目标客户明确**
>
> 第四代写字楼瞄准各类跨国企业、外资企业以及有实力的国内大中型企业,最大程度地满足使用者对办公档次、舒适性和提升工作效率及效益的要求。
>
> **特点2. 景观要求更高**
>
> 国际上许多知名CBD或知名写字楼都是建在优美的自然景观附近。除了自然景观,写字楼内的绿色景观也越来越受欢迎,有共享交流功能的楼内中庭式花园将成为日后写字楼发展的一种趋势。
>
> **特点3. 更多商务空间**
>
> 随着网络的普及,资源共享成为提升工作效率的重要议题。办公环境规划将突破传统的"办公室+公共走廊"的空间模式,从封闭及注重个人隐私逐渐走向开放和互动。第四代写字楼更大程度地提供给大家商务共享空间,使办公空间趋于模糊化,在倡导交流沟通的基础上提高工作效率,将工作融入休闲中,打造全新的办公方式。
>
> **特点4. 提倡绿色环保**
>
> 第四代写字楼不仅注重外部环境景观,在内部办公空间中也广泛引入立体绿色景观,形成健康环保的办公空间。此外,如何巧妙地将自然空气引入办公楼内也成为"后非典时期"写字楼客户非常关心的问题。因此,目前正在规划中的大部分写字楼都已经将内部中庭花园和新风系统融进了设计当中。

四、我国写字楼市场发展的3个阶段

自20世纪90年代至今,我国写字楼市场的发展经历了三个阶段:超速增长(1992~1996年)、萧条萎缩(1997~1999年)和稳步回升(2000年至今)。

阶段1. 超速增长(1992~1996年)

商品写字楼市场始于20世纪90年代初,伴随着国内经济的快速增长,外来投资的增加,企业办公需求激增,而当时可供租售的写字楼物业异常短缺,租金直线上涨。上海、北京在1995年前后,租金水平达到历史最高点约[500元/($m^2 \cdot$月)]。高额利润驱使开发商大量地投资写字楼开发。据统计,1996年,北京、上海和广州三地写字楼投资额达到276亿元,占同期房地产投资额的24%。

01　写字楼概况

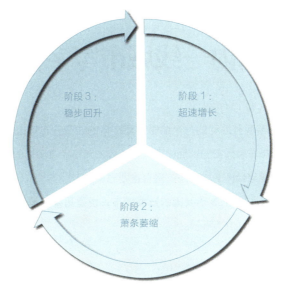

图1-4　我国写字楼市场发展的3个阶段

阶段2．萧条萎缩（1997~1999年）

随着国内经济增速放缓，从1997年开始，写字楼市场需求开始萎缩。北京、上海、广州的FDI和外资企业数目变化清晰地显示了这一趋势。而同期的写字楼供应却仍处于高峰，办公楼空置量迅速增加，1998年，上海写字楼空置量达到189万平方米，而同期租金水平也大幅下跌，三年下跌近7成。写字楼市场不可避免地进入发展调整期。

阶段3．稳步回升（2000年至今）

随着中国国际经济地位的提升，一方面，外资投资增长，外企数量迅速回升，带来了大量的办公需求。另一方面，国内经济回暖，内资企业实力增强、规模扩大，办公楼需求大幅增加。2000年起，各城市写字楼租金水平回升。2002年后，各城市写字楼租金水平呈现波动趋势。

2012年，我国写字楼市场整体表现平稳。一方面，写字楼租金涨幅与2011年相比明显收窄；另一方面，写字楼销售与2011年同期基本持平，写字楼价格涨跌持平。但在国内经济增长放缓以及外围经济持续疲弱的双重影响下，2012年全国优质写字楼的需求明显减弱。2013年，我国优质写字楼新增供应总量接近500万平方米。租赁需求方面，北京、上海、广州三地外资企业主导的成本节约型搬迁日益成为趋势，二线城市的较大面积需求则多来自金融、房地产及能源企业。

第二节 国内一线城市写字楼历史演变

写字楼经济是城市商务活动的一个缩影,写字楼的时空分布可以反映一个城市经济中心的变迁轨迹,是城市发展历史的"活化石"。因此,对写字楼市场的历史沿革进行探索,对于科学引导城市功能与结构的协调发展具有重要意义。

北京、上海、广州和深圳属于我国的一线城市,也是写字楼最先落户和领先发展的沃土,其写字楼历史沿革如图1-5所示。

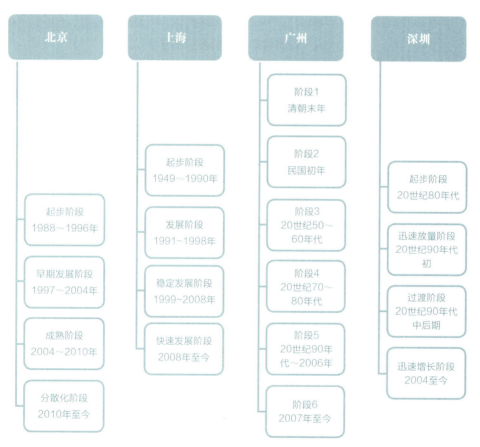

图1-5 北京、上海、广州和深圳写字楼历史沿革

一、北京写字楼的历史演变

北京写字楼市场的真正发展历史并不长,直到20世纪80年代中期才出现了真正意义的写字楼。

1. 起步阶段(1988～1996年)

早期北京写字楼建设主要是伴随涉外高档酒店的兴起,在日坛和三里屯使馆区的两个商务中心区形成的推动下,国际大厦(1985年)和赛特中心(1987年)使建国门外大街先于其他地区而成为北京写字楼发展的根据地。

1988～1992年间,国贸中心(1990年)成为北京写字楼历史的里程碑,使建国门外大街商务区中心向东偏移。亮马河区域一夜之间摇身成为高档商务区。

这个阶段,外资、国资、民营几方面力量共同在北京市写字楼市场之内博弈,打破了早期北京市写字楼市场单一的需求结构,为未来的多极化发展作好了铺垫,也初步奠定了北京市写字楼商圈的基本格局。

2. 早期发展阶段(1997～2004年)

1997～2000年间,金融街的崛起使得国内企业对写字楼的需求启动,打破了CBD国贸的垄断地位,给北京写字楼未来的多极化发展作好了客户准备。2000年以后,中关村凭借独一无二的人力资源和技术、贸易资源,以及个性化、人文化特色逐渐脱颖而出,形成了以高科技为核心的写字楼集聚区。

从2003年开始,北京的写字楼市场焕发了活力。无论写字楼的设计建造亦或写字楼的市场环境都得到了很大的提升。

3. 成熟阶段(2004～2010年)

2004年接连出现的京城写字楼被国外机构大单收购,以及2005年7月的房地产新政,都让人们的目光从被抑制的住宅市场转向了写字楼商业地产领域。

随着北京2008年奥运会的临近,城市的基础设施和规划都已经基本成形。

4. 分散化阶段(2010年至今)

2010年后,随着北京城市规划的各个功能区域的不断成熟,处于不同区域的写字楼也展现出了鲜明的区域功能特点,见表1-2。

北京写字楼4个发展阶段的经济背景及开发状态　　　　　　　　表1-2

	第一阶段	第二阶段	第三阶段	第四阶段
时间	1988～1996年	1997～2004年	2004～2010年	2010年至今
	起步阶段	早期发展阶段	成熟阶段	分散化阶段
背景	（1）外企进入，涉外高档酒店兴起； （2）1992年，土地有偿使用和外销商品房政策； （3）1992年北京商品交易所在亚运村的开张引发商住风暴； （4）1993年，北京金融街在国家政策下建成	（1）1997年亚洲金融危机； （2）1998年北京商品交易所被取消； （3）1999年中国成功加入WTO； （4）2001年7月北京申办2008年夏季奥运会成功； （5）2001年下半年，席卷全球的通货紧缩危机，"9·11事件"； （6）2003年，SARS疫情	（1）2004年初国家开始宏观调控，使得土地市场更加透明，开发市场趋向规范； （2）2005年房地产新政； （3）2008年，全球金融危机	—
写字楼市场特征	（1）写字楼需求主要源于外企； （2）外国直接的投资直线上升拉动写字楼需求攀升； （3）写字楼供给严重稀缺，导致入住率及租金高企	（1）大量新增供应及1997年亚洲金融危机导致写字楼需求入住率及租金降低； （2）2000年亚洲金融风暴逐渐消散和信息技术业在全球迅速崛起，推动写字楼入住率及租金稳步回升	（1）大型国有企业和海外基金投资，市场表现活跃； （2）写字楼市场需求减少； （3）三个主要区域市场—CBD、金融街与中关村先后形成，市场定位和角色出现细分	优质写字楼物业供应充沛，企业所赋予的扩租、搬迁选择更为丰富，由此衍生出更多议价条件，并主导市场由业主市场转化成租户市场，且形成市场细分化明显需求
发展区域	建国门、亮马河区域；亚运村、金融街	中关村、CBD、金融街	CBD商圈、燕莎商圈、亚奥商圈、中关村、上地商圈、二环商圈、北三环商圈	—

01 写字楼概况

续表

时间	第一阶段	第二阶段	第三阶段	第四阶段
	1988~1996年	1997~2004年	2004~2010年	2010年至今
	起步阶段	早期发展阶段	成熟阶段	分散化阶段
代表物业	国际大厦、赛特中心、国贸中心、燕莎中心、亮马河大厦，汇宾大厦，金阳大厦、通泰大厦、平安大厦	远大中心、名人国际中心	汇欣大厦、凯迪克大厦、新保利大厦	—

二、上海写字楼的历史演变

上海写字楼从1949年左右起步，六十几年间经历了四个阶段：起步（1949~1990年）、发展（1991~1998年）、稳定发展（1999~2008年）和快速发展（2008年至今），目前形成了陆家嘴、淮海路、人民广场、南京西路、虹桥和徐家汇六大商圈板块（见表1-3）。

● **上海写字楼发展的4个阶段**　　　　　　　　　　　　　　　表1-3

时间	第一阶段	第二阶段	第三阶段	第四阶段
	1949~1990年	1991~1998年	1999~2008年	2008年至今
	起步阶段	发展阶段	稳定发展阶段	快速发展阶段
背景	（1）改革开放政策；（2）社会主义市场经济体制；（3）外资引入；（4）办公房商业属性得以体现；（5）第三产业发展	（1）第三产业快速发展；（2）浦东大开发；（3）外资、外地企业大量进驻；（4）东南亚金融危机	（1）上海经济稳步增长；（2）世界500强企业进入上海；（3）办公房市场内外销市场并轨；（4）美国次贷危机	（1）2009年城市升级；（2）进入世博时代；（3）政府行政手段干预房产市场
发展区域	徐家汇、人民广场、外滩、南京路、淮海路	陆家嘴、虹桥	长风板块、四川北路、金桥	五角场、后世博板块

续表

时间	第一阶段 1949～1990年 起步阶段	第二阶段 1991～1998年 发展阶段	第三阶段 1999～2008年 稳定发展阶段	第四阶段 2008年至今 快速发展阶段
形成基础	传统核心	政府政策推动	产业升级导致的企业外溢	产业及城市升级
人均三产GDP（美元）	<1500		1500～6000	6000～7400

近年来，上海写字楼市场已形成以陆家嘴、淮海路、人民广场、南京西路、虹桥和徐家汇六大板块为主导的CBD区域。其中，陆家嘴板块以金融服务业类企业为主导；淮海路和南京西路板块以跨国企业为主导；人民广场板块以本土大企业、货运代理公司为主导；徐家汇和虹桥板块以服装类、加工类日本企业为主导，区域特征明显（图1-6）。

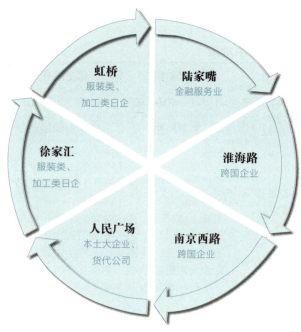

图1-6 上海写字楼市场六大板块

01 写字楼概况

三、广州写字楼的历史演变

广州市写字楼从清朝末年沙面的使馆大楼和买办洋行，到如今在珠江新城的高档写字楼，百年演变映射了广州一个世纪的发展轨迹。按时空迁移，可以把广州市写字楼的发展分为如图1-7所示6个阶段。

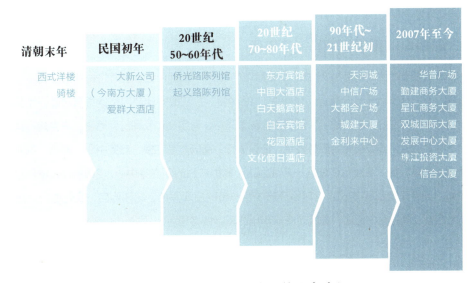

图1-7　广州市写字楼发展的6个阶段

阶段1. 清朝末年

清朝末年，写字楼以使馆大楼和买办洋行形式聚集在通商口岸，当时从事洋务买办业务的写字楼主要聚集在城外西关和沙面附近一带，所以像广州沙面，就成了广州商务写字楼的雏形。建筑形式主要是4～5层的西式洋楼和2～3层的骑楼建筑。进出使馆大楼和买办洋行的主要人群为洋商、巨贾、买办和官员。

阶段2. 民国初年

爱国华侨为寻求民族工商业的振兴，纷纷回国投资建楼办实业。广州沙面一带较著名的商贸办公楼有两个，一个是1914年澳洲华侨蔡兴等人集资兴办的大新公司（今南方大厦），一个是爱群大酒店，为爱国华侨陈卓平于1934年投资所建，楼高64米，15层，总建造面积为1.1万平方米，经营人寿保险和酒店业务。爱群大酒店建筑风格独特，外形仿美国摩天大楼，20世纪30年代曾夺华南地区的建筑物之冠，当时媒体称其为"开广州高层建筑之新纪元"，在海内外影响较大，素有"南中国之冠"的美誉。

阶段3. 20世纪50~60年代

本时期广州写字楼主要以酒店和展馆形式分布在海珠广场一带，当时著名的酒店爱群大酒店既是广州特征之一，也是涉外活动的重要场所。具有国际盛会之称的中国出口商品交易会，从1957年起首届至第10届的开、闭幕酒会的接待服务工作，均由"爱群"独家承担。侨光路陈列馆与起义路陈列馆成为当时特殊时期、具有特殊意义的商务写字楼代表，里面设有银行、邮电、保险、航运等服务台和样品零售处、酒吧间等。

阶段4. 20世纪70~80年代

本时期高档办公写字楼随着广交会新馆的北迁，蜂拥而至展馆南北一带和沿环市东路一带，写字楼多元化分布格局初见端倪。1974年，广交会乔迁至广州体育馆西面的流花路新馆（原中苏友好大厦扩建）。随后不少配套酒店、写字楼和公司纷聚而来。其中东方宾馆和中国大酒店是典型的综合服务楼宇，内设银行、商场、写字楼、商务中心、酒楼、旅业、娱乐和停车场等。会展经济使这一带成为这个时期广州的新商务中心。20世纪80年代初期沙面白天鹅宾馆及80年代中后期沿环市东路一带的白云宾馆、花园酒店、文化假日酒店等商务配套设施齐全的酒店，成就了商旅两用的写字楼格局。

阶段5. 20世纪90年代~2006年

1995~1998年，广州写字楼市场供应达到高峰，买家以港澳投资客为主。天河体育中心的建成以及天河城的成功运作带旺了体育中心四周的写字楼，天河圈层开始形成。典型代表建筑有中信广场、大都会广场、城建大厦、金利来中心，其中中信广场位于广州市天河区核心地段，总建筑面积32万平方米，共包括1幢80层办公楼、2幢38层附楼、4层商场裙楼及2层地下停车场。主楼高达391米，混凝土结构标高333米，是广州市标志性建筑，一度成为华南地区第一高楼、全省最高建筑物、世界上最高纯混凝土结构写字楼。

阶段6. 2007年至今

2007年后，珠江新城开发迅猛，珠江新城的写字楼在硬件配套及办公理念方面突显了质的飞跃，其"质"变主要表现在四个方面：

（1）办公设备人性化

珠江新城写字楼办公设备的人性化体现在五方面：1）间隔面积较为灵活；2）一部分写字楼更可以满足24小时办公需要；3）智能化方面，大部分写字楼能符合5A智能化配套标准；4）商务配套进一步升级，如华普广场配套有多功能会议中心、大型展览厅，双城国际配备大型生态会所等,让办公环境配套更齐全更舒服;5)写字楼实用率明显提高,在满足使用要求前提下,尽量压缩交通及辅助面积,如图1-8所示。

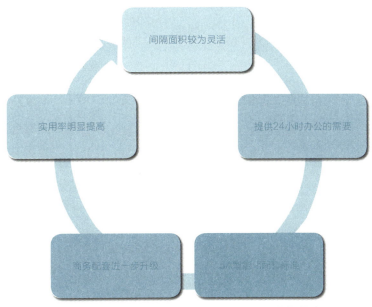

图1-8 珠江新城新建写字楼办公设备人性化的表现

(2)建筑设计有创意

珠江新城写字楼在设计创意方面有了提升,如勤建商务大厦特色的纯复式写字楼生态设施等各方面的配置素质都较高。

(3)智能化升级

珠江新城写字楼智能化设备较为先进,具备5A智能化系统,如勤建大厦、华普广场等。

(4)环保建材

写字楼越来越追求健康、环保。位于珠江河畔的发展中心大厦外立面就用了纯天然砂岩、翡翠玻璃陶瓷、低辐射LOW-E中空镀膜保温玻璃等环保建材。

四、深圳写字楼的历史沿革

20世纪80年代以来,伴随着产业发展和政府导向,深圳的商务发展一路从罗湖口岸西进到宝安,写字楼的发展也随之经历了4个阶段,见表1-4。

深圳写字楼发展的4个阶段　　　　　　　　　　　　　　　　表1-4

时间	第一代写字楼 起步阶段 20世纪80年代	第二代写字楼 迅速放量阶段 20世纪90年代初	第三代写字楼 过渡阶段 20世纪90年代中后期	第四代写字楼 迅速增长阶段 2004年至今
特征	仅满足基本功能	内部空间开始针对客户灵活分割，初步体现智能化	具有5A级智能化和初级环保理念	向国际水准看齐，强化人性化和绿色环保办公理念
代表物业	国贸大厦、深业大厦、联兴大厦	电子科技大厦、中银大厦	地王大厦、赛格广场、江苏大厦	卓越时代广场、国际商会中心、诺德中心、卓越世纪中心、华润大厦
所处区域	人民南路	蔡屋围、华强北	蔡屋围、华强北	中心区、中心西
片区特质	依附于罗湖口岸	蔡屋围：金融聚集、交通便利	华强北：电子科技类企业集中区域，民营商贸企业扎堆	中心区：城市心脏定位，市政配套完善，大型企业和行业领先企业聚集；中心南：中小型科技类工贸企业、创业型企业集中地

第三节　写字楼的4种分类

写字楼作为一种房地产业态，历经多年更迭，其功能和形态不断变化，一些写字楼在硬件配置、智能化、立面形象、物业服务等方面的追求越来越高。市场上数量众多的写字楼功能多样、形式各异，涌现出不少标榜"5A"、"5A甲级"等的写字楼。

目前，我国写字楼分类标准尚未成熟，一般按建筑规模、功能复合程度、品质档次和现代化程度4个方面对写字楼进行分类，如图1-9所示。

01　写字楼概况

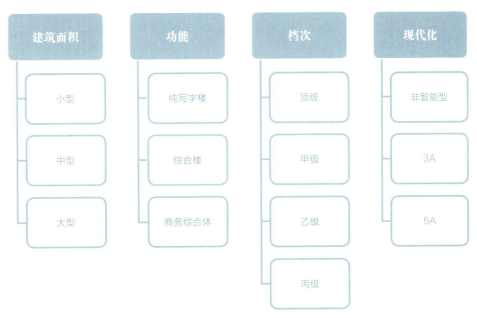

图1-9　写字楼的4种分类方法

一、按建筑面积划分为3类

根据建筑面积的大小，一般把写字楼分为3个类别，见表1-5。

写字楼按建筑面积分类　　　　　　　　　　　　　　　　　表1-5

类别	建筑面积（万m²）
小型写字楼	<1
中型写字楼	1～3
大型写字楼	>3

二、按功能复合程度分为3类

原始写字楼仅有办公功能，随着经济发展，写字楼逐渐注重居住、商场、酒店等功能的结合，按照使用功能的复合程度，把写字楼分为单纯型写字楼、商住型写字楼和综合型写字楼三类，如图1-10所示。

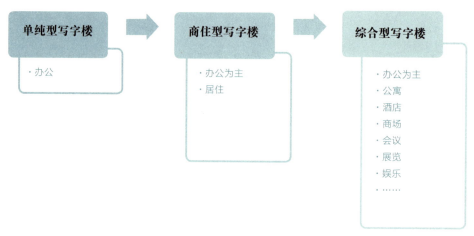

图1-10 按功能复合程度把写字楼分为3类

1. 单纯型写字楼

这类写字楼基本上只有办公一种功能,外加部分底层或裙楼商业,除此再无没有其他功能。单纯型写字楼是办公功能占绝对优势的物业类型,底层虽然有银行、咖啡店、高级餐厅、商务中心、娱乐场所、会议室等商业配套,但都是为办公活动提供服务。

2. 商住型写字楼

既能提供办公又能提供住宿的写字楼。这类楼宇又分为两种,一种是办公室内有套间可以住宿,另一种是楼宇的一部分作为办公,另一部分作为住宿,如图1-11所示。

图1-11 商住型写字楼的两种类别

3. 综合型写字楼

综合型写字楼是指以办公为主，同时又具备其他多种功能，如有公寓、商场、展示厅、舞厅、保龄球场等综合性楼宇，但各功能部分所占楼宇面积比例不太大，用于办公的部分依然是主要功能分区，如广州的世贸大厦。

三、按品质档次分为4类

所谓甲级、乙级、丙级写字楼主要是参照了星级酒店的评级标准，是房地产业内的一种习惯称谓。写字楼划分主要以硬件和软件为依据。硬件方面包括楼宇外观设计、内外公共装修标准是否具有超前性，是否达到5A写字楼水平；设备设施（如电梯等候时间、中央空调管式数量、停车位数量）、配套服务设施（电力负荷、绿化、夜间照明）等方面是否与世界甲级写字楼水平同步；软件方面主要指物业管理服务是否达到星级酒店标准。按照上述标准，写字楼分为顶级、甲级、乙级、丙级4个等级（图1-12），四种写字楼的功能类型见表1-6。在中国的办公楼市场而言，也有高档物业（甲级写字楼）、中档物业（乙级写字楼）、低档物业（丙级写字楼）的划分法。顶级写字楼与国际写字楼标准相符，甲级是按照本地市场现行标准划分的。

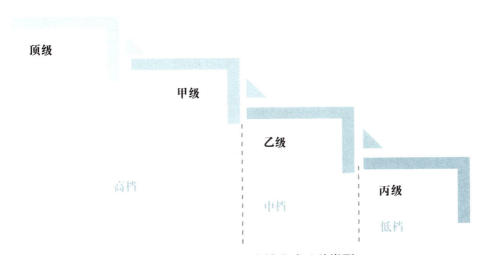

图1-12 按档次把写字楼分成4种类型

4种档次写字楼的功能形态类型

表1-6

档次\指标	顶级写字楼	甲级写字楼	乙级写字楼	丙级写字楼
区位	位于核心商区	位于主要商务区或副城市中心区	商务区辐射区或较好城区位置	主要商务区的辐射区或一般城区位置
交通	位于重要地段，可接近性极佳，临近两条以上的主干道。有多种交通工具和地铁直达	可达性好、临近交通主干道，有多种交通工具直达	有交通线路到达，交通较方便	基本满足交通可达性要求，有交通路线可到达
建筑规模	>5万m^2	1万~5万m^2	无具体标准	无具体标准
装修标准	石材、玻璃幕等高档材料作外立面，大堂、电梯厅、洗手间等公用部分装修达五星级以上酒店装修标准	高档材料做外立面，大堂、电梯厅、洗手间等公共部分装修达四星级以上酒店装修标准	面砖或瓷砖做外立面；有大堂，大堂地面为地砖，墙面为瓷砖或高级漆，有吊顶；公共部分地面为地砖或铺中档地毯，墙面刷白；卫生间用合资或国产中高档洁具等	无具体标准
设备及办公空间	标准层净高不低于2.7m，公共空间可灵活分割，功能多样，国际知名品牌中央空调，有楼宇自控、安全报警、综合布线等	名牌中央空调、楼宇自控、安全报警、综合布线等	有中央空调系统、安全报警；无楼宇自控、综合布线	有中央空调系统、安全报警；无楼宇自控、综合布线
配套设施	配套商务、生活休闲娱乐设施，会议室、邮局、银行、员工餐厅、停车位充足等	配套商务、生活设施，会议室、邮局、银行、员工餐厅、停车位充足等	有专用地上、地下停车场	无要求

续表

指标 档次	顶级写字楼	甲级写字楼	乙级写字楼	丙级写字楼
智能化	3A~5A	≥3A	无要求	无要求
客户	全球500强等国内外知名企业	国内外大中型知名企业	国内中小企业、创展型企业	国内中小企业、初创型企业
物业公司		国家一级物业公司	无要求	无要求

四、按现代化程度分为3类

根据写字楼的现代化程度，将写字楼分为非智能型写字楼、3A写字楼和5A写字楼，如图1-13所示。

图1-13　3A写字楼与5A写字楼的关系

1．非智能型写字楼

传统的、不具备通信自动化、办公自动化、建筑设备自动化、楼宇管理自动化等现代功能的写字楼即为非智能型写字楼。

2．3A写字楼

3A写字楼的"3A"指的是OA（办公智能化）、BA（楼宇自动化）和CA（通信传输智能化），楼宇控制、消防、安保的智能化程度不够高，所以SA（安保智能化）、FA（消防智能化）包含在BA（楼宇自动化）中。

3．5A写字楼

高科技智能控制系统在写字楼领域的运用日益广泛，楼宇控制、消防、安保的智能化程度越来越高，并成为独立控制子系统，发展成为今天的"5A"，即OA（办公智能化）、

BA（楼宇自动化）、CA（通信传输智能化）、FA（消防智能化）和SA（安保智能化）（表1-7）。

5A智能化系统从根本上说，体现了科技使人得到更多智能支持，从而创造更多的价值（图1-14）。

具体体现为：（1）使各类高科技产品与建筑有机结合；（2）实现写字楼大厦中水、电、空调、消防、安保的监测和控制；（3）5A智能化的运用可节约大量能源，直接降低用户的使用成本；（4）让每位用户更方便、舒适，从而提高工作效率；（5）使写字楼设备处于最佳运行状态，延长使用寿命，系统运行费用低，维护方便。

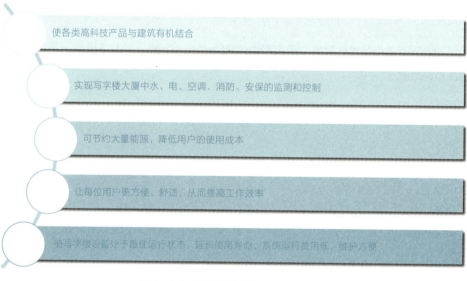

图1-14　5A智能化系统的价值

5A写字楼系统组成　　　　　　　　　　　　　　　表1-7

系统	组成
OAS （办公智能化系统）	计算机网络系统
	会议中心系统
	门厅多媒体查询系统
	物业管理计算机系统

续表

系统	组成
BAS （楼宇控制自动化系统）	冷热源系统
	空调系统
	变配电系统
	照明系统
	给水排水系统
	电梯管理系统
	停车库系统
	水电表自动抄送系统
CAS （通信传输智能化系统）	双向电视电话会议系统
	共用天线电视系统
	公共广播系统
	数字式用户交换机系统
	楼内移动电话系统
	综合布线系统
FAS （消防智能化系统）	防火电视监控系统
	烟感
	温感和火灾自动报警装置
	自动喷洒装置
SAS （安保智能化系统）	监视电视系统
	通道控制系统
	防盗报警系统
	巡更系统

链接

广义"5A"写字楼的评定标准

"5A"是针对智能化硬件方面的狭义5A写字楼，广义的"5A"指的是综合A级评定标准，包括以下5个方面，如图1-15所示。

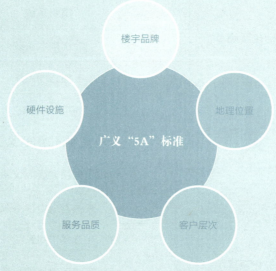

图1-15　广义的"5A"写字楼评定标准

（1）楼宇品牌的A级评定标准

写字楼是一个城市创造文化与财富的特定空间。写字楼品牌的形成，需要产品差异化特征、商务文化特征、服务经营理念、地域标志性物业和城市历史记忆的合力。从一定意义上说，处于"生产链条最高级"的写字楼，其发展脉络折射出一个城市的发展历程和特性。因此，成为城市商务区地标性建筑的写字楼，其品牌要与城市有极大的关联性，为城市未来发展提供重要价值。因此，具备较大区域影响力并能与城市品牌和谐统一的写字楼可以定为楼宇品牌标准A级。

（2）地理位置的A级评定标准

地理位置是投资和购买写字楼的关键要素之一。只有区位在城市现有或潜在商务区、地段良好、交通便捷和具有较高投资价值的写字楼才能获得地理位置标准的A级称谓。

（3）客户层次的A级评定标准

客户层次指的是入驻写字楼的业主或租户的层次。

大多数客户选择写字楼都有择邻而居的心理。因此一个写字楼的客户层次通

01 写字楼概况

> 链接

常是趋同的。同时,客户层次的高低也会直接影响新业主或租户的投资决策,因为较高层次的客户对自己公司形象会有较好的提升。

(4)服务品质的A级评定标准

服务品质一方面体现在高效的物业管理上,另一方面体现在对入驻企业的专业化商务服务上。比如,将洗衣、送餐这些酒店式服务改写为卫星会议、活动策划、会展中心等服务。又如,新型写字楼不仅能够实现全天候空调节假日无休,还在送餐、夜餐甚至代办员工地铁月票等方面有创新。两者俱佳,将被认为其具备服务品质A级标准。

(5)硬件设施的A级评定标准

主要考核建筑设计和建筑功能的创新以及所用的建筑技术、标准层高、标准承重、弱电系统、新风系统,以及电梯品质及数量、智能化程度等(图1-16)。上述方面如有两项以上不能达到优良,则不能获得硬件设施标准A级。

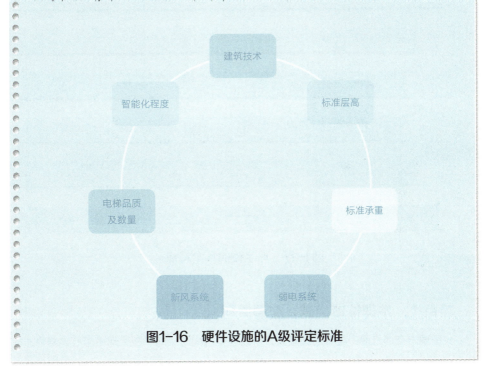

图1-16 硬件设施的A级评定标准

第四节　写字楼的6个特点

　　写字楼对周边商务氛围、交通的依赖性远高于住宅。同时，写字楼的硬件设备，如电梯、空调、智能化系统配置也倍受人们关注。人们对办公商务环境追求的不断提高，办公理念不再仅局限于简单的格子间，对其周边娱乐设施、购物场所的要求也不断提升。写字楼作为以办公功能为主要价值的建筑，与商场、住宅等建筑相比，具有显著特点，如图1-17所示。

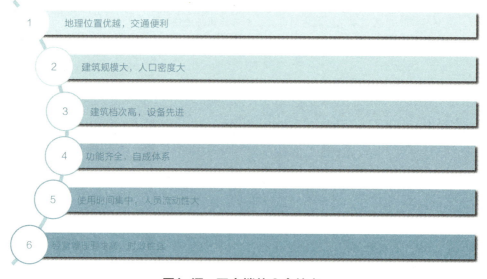

图1-17　写字楼的6个特点

特点1．地理位置优越，交通便利

　　大型城市交通方便、经贸活动频繁，所以各类机构均倾向于在大都市中心地带建造或租用写字楼，以便集中处理公务和经营等事项。以金融、贸易、信息为中心的大城市繁华地段，写字楼更为集中。

特点2．建筑规模大，人口密度大

　　写字楼多为高层建筑，楼体高、层数多、建筑面积大，办公单位集中，其间可以拥有几十甚至上百家租赁单位,工作人员以及往来客人将形成巨大的人流。

特点3. 建筑档次高,设备先进

为吸引有实力的公司机构进驻办公,满足他们体现身份、高效办公的要求,写字楼一般所用的建筑材料都较为高档先进,外部装饰大都会有独特的格局、色彩,内部一般都配有先进的设施设备,如给水排水系统、供电系统、中央空调、高速电梯、保安消防系统、通信系统、照明系统等。

特点4. 功能齐全,自成体系

现代写字楼一般还拥有自己的设备层、停车场,以及商场、商务、娱乐、餐饮、健身房等工作与生活辅助设施。为客户工作和生活提供很多方便,满足他们高效办公工作的需要。

特点5. 使用时间集中,人员流动性大

一般来说,写字楼物业使用时间比较集中,多数在早8：00点以后、下午6：00点以前。上班时间整个物业是人来人往,川流不息,下班后是人去楼空,冷清异常。这一特点决定了写字楼物业管理必须有相应的特殊安排。比如,把清洁、维修工作安排在8：00点之前和18：00点之后,上下班高峰期增加停车场管理人员等。

特点6. 经营管理要求高,时效性强

由于现代写字楼本身规模大、功能多、设备先进,加之进驻的多为大型客户,各方面的管理要求自然较高；另外,由于写字楼具有收益性物业的特性,高的出租（售）率是获得良好稳定收益的保证。经营管理不当,就不能赢得客户,而当期空置即意味着当期损失,所以其经营管理的实效性极强。

第五节　写字楼的6个发展方向

建筑材料的改进和技术水平的提高,以及城市中心地价的不断上涨,写字楼逐渐向高

层和超高层发展。在写字楼集中地区往往形成城市的"中心商务区",为社会各行各业、各部门提供集中办公的场所,缩短了社会各方面人员的空间距离。为满足大城市里各种不同用户的需求,写字楼越来越专业化和富有灵活性,如有些建筑专门供给政府机关、企事业单位、文化教育、金融、保险以及律师等办公使用,并配备有相应的设施。写字楼已成为现代城市发展的重要组成部分,与城市发展一同响应生态化和智能化是必然趋势。从发展趋势上说,未来写字楼有以下6个可能的发展方向,如图1-18所示。

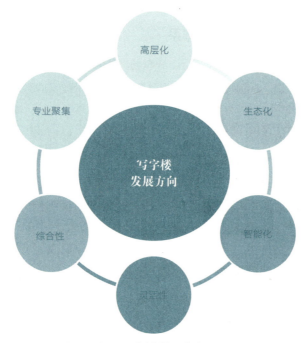

图1-18 写字楼的6个发展方向

一、建筑逐渐向高层化发展

城市土地资源日益稀缺,电梯技术的不断提升和改进,发达资本主义国家涌现出众多高层、甚至超高层建筑,世界第一高楼的高度每年都在不断刷新。全球早期的摩天大楼主要出现在美国,帝国大厦、洛克菲勒中心等知名建筑,这不仅是就商业的建筑形式而言,更是美国经济发展黄金年代的标志和象征。20世纪90年代中国也迎来了建设摩天大楼的高峰期。中国台湾的101大厦,建筑高度已经超过500米;中国内地的上海环球金融中心高达632米。

01 写字楼概况

> **案例**
>
> ### 哈里发塔（迪拜塔）
> ### ——世界第一高楼
>
> 哈里发塔有160层，总高828m，目前为世界第一高楼。哈利法塔的楼面为"Y"字形，并由三个建筑部分逐渐连贯成一核心体，从沙漠上升，以上螺旋的模式，减少大楼的剖面使它更加直往天际。至顶上，中央核心逐转化成尖塔，Y字形的楼面也使得哈利法塔有较大的视野享受。
>
> 哈利法塔37层以下是世界上首家ARMANI酒店，45～108层则作为公寓。第123层将是一个观景台，站在上面可俯瞰整个迪拜市。建筑内有1000套豪华公寓，周边配套项目包括：龙城、迪拜MALL及配套的酒店、住宅、公寓、商务中心等项目。

二、向生态化方向发展

世界范围内能源危机和中国能源紧缺都使建筑能耗问题受到更多的关注。写字楼生态化成为发展方向，它的重要本质有两个方面，如图1-19所示。

图1-19 写字楼向生态化方向发展的两个方面

1. 节能化

高舒适度、低能耗也是国际写字楼的发展趋势。

2005年7月1日，中国开始实施《公共建筑节能设计标准》，并要求强制执行，对新一代写字楼产品设计有了更为严格的限制。同时，建筑节能也已成为开发商和业主共同关注的问题，建筑能耗直接影响到后期运营成本。

国外研究资料显示，一栋写字楼产品使用寿命按30年计算，其运营成本将是这个建筑投资的3倍。作为业主，特别是持有物业的业主，能耗是不得不关注的问题。

2. 降低对自然环境的污染

这也是写字楼建设生态化一个很重要的内容。中央空调、玻璃幕墙的使用，加剧了城市温室效应、臭氧层的破坏，这方面正是我国房地产开发生态化写字楼常被忽视的问题。

要想综合解决写字楼保温隔热、遮阳、自然通风、防火、防噪声、便于清洁等方面的要求，只有在设计上深入研究，才能开发出适合中国不同气候的外墙系统和整体节能技术。

澳大利亚CH2大厦
——生态写字楼的典范

CH2是澳大利亚墨尔本市政府的一座办公楼，位于墨尔本市中心LittleCollins大街200号，2006年投入使用，被世人称为"澳大利亚最为绿色、最为健康的办公大楼，为未来的高层建筑树立了典范，为可持续设计和施工树立了世界级的标准。"CH2大厦也因其具有可持续性发展特征的设计和中心能量功效而获联合国建筑奖。

CH2大厦的生态设计包括：配有热式质量冷却系统，光电池，风力涡轮机，污水再处理系统，冷冻天花板和令人称奇的光电力循环木制天窗挂毯，此挂毯能追随太阳的轨迹，从而能调节室内温度，使其冷暖适宜。

三、向智能化发展

为了顺应互联网技术的飞速发展，写字楼项目的整体弱电系统已经成为项目建设基本要求。写字楼智能化技术是一种旨在提高大厦整体效率的技术，它更看重的是系统集成能力，而不是上述的"5A"。但写字楼弱电的多种线缆交叉引入，使写字楼弱电配置缺乏整合和不经济。

都市办公大楼
——第一幢"智能大厦"

1984年1月，美国康涅狄格（Connecticut）州哈特福特（Hartford）市，将一幢旧金融大厦进行改建，定名为"都市办公大楼"（City Place Building），这就是公认的世界上第一幢"智能大厦"。该大楼有38层，总建筑面积十万多平方米。当初改建

01 写字楼概况

> **案例**
>
> 时，该大楼的设计与投资者，并未意识到这是形成"智能大厦"的创举，主要功绩应归于该大楼住户之一的联合技术建筑系统公司（United Technologies Building System Co，UTBS），UTBS公司当初承包了该大楼的空调、电梯及防灾设备等工程，并且将计算机与通信设施连接，廉价地向大楼中其他住户提供计算机服务和通信服务。

四、向灵活性发展

写字楼产品向灵活性发展，主要是配合企业发展需求而产生。为顺应市场的瞬息万变，企业内部组织也会经常地发生调整和变化。

未来的写字楼要能够灵活适应各类客户的需要，表现在三方面：①能同时满足无论是大客户还是小客户的要求；②同时满足自用型、投资型客户的需求；③能适应客户空间、设备的调整等。要实现以上三个要求，写字楼需要做到以下二个方面的改进（图1-20）。

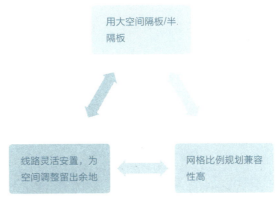

图1-20 写字楼向灵活性发展的三个要求

1. 用大空间隔板/半隔板

隔板在大空间的应用就是办公空间的一种灵活调整。毫无遮挡的大空间难免带来噪声和视线的干扰，采用可拆装的半隔断式的工作位置屏障，使工作人员在大空间办公室内形成"场"的感受。

2. 网格比例规划兼容性高

将室内地墙与吊顶平面按一定模数与尺度划分成为兼容性很高的网格。安排相同的灯光、空调、电器插头等装置，使这些网格能供租用者依自己需要安排隔断，以划分不同的空间面积，满足不同的使用要求。

3. 线路灵活安置，为空间调整留出余地

现代企业的互联网技术应用广泛，使得企业的每次办公室格局调整，都需要十分复杂的线路整改工作，电话线、网线等调整工作非常复杂。所以，未来写字楼要灵活安置办公自动化设备用的接电口，例如，按一定间距设置地插座；在地板中留有多孔道地面电线管和窗下线路柜；运用类似电子计算机房那样的架空地板，为未来增添各种设备用电留有更大的可变余地。

五、向综合性发展

由于入驻企业的实际生产和生活需求，使得仅仅具有单一功能的商用物业很难满足国际化企业的商务需求，因此如今很多写字楼项目将办公、商业、酒店、服务式公寓、高档公寓、会展等多种功能中2～3种结合起来（图1-21）。这样的写字楼不仅仅满足了入驻客户的商务及商业需要，同时也为开发企业深入挖掘土地价值提供了良好的解决方案。

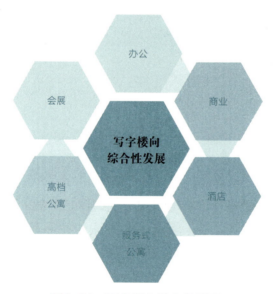

图1-21　写字楼向综合性发展

六、向专业聚集发展

越来越多的国内外企业随着业务量的迅速增长或扩租或搬迁至城市的一个大区域，形成区域写字楼市场的专业聚集群。这种专业聚集群可以称为"商务生态圈"。即未来商务生

态圈，不是简单地把高档写字楼都结合在一起，而是多种层次和类型的物业、产业相互结合共生发展的一个有机体。分布在生态圈内的众多相互关联、相互影响、相互依存的上下游企业，以一种互动的关系共同构成一个完整的产业生态链或商务群落，共同降低企业的商务成本，提升竞争力。

当这种互动处于良性状态时，就能够对整体区域发展提供长期价值支撑，从而使整个"商务生态圈"能形成一个更庞大的产业簇群。这种具有专业集中特点的商务区域，优势更为明显，机会更大，发展前景越来越被看好。图1-22所示为专业集群的特征。

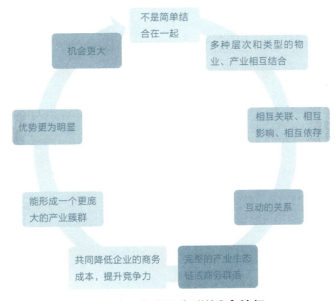

图1-22 专业聚集群的9个特征

市场上已经出现的商务集群，如，较为典型的中关村科技产业簇群，发展已经比较完善了，周边高校密集为产业提供了众多公共实验室和高素质低成本的人力资源；科技类一级产业的聚集也带动了元配件研发、制作、配送等二级产业的发展；科技类产品展示、销售的市场，以及风险基金、企业顾问等服务体系类的三级产业也已经发展形成。形成科技类企业及其上下游企业共同发展的局面，区域整体租金相对较高，但是为区域内企业提供了更大的发展空间、更多的商务机会。

另外，如很多城市已形成影视、广告等传媒企业聚集区域，以及金融、电信、证券、保险企业聚集区域，这些主体行业下一步所辐射的有关商务、服务机构也将集中在这个区域（图1-23）。

图1-23　市场上已经出现的商务集群

写字楼投资盈利分析

操作程序

第一节　中国写字楼投资的市场状态
第二节　写字楼投资决策要点
第三节　写字楼投资盈利评估策略
第四节　规避写字楼投资风险

大都市的商务精英对办公环境要求不断提升，写字楼除去原有交通地理要求之外，还要求行政配套齐全、建筑设计风格鲜明、通信设备先进、内部基础设施人性化以及拥有具备相关经验的物业管理公司等，被这种高标准需求拉动，高标准的写字楼价格不菲，成为房地产类别中极具投资价值的项目。

但写字楼投资存在固有缺陷和可能的风险，高标准写字楼的投资门槛不容小觑。理性的投资者至少要做到以下四点：（1）了解写字楼投资背景；（2）掌握写字楼投资要点；（3）能用科学的方法评估写字楼投资盈利；（4）不规避写字楼投资风险。写字楼投资盈利分析如图2-1所示。

图2-1 写字楼投资盈利分析

第一节 中国写字楼投资的市场状态

中国写字楼市场在过去的二十几年里，有过辉煌也有过低迷。近年来，越来越多的外资公司进入中国，中小企业不断建立和发展，写字楼的市场需求也在不断增加。图2-2为我国写字楼投资背景。

图2-2 我国写字楼投资背景

02 写字楼投资盈利分析

一、写字楼投资进入房产投资的第三阶段

按照投资对象，我国21世纪以来的购房投资时代被分为三个阶段：投资商铺阶段、投资住宅阶段和投资写字楼阶段，从2011年开始进入投资写字楼阶段（图2-3）。

图2-3　我国购房投资3个阶段

1. 第一阶段：投资商铺阶段（2004～2006年）

该阶段以温州人买商铺而知名，现在商铺，尤其是分销的商铺，投资回报率越来越低，投资后"三代养一铺"现象比比皆是，投资商铺的黄金阶段已经过去。

2. 第二阶段：投资住宅阶段（2006～2010年）

2006年后，住宅投资者在2009年前后转让出去的住宅都得到很大回报，因为国家对住宅市场的调控，继续靠投资住宅得到巨大回报变得越来越困难，原因有四个，见图2-4所示。

图2-4　投资住宅得到巨大回报变得越来越困难的4个原因

（1）住宅价格涨幅有限，处于下降通道，难转让获利。

（2）住宅出租租金低，而且需要精装修并配备家具。

（3）有可能征收空置房产税，房多不住要交税。

（4）住宅密切关乎民生，国家和城市逐步加强对住宅市场的调控，约束住宅投资。

投资住宅得到的利润已大不如从前，目前房地产投资市场已逐步进入"住宅去投资化"阶段。

3. 第三阶段：投资写字楼阶段（2011年后）

自2010年起，写字楼市场突然火爆，全国各地的租金大涨，出现三大特点：

（1）普遍需求量上升。从北京、上海一线大城市到省会城市，直到地市级城市都对写字楼有旺盛的需求。

（2）写字楼投资回报率高。我国写字楼的租金回报多在7%~8%之间，部分写字楼租金回报更高达10%~12%。

（3）写字楼价格涨得较快。如北京国贸中心写字楼，国贸三期价格已经涨至1600元/（m²·月），相比国贸一期、国贸二期三年前200~300元/（m²·月）的价格，已上涨500%以上。

二、我国写字楼市场投资前景

相比于住宅市场的大起大落，中国写字楼市场总体来说是稳中有进，市场前景依然良好。主要有如图2-5所示5个表现。

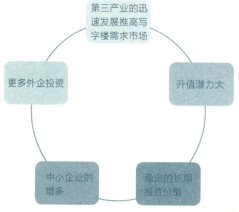

图2-5　我国写字楼市场投资前景广阔的5个表现

02 写字楼投资盈利分析

表现1. 第三产业推高写字楼需求量

第三产业以写字楼为生产经营场所，是写字楼的主要需求者。第三产业的发达与否直接影响写字楼的需求量。

第三产业对写字楼需求的影响如下：

（1）第三产业向规模化、高效率、专业化方向发展，需要有强有力的服务业为其服务，如金融保险、信息咨询、法律、会计、科研开发、广告营销、媒体传播、软件业、设计业、物业开发与管理等。

（2）城市迅速发展聚集了大量人口，除了生产和生活的基本需要外，还产生了大量的精神需求，如娱乐、艺术、教育、影视、旅游等。

（3）后工业化时代来临，信息和效率是企业的生命，城市的高信息量和高级人才产生的高效率成为吸引各类产业向城市集中的主要动力，一定规模的工业企业向城市集聚成为市场竞争的必然结果，尤其是以写字楼为场所的企业总部和研发及营销部门。

20世纪90年代中期以后，中国第三产业进入快速生长期，对写字楼的需求迅速提升，未来随着第三产业进入更快发展阶段，对写字楼需求还会进一步提高（图2-6）。

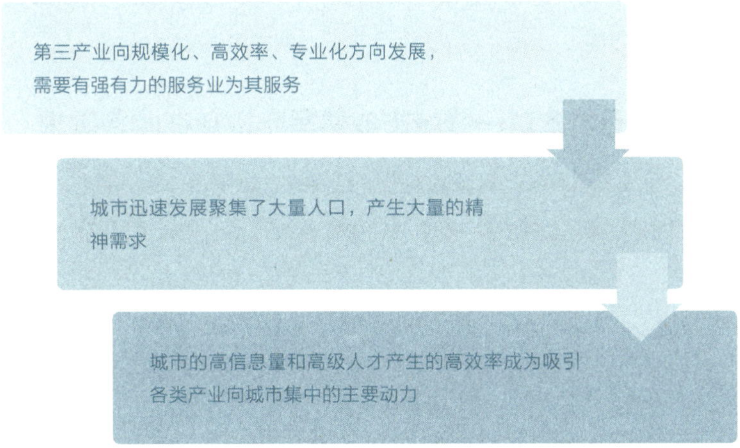

图2-6 第三产业对写字楼需求的影响

表现2. 写字楼升值潜力大

我国写字楼升值潜力表现为以下三点：

（1）伦敦、香港房地产的租售价格是按照平方英尺计算，如果通过货币兑换，相比而言，我国写字楼价格仍然偏低。

（2）中国城市发展存在极度不平衡，许多城市写字楼市场还没有高度市场化。

（3）我国写字楼投资目前还不是一个高投资、高收益的产品，而且受众群体仅集中在企业需求。

表现3．具有稳定的长期投资价值

中国写字楼市场具有长期的投资价值与可持续发展潜力。2009年10月1日起，修订后的《中华人民共和国保险法》正式开始实施，为保险资金投资不动产扫清政策障碍。对于保险资金而言，投资的安全性与稳定性相对重要，一旦保险资金投资房地产，将会选择适合长期经营的物业，最典型的如商业地产。同住宅地产相比，商业地产收益稳定，适宜长期持有。同时，保险公司出于自用、投资及公司形象等的要求会进一步提高对写字楼的需求。

表现4．中小企业对写字楼需求量增多

越来越市场化的中国经济发展，催生了越来越多民营企业的分化、诞生，越来越多的中国人将加入到作"老板"的行列。由于城市土地紧缺，特别是城市核心地段地价猛涨、建筑物逐步向高层发展，使许多中小企业、事业单位难以独立修建办公楼，房地产综合开发企业修建写字楼并分层出售、出租，将成为写字楼开发的主流模式。

表现5．国际资本对一线城市成熟写字楼存在收购需求

中国市场已经成为国际资本青睐的对象。近年来，国际资本进入内地一线城市（主要是北京、上海两地），收购成熟写字楼物业的事件越来越多。如果全球流动性过剩的格局没有发生根本改变，人民币稳步升值的态势仍然保持下去，国际资本对一线城市成熟写字楼的收购需求仍将存在。

三、写字楼市场需求差异化明显

中国城市发展不平衡的特点极其明显。投资写字楼，首先要理解中国写字楼市场的需求差异化，这种差异化不仅表现在地域之间差别大，不同行业之间的差异也相去甚远（图2-7）。

图2-7 我国写字楼市场需求差异化的两个方面

1. 地域差异化

一个区域和城市的写字楼需求旺盛程度与当地的宏观经济发展状况密切相关。从国内的经济发展格局来看,以珠江三角洲、长江三角洲和环渤海经济圈为代表的大城市群正在快速崛起,而以北京、上海、广州、深圳为代表的城市经济发展速度趋于稳定性的增长,在这样的背景下,一线城市写字楼市场自20世纪90年代末期开始逐步走向成熟,而租售需求也相对旺盛。上海甲级写字楼的租金水平自亚洲金融风暴之后就稳步上升;而北京市场对每年巨大新增供应量的消化能力也让人对其前景保持乐观。

相对而言,二三线城市的写字楼市场起步较晚,有待进一步的市场培育。对二三线城市的写字楼市场考察,需要关注这些城市的区域经济发展前景和产业结构。按照一般规律,在一个总部集中和高端服务业发达的地区和城市,写字楼的需求更为强劲。如天津的滨海新区,作为国家新批的金融改革试点区域,这一区域的写字楼需求在未来几年的上升趋势可能会比较明显。而在珠江三角洲地带,核心城市周边的二三线城市,一般是沿着"三来一补"(来料加工、来样加工、来件装配和补偿贸易)模式发展起来的,写字楼需求相对较少。

2. 行业需求差异化

除地域的差异性,不同行业和企业对写字楼的需求差异呈现细化趋势。

一些企业的研发中心倾向于选择城市边缘区域、强调自然环境的写字楼;一些大型商业开发客户需要城市中心地带、交通便利、繁华区域内的写字楼;一些中小型的企业则更愿意选择成本经济、内部硬件条件良好的城区边缘地带。即使处于同一行业的公司,办公场所也因企业预算限制而选择不同。大型公司由于不同部门工作性质要求不同,对形象、交通、内部硬件条件等选择因素都呈现出不同的侧重。

四、小户型写字楼需求快速增长

我国中小型企业大量涌现增加了对小户型写字楼的需求,许多地区都有"住宅禁商"

的规定,部分企业经济实力不足,对办公场地规模要求不高,转而进入小户型写字楼。小户型写字楼的首付低、回报前景好,吸引更多投资者,此上三点共同推高了小户型写字楼的需求(图2-8)。

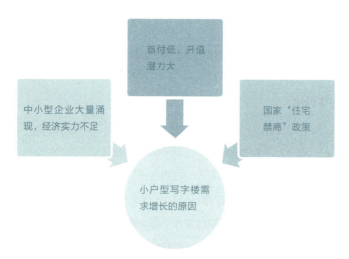

图2-8　小户型写字楼需求快速增长的3个原因

原因1．中小型企业大量涌现

中国经济的快速增长使中小型企业大量涌现。这类企业主要有三种类型:第一类是以贸易为主的小公司,注重地段性和交通;第二类是外地公司投资一线城市的房地产,占地面积不需太大;第三类是高科技企业的当地办事处,看中办公场地的升级潜力和智能化系统(图2-9)。

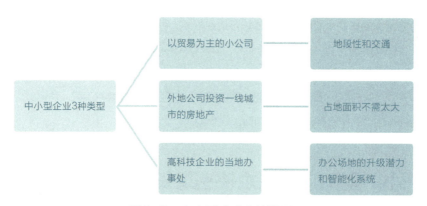

图2-9　中小型企业3种类型

原因2．小户型写字楼首付低，升值潜力大

近年来，投资者对商住楼的投资热度急剧下降，小户型写字楼市场走势一直向好，许多客户把投资目标转向适合投资的小户型写字楼产品上。它们投资小户型写字楼的原因在于三点：（1）小户型写字楼租金持续走高；（2）投资小户型写字楼首付比较低；（3）小户型未来升值潜力非常大（图2-10）。因此，市场的小波动不会影响投资者对小户型写字楼的看好。

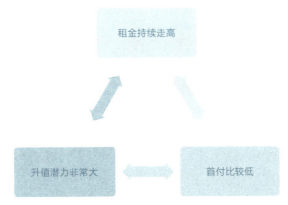

图2-10　投资小户型写字楼的3个原因

原因3．"住宅禁商"政策促使

国家"住宅禁商"政策影响到大批小公司、创业型公司的办公场所选择，它们也因此失去了低成本的办公场所。这类公司一般是各种创意产业公司、网络商贸公司等。这类公司受行业特点和资金实力等方面的限制，一般不需要大面积办公场所，也很难支付写字楼高额的租金和物业费，同时又需要与写字楼相似的办公环境和配套服务。

住宅"禁商令"也给商务公寓带来冲击，不少中小企业纷纷将办公室迁到租金和管理费相对较便宜的小户型写字楼办公。以上因素极大地拉升了小户型写字楼市场的需求，小户型写字楼租赁成交活跃起来。

总体来看，随着写字楼的专业化需求细分更加清晰，档次以中档为主，物业管理水平不高，小户型写字楼位置、配套较好，租赁活跃，客源充足，销售较快，会较受投资者的青睐。这种趋势将迫使写字楼市场重新定位调整，真正符合小公司需要，符合区域经济发展的小户型物业被看好。

链接

"住宅禁商"政策

2000年底,民宅禁商的政策最早出现在广州。2000年12月,广州市出台了《关于工商登记放宽政策问题的通知》,规定提供房产证和租赁合同的住宅可改作商用。

2001年2月6日,广州市规划局又试行《住宅建筑改变使用功能规划处理办法》,提出五种住宅可申请改商用。

2002年8月,广州市工商局出台《关于明确企业注册登记工作中几个问题的通知》,着重放宽企业经营场地的限制。

2006年5月,广州市有关部门表示,将禁止"住改商"。

同年8月底,广州市有关部门表示,必须严格执行《广州市房屋租赁管理规定》。

2006年6月19日,北京市工商局下发的14号文件规定,暂停为登记地址为民用住宅的企业办照,禁止民宅商用。

2007年3月出台的《物权法》草案中规定,业主有将住宅改为经营性用房的权利。《物权法》对此的表述为:"业主将住宅改变为经营性用房的,除遵守法律、法规以及管理规约外,应当经有利害关系的业主同意。"

2007年4月10日,北京市工商局正式发布《市局就所谓民宅禁商问题的几点说明》,指出工商局将继续执行"民宅禁商"的管理制度,并从《物权法》等法律、法规角度论证了民宅禁商的法律依据。

2007年5月24日,最高人民法院发布《关于审理建筑物区分所有权纠纷案件具体应用法律若干问题的解释》,对物权法作出了解释性规定:"业主将住宅改变为经营性用房,未按照物权法第七十七条的规定经有利害关系的业主同意,有利害关系的业主请求排除妨害、消除危险、恢复原状或者赔偿损失的,人民法院应予支持。将住宅改变为经营性用房的业主以多数有利害关系的业主同意其行为进行抗辩的,人民法院不予支持。"

02 写字楼投资盈利分析

第二节 写字楼投资决策要点

房地产是全球最有价值的投资品种,一直受投资者青睐。写字楼作为房地开发的一个重要类别,因其供应量小、需求量大,成为具有较高投资回报率的物业;但写字楼又是宏观经济的显示器,房地产市场中抗经济风险最低的物业。因此,写字楼投资一定要慎重,投资前要先学习和掌握写字楼投资的基本要点(图2-11)。

4个缺陷	7个误区	2条融资捷径	4条盈利渠道
·不能自住 ·银行贷款限制多 ·土地出让年限短 ·准入门槛高	·升值空间和租金水平 ·物业管理公司 ·售价和开发商 ·"售后包租"承诺 ·商业运营 ·小块面积总价便宜 ·签订长期合同	·收购拟上市公司 ·信托增加盈利4个措施	·提高低价获取土地/物业的能力 ·增加租金收入 ·提高处置价格 ·降低经营成本

图2-11 写字楼投资要点

一、写字楼物业投资的缺陷

与住宅物业相比,写字楼投资有如图2-12所示4个基本的缺陷。

图2-12 投资写字楼的4大缺陷

1. 不能用于自住

写字楼是不能用于自住的，当写字楼租不出去时，只能闲置。

2. 银行贷款限制多

与投资住宅相比，个人投资写字楼的首付高（不得低于50%），银行贷款利率高（不得低于基准利率1.1倍），贷款年限短（不得高于10年）。另外，还要交纳各种房产税费，约占投资额的20%。

3. 土地出让年限短

写字楼的土地出让金要比住宅高，但土地出让年限只有40年或50年。

4. 准入门槛高

写字楼造价高出普通住宅的3~4倍；一般写字楼的得房率在65%~70%左右，个别甚至仅有50%，较低的使用面积率也在无形中增加了购入成本。从持有成本方面看，写字楼物业管理费动辄几十元一平方米，是住宅项目的10倍以上，也意味着持有者要充分考虑物业空置时的资金成本。不仅如此，成熟的商业项目投资门槛往往是以千万元为计数单位，投入资金门槛决定一般投资客进入这个市场风险较大。

二、写字楼投资的7个误区

投资写字楼必须要考虑多方面的问题，包括警惕写字楼投资的7个误区，如图2-13所示。

误区1. 只注重升值空间，不注重租金水平

很多投资者投资写字楼使用的还是住宅投资的经验，依然只看重写字楼的升值空间。这是一个误区，写字楼投资和住宅投资最大的不同就是前者重于租金，后者重于升值空间。

写字楼看重于租金表现在两个方面：

（1）写字楼的租金年回报率在7%~8%之间，部分写字楼租金回报更高达10%~12%，单以租金计算，写字楼就有很好的投资回报。

（2）二手写字楼的买家远少于住宅。一般写字楼的主要买家是国有企业，其次是机构投资者。二手写字楼投资者购楼时是根据租金来计算购买价格的。租金高的写字楼，价格当然也高。

因此，投资者在挑选写字楼时，不能只关注升值空间，更应该全面衡量其租金水平的高低及稳定性。

02 写字楼投资盈利分析

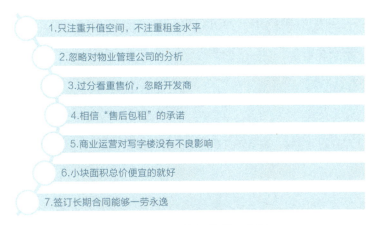

图2-13 写字楼投资的7个误区

误区2．忽略对物业管理公司的分析

写字楼的成功很大程度上取决于后期的物业管理水平。选择投资某个写字楼时，调查物业管理公司的情况亦不容忽视。专业管理写字楼的物业公司的特点如图2-14所示。

（1）能给楼盘一个良好的内部环境，对大厦的设备设施有较好的维护能力和技术，以保证长期使用。

（2）有经验的物业管理公司，管理策略对保证物业口碑、提高出租率、保持租金水平非常有效。让投资过程省心不少。

（3）好的物业管理公司拥有经验丰富的租务部，能承担该写字楼的租售业务。

以上三点是投资者选择此类物业时应重点考察的方面。另外，还有一个最简单的判断标准，那就是尽量选择国际性的物业管理公司，如香港许多写字楼都是由品牌物业管理公司进行资产运营管理实现后期价值。

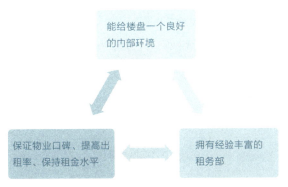

图2-14 专业管理写字楼的物业公司的3个特点

误区3. 过分看重售价，忽略开发商

消费者在投资写字楼时，除了关注售价的高低，更应该考察该写字楼的开发商的三个方面（图2-15）：

（1）是否有成功开发写字楼的经验；（2）是否有良好的写字楼管理经验；（3）是否有能力吸引知名大公司。

满足以上条件的写字楼，高租金的可能性才会较大。

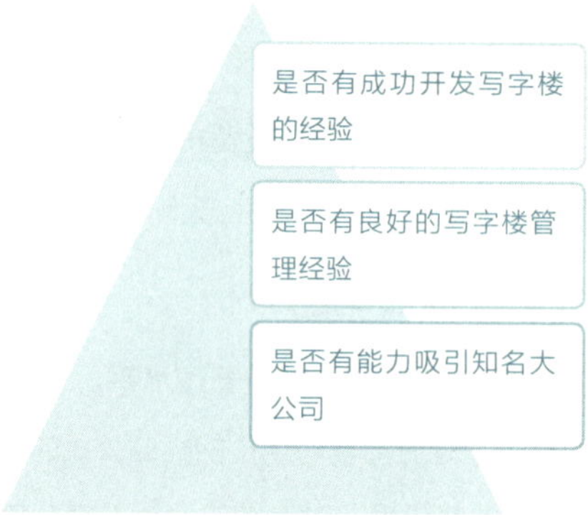

图2-15　投资写字楼应考察该写字楼的开发商的三个方面

误区4. 相信"售后包租"的承诺

"售后包租"是房地产开发经营企业为了促进销售，在建造外销商品房出售时与买受人约定，项目出售后一定期限内由该房地产开发经营企业以代理出租的方式进行包租，以包租期间的租金冲抵部分销售价款或偿付一定租金回报的行为。

受开发周期制约，许多项目在作返租承诺时尚处于期房阶段，项目销售前景尚不明朗。持续稳定的终端客户是商铺或写字楼市场支持其兑现投资回报的唯一资金来源。如果没有终端客户，开发商承诺的投资回报率也会是无源之水，即使勉强兑付一些时日，也不可能持久。对未经过市场检验的商铺、写字楼，外行的中小投资者售后包租面临两类风险（图2-16）：

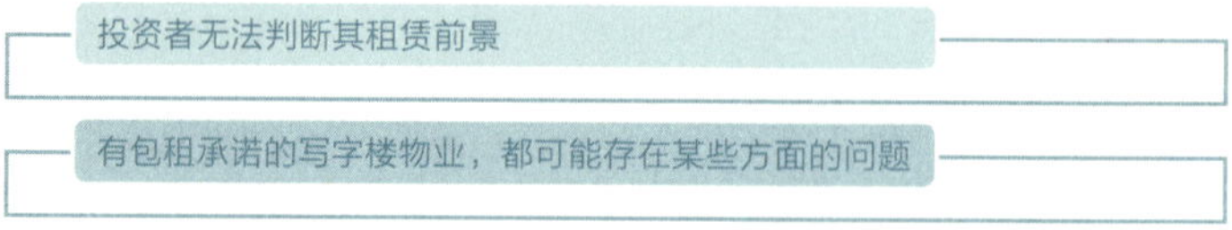

图2-16　外行的中小投资者售后包租面临两类风险

(1) 投资者无法判断其租赁前景。

(2) 通常有包租承诺的写字楼物业，都可能存在某些方面的问题，或是开发商资金不足，或是业权相当分散等，这样容易导致开发商无法履行"稳赚不赔"的承诺。这也是更大的风险。

误区5. 商业运营对写字楼没有不良影响

写字楼商业的良好经营能够提升写字楼投资价值。写字楼的客观需求决定了其发展离不开商业补给。合适的商业规划、足够档次商家的加入，是写字楼价值提升的有力保证。投资者必须明白，完全脱离商业的写字楼没有市场。

写字楼商业为写字楼价值提升锦上添花之效毋庸置疑，然而，写字楼和商业二者的关系既统一又对立：商业追求人流量和较广的展示面，写字楼追求相对干净和安逸的环境，两者是否协调和起互助作用，是投资者需要考察写字楼物业的另一个重点。

误区6. 小块面积总价便宜的写字楼很好

投资可以切成小块面积进行出售的写字楼时，要当心虽然投资总价降低很多，但也容易造成进驻写字楼的公司档次低，流动性大，小业主太多，影响到该写字楼的整体物业管理水平。

如果投资者资金充裕，建议选择本物业内最小租客办公面积在500～1000m^2建筑面积的写字楼（一般写字楼的使用率为70%左右）。入驻这座写字楼的公司水平相差不大，物业档次高，未来会有较为稳定的回报。

误区7. 签订长期合同能够一劳永逸

不少投资业主认为，签订一份长期合同能够做到一劳永逸，但这种做法也会给投资者带来损失。因为，多数写字楼租金都会慢慢上涨，签订长期合同，投资者无法享受到租金上涨后的收益，签订合适年限的租约，则能够避免这个问题。

三、写字楼开发商的融资路径

写字楼是开发商经济实力、企业资信和管理能力的综合体现。写字楼投资回报周期较长，且易受时局和大经济环境影响，开发商资金的抗风险能力和融资渠道是写字楼开发的关键问题。

良好的资本结构、股权结构、资产构成和人际关系是写字楼融资的关键因素，同时开发商还要善于启用中介机构。

目前,写字楼开发融资主要渠道有四个:上市、银行贷款、信托凭证和发行债券等方式(图2-17)。

图2-17 写字楼开发融资的4个渠道

1. 收购拟上市公司风险小

在现行机制下,企业上市难度较大,一些企业会采用收购上市或拟上市企业的做法实现融资计划。收购上市公司是融资的捷径,但风险很大,因为上市公司会有因经营不善出现垃圾资产的现象。而收购拟上市公司则价格相对低廉,不会出现大的风险,值得注意的是,投资前必须了解资产质量,做到有的放矢,因此,收购拟上市公司更易实现房地产企业资本运营。

2. 信托是融资的较佳途径

企业要先了解资金信托业务内容和游戏规则。信托业务是指委托人基于对信托投资公司的信任,将自己合法拥有的资金委托给信托投资公司,由信托投资公司按委托人意愿以自己的名义,为受益人利益或者特定目的管理、运用和处分的行为。

(1)信托融资的3种业务

信托融资的3种业务见表2-1。

● 信托融资的3种业务   表2-1

类别	含义
信托财产	指受托人因承诺信托而取得的财产。受托人因信托财产的管理运用、处分或其他情形而取得的财产,也归入信托财产
信托计划	指信托投资公司在办理资金信托业务时,为实现信托目的而制订的、关于信托资金的管理、运用及信托收益分配等内容的计划

02 写字楼投资盈利分析

续表

类别	含义
信托业务	指信托投资公司以收取报酬为目的，以受托人身份接受信托和处理信托事务的经营行为

（2）信托融资与银行贷款优劣势对比

信托筹资和银行贷款相比，有其一定优势，见表2-2。

信托融资与银行贷款的比较 表2-2

类别	信托筹资	银行贷款
资金成本	银行长期贷款利率一般为5.8%～6%	私下拆借一般高达10%以上
灵活度	信托募集资金灵活方便	国内银行贷款监管严格
审批手续	信托公司只要认可，可以随时发行，募集资金不受限制	项目审批手续烦琐，效率较低
利率	资金利率可灵活调整	银行贷款一般为固定利率

（3）具备推行房地产信托的4个条件

推行房地产信托计划首要具备以下四个条件（图2-18）：

①一个可预见的、具有良好投资回报的项目；
②已投资额不低于信托发行计划的资金量；
③有一家懂房地产金融的机构进行策划和运作；
④有一家信托投资公司出面发行信托计划。

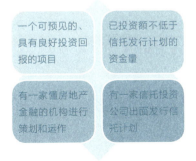

图2-18 具备推行房地产信托的4个条件

（4）导致信托计划终止的因素

一旦出现下列四种情况，就会出现信托计划终止的局面（图2-19）：

① 在推介期满时，委托人缴付的资金未达到信托计划的80%；

② 信托的存续违反信托目的；

③ 信托目的已经实现或不能实现的；

④ 信托计划期限已满。

图2-19　导致信托计划终止的4个因素

四、增加写字楼投资盈利的4条渠道

提高写字楼的投资盈利，可以从4个方面入手，如图2-20所示。

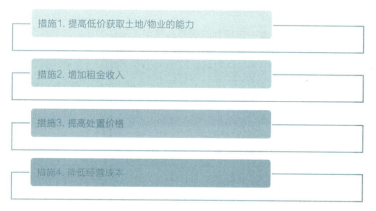

图2-20　增加写字楼投资盈利的4个措施

02 写字楼投资盈利分析

措施1. 提高企业低价获取土地/物业的能力

迎合政府意向,引入行业知名企业或机构达成战略合作,增加与政府谈判的筹码。关键要抓住品牌影响力及政府关系。

措施2. 增加写字楼租金收入

增加写字楼租金收入,有三个条件:(1)可以选择核心商务区写字楼;(2)开发或投资品质较高写字楼,保证资产保值和增值潜力;(3)提高写字楼招商运营能力,通过对写字楼定位和包装,提高整体档次和租金水平,如图2-21所示。

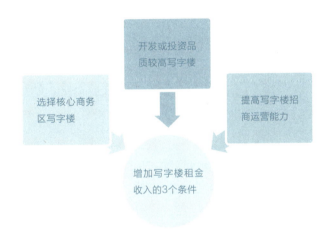

图2-21 增加写字楼租金收入的3个条件

措施3. 提高写字楼的处置价格

为提高写字楼处置价格,要做到以下四点:
(1)选择核心商务区或者一定规划前景及政策引入利好的新兴商务区。
(2)开发或投资品质较高写字楼,保证资产保值和增值潜力。
(3)提高写字楼营销能力,建立具有客户需求导向的营销体系。
(4)提高写字楼运营管理水平,提高物业整体运营的档次和服务水平。

措施4. 降低写字楼经营成本

写字楼不同运营阶段的运营成本都是可控的,要对不同阶段的管理需求,调整运营成本比重。运营成本控制点主要为:调整经营管理模式、营销推广费用、团队和人员结构设计(图2-22)。

图2-22　写字楼3个运营成本控制点

操作程序

第三节　写字楼投资盈利评估策略

随着投资者面临的商业地产项目选择增多，加之写字楼投资的复杂性和专业性，使如何选择合适的写字楼投资成为越来越专业的技术问题。

投资者在投资写字楼之前，要做到三点：①要对写字楼做好全面投资价值评估；②运用科学方法估算投资回报；③充分考虑到自己的资金情况。

评估写字楼投资盈利主要有三个步骤，如图2-23所示。

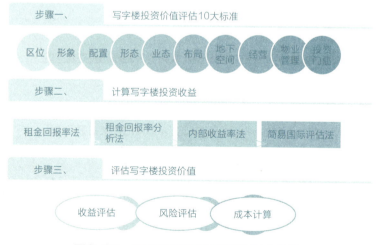

图2-23　写字楼投资盈利评估三大步骤

一、影响写字楼投资价值的9个因素

评估写字楼的投资价值,首先需要明确影响写字楼投资价值的9个主要因素,如图2-24所示。

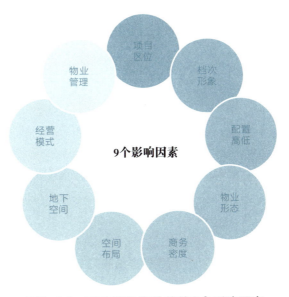

图2-24　写字楼投资价值的9个影响因素

因素1. 项目区位:写字楼投资的首要影响因素

衡量写字楼区位有两个条件:①写字楼是否位于城市主中心区;②项目公共交通状况如何。

投资者可以选择在交通状况比较理想,同时又靠近商业区的地段进行投资。这类地区的写字楼会依赖成熟的配套而迅速被市场接受,又可为日后获得稳定回报打下良好基础。

(1)是否位于主中心区

由于房产增值主要来源于土地的增值,而城市主中心区土地稀缺性更强,是否位于城市的主中心区,是衡量一幢写字楼的档次和是否具有投资价值的首要要素,同时,主中心区的区位成长性显而易见,区位资源优势得天独厚,通常是人流、物流、信息流、资金流汇聚之处,增值空间也很大。

(2)公共交通条件

区位因素中另一个重要条件是公共交通。公共交通条件对于上班一族非常重要,地面公共交通系统、地铁站点接驳情况等决定了办公群体出行是否便利,这仍然是写字楼投资的一个重要加分因素。

因素2. 档次形象:影响仅次于区位因素

知名企业和实力企业选择写字楼往往将其档次形象看成仅次于区位的又一重要因素。

企业对写字楼的形象需求包括三个层次,如图2-25所示。

层次1. 区域形象

层次2. 物业建筑形象

层次3. 入驻企业形象

图2-25 写字楼形象的三个层次

层次(1)区域形象

区域形象是指在某个城市内存在若干个写字楼热点区域,如北京的CBD、金融街、中关村等。

目前市场中,写字楼物业不再单以高度而论,而更注重与环境的匹配,不论是EOD(生态办公区)、商务花园,还是高耸入云的写字楼,都是用地环境最佳利用的体现,是致力于把某一类办公行为需求和与之相对应的环境高度对接的空间。

一般来讲,存在若干个写字楼热点区域的城市,不同区域之间特点和形象存在巨大差异,企业在选择办公地点时,首先会考虑区域形象,尤其是国际性跨国公司,非常重视区域形象,这也是北京目前不同区域用户特点分明的内在原因之一。

层次(2)物业建筑形象

作为企业,办公地点不仅是"生产价值"的场所,同也承载着企业对外形象展示的职能。一旦条件允许,企业首先会选择一栋设计新颖合理的写字楼来提升企业的形象。所以,写字楼外观设计、内部空间结构设计、走廊、大厅、卫生间、景观区等设计是否有品位,是投资者需要关注的标准之一。

02 写字楼投资盈利分析

目前在金融城区内的在建写字楼,不少项目都会按照超甲级写字楼标准规划设计。如希顿国际广场整体建筑设计是欧洲排名第一的设计公司阿特金斯。而东方希望中心超甲写字楼集群,则是由全球知名设计公司美国ARQUITECTONICA担纲设计。

层次(3)入驻企业形象

许多人买房时会关注同一个社区的住户人群特点,因为同一物业用户存在一定程度的相似性,许多公司希望和自己层次、规模、知名度相当的公司一起办公。写字楼的高端企业客户,更看重知名企业的群聚效应,这是形成商务气氛的基本条件。

因素3.配置高低:影响后期租赁情况及租金水平

写字楼的配置包括硬件配套和软件配套(图2-26)。

(1)硬件配置是写字楼的基础,包括内外公共装修标准、设备设施、中央空调管式数量等。写字楼硬件配置高与低,直接决定后期的租赁情况及租金水平。

(2)软性配套主要指信息化配置和智能化配置。通信网络是办公的基础;而随着科技的发展,通风、采光、门禁、监控等最新智能产品与技术不断涌现,智能化系统的应用越来越普遍。智能化系统等现代化软件配套不够好的写字楼,直接决定未来是否可能有贬值风险。

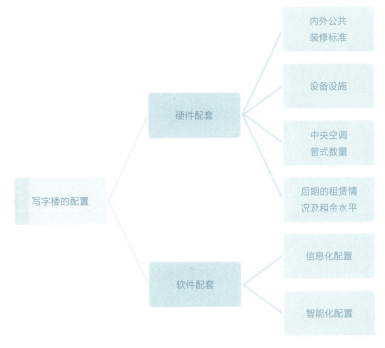

图2-26 写字楼的配置

因素4. 物业形态：是否开放影响后期增值空间

写字楼物业形态是开放式还是封闭式的很重要。一个系统只有不断去和外界发生物质能量信息的交换，才能够更有活力。大城市通常有地铁、广场、公园等丰富的资源。一个写字楼本身也是城市的公共物业，只有不断地和外界进行交换，交换能力才会越高，知名度也才越高；人们对该物业的标志性和依赖性也强，写字楼的价值才高。但如果是形态呈围合式的独栋写字楼，与外界沟通和交流就会非常少。

因素5. 商务密度：决定写字楼产品的价值高低

一个公司的业务链条包含会议、展览、广告、展示等各个环节，包括银行、餐饮、邮政诸多的配套和办公超市等业态。以前写字楼是独栋写字楼，现在慢慢发育到生态链越来越丰富。因此，评价写字楼的品质不能孤立考虑项目本身，还要关注其所有业态。写字楼商务密度大小，直接决定了该写字楼产品的价值高低。

但投资者不能盲目追求多业态写字楼，因为：（1）商场过多可能对办公环境造成不利影响；（2）若写字楼在各种物业之间定位不明，则可能影响物业营销；（3）多业态写字楼可能建设成本高（图2-27）。纯写字楼对于投资人来说，相对风险较小。

图2-27　不能盲目追求多业态写字楼的原因

因素6. 空间布局：影响客户选择喜好

空间布局是指净高、进深，以及适合可调整的办公格局等硬性指标。顶级写字楼发展的趋势要求越来越短的进深，有利于改善人在室内的心理感受和视野感觉。此外，写字楼标准层的分割要规整。

不能盲目建设高使用率的写字楼，因为客户越来越注重空间布局带来的感受，一般公共空间较大、电梯候梯厅较高、进深较短的写字楼更较能得到办公型客户的喜爱。

02 写字楼投资盈利分析

因素7. 地下空间：影响写字楼项目入住率

地下空间是写字楼的后勤系统，停车场规划设计、停车收费高低和停车场管理是否人性化，是一个写字楼的硬件指标之一。具备良好的地下空间的写字楼项目，才有可能有较好的入住率。

建造停车位需要非常高的建安成本，尤其在优先保证设备用房的前提下，每向地下多挖一层，其工程造价的增长都非常昂贵。现在多数商业项目的停车位规划根本无法做到充裕，如果还可以达到建设规范基本要求已属难能可贵。

因素8. 经营模式：业权集中销售租金收益率更高

一些过去建造的写字楼由于是分散业权，出现许多管理问题。事实证明，分散业权销售不是写字楼经营的最佳方式，这种卖法的本质是对物业的一种切割，难以呈现最好的品质。相反地，如果开发商坚持整层或半层发售，则会在很大程度上保障未来使用者大多为自用型需求。如果60%以上是自用型客户，则投资者获得高租金收益的可能性会较大。所以，投资者非常关注拟投资物业是否为分散业权销售的写字楼。

> **链接**
>
> 写字楼经营效果的一个指标是入住率。入住率几乎决定了一个写字楼的租金水平，是投资受益的保证。入住率达到60%是合格，达到70%就值得投资，达到80%是黄金物业，达到90%是高品质物业，能达到100%，则属于市场中的可遇不可求。

因素9. 物业管理：写字楼项目的软实力

物业管理是维系和提升客户满意度、保持物业市场竞争力和市场价值的关键，其服务质量对写字楼租金水平和市场价值有一定影响力，直接决定写字楼的用水、用电、供暖、安保、卫生清洁、空调供应、车位管理、电梯维护保养、整休服务形象等问题（图2-28）。

优秀的物业管理可以为商务办公创造出一个舒适的软环境；好的写字楼物业不仅能让办公和服务提升水平，还能让物业保值、增值；商务级的物业管理甚至可以做到与住户的密切沟通，成为住户"隐性"帮手。

所以，物业档次高的写字楼项目，才能保证后期的稳定收益。

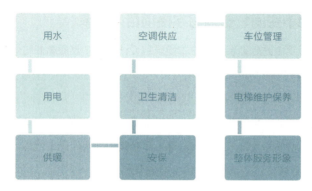

图2-28 写字楼物业管理的内容

二、计算写字楼投资收益的方法

写字楼投资收益的计算方法有租金回报率法、租金回报率分析法、内部收益率法和简易国际评估法等（图2-29）。某些号称回报率达到15%甚至20%的物业，其实是以每年总租金除以首付款来算的，不是投资者真正能得到的回报率。

图2-29 四种写字楼投资收益计算方法

方法1. 租金回报率法

计算公式：（税后月租金－按揭月供款）×12/（首期房款+期房时间内的按揭款）。

优点：考虑了租金、价格和前期主要投入。比租金回报率分析法适用范围广，可估算资金回收期长短。

不足：未考虑前期的其他投入和资金的时间效应。不能解决多套投资的现金分析问题，且由于其固有的片面性，不能作为理想的投资分析工具。

方法2. 租金回报率分析法

计算公式：（税后月租金－每月物业管理费）×12/购买商铺总价。这种方法算出的比值越大，就表明越值得投资。

优点：考虑了租金、房价及两种因数的相对关系，是选择"绩优地产"的简捷方法。

不足：没有考虑全部投入与产出，没有考虑资金的时间成本，因此不能作为投资分析的全面依据。不能对按揭付款提供具体的分析。一般来说，如果某个写字楼的单位年回报率达到8%～10%，则可投资购买。超过10%的年回报率，则属上乘产品，不要错过。

方法3. 内部收益率法

计算公式：累计总收益/累计总投入＝月租金×投资期内的累计出租月数/（按揭首期房款＋保险费＋契税＋大修基金＋家具等其他费用＋累计按揭款＋累计物业管理费）。

注：上述公式以按揭为例；未考虑付息，未考虑中介费支出；累计收益、投入均考虑在投资期范围内。

优点：内部收益率法考虑了投资期内的所有投入与收益、现金流等各方面因数。可以与租金回报率结合使用。内部收益率可以理解为存银行，只不过我国银行利率按单利计算，而内部收益率是按复利计算。

不足：通过计算内部收益率判断物业的投资价值，都是以今天的数据为依据推断未来，而未来租金的涨跌是个未知数。

方法4. 简易国际评估法

如果该物业的年收益率×15年＝房产购进价，则认为该物业有所值。这是国际上专业的理财公司评估物业投资价值的简单方法。

三、写字楼投资价值评估的3个层面

无论是房地产开发还是投资都需要要规避风险，这离不开周密的投资分析，首先要做的就是投资价值评估，以判定项目的市场前景和投资价值。

写字楼价值评估是以写字楼为评估对象，将土地使用权价格和建筑物价格评估结合起来，作出真实、客观、合理的价格估计、推测及判断，确保资金产出大于资金投入。

写字楼投资价值评估的三个层面如图2-30所示。

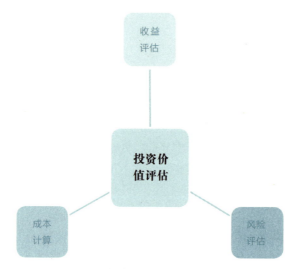

图2-30　写字楼投资价值评估的3个层面

1. 收益评估

评估写字楼投资价值首先要对收益评估。收益分为两个方面，即租金收益和增值收益。

和其他产品对比，写字楼租金回报率相对较高，但写字楼租金收益情况与项目所在地的商业和市场情况有关联性。一般情况下，中心区写字楼项目租金稳定、空置率低，租金回报率也相对较高。

地产项目的增值收益来自房价上涨，房屋的区域位置决定了其价格的涨幅。一般情况下，中心区写字楼受到新增土地面积较少、周围的配置设施已经成形的影响，升值空间不及新兴商业区。所以，随着城市经济的发展，新兴商业区的价值会日渐显现。

因此，写字楼的未来投资价值要结合投资期的长短，考虑租金收益和增值等多方面因素，而不是盲目选择中心区。

2. 风险评估

任何投资都是受益与风险并存的，投资写字楼亦然。所以写字楼投资价值评估时，必然包括风险评估。

3. 投资盈利计算

进行计算投资盈利时，主要考虑写字楼的收益和成本，这两方面的因素对写字楼投资价值有较大的影响。此外，还要适当考虑利息损失、物业折旧等损失。写字楼投资盈利计算明细见表2-3。

写字楼投资盈利计算明细　　　　　　　　　　　　　表2-3

类别		注意事项
成本	房款首付	写字楼最低首付不得低于50%
	贷款年付	写字楼贷款年限不得高于10年，贷款利率不得低于基准利率1.1倍
	各项税费	包括购房时的契税、印花税，售房时的印花税、营业税、个人所得税
	其他费用	包括购房时各项手续费用、银行按揭时的手续费用、出售时的各项手续费用；有些项目还有物业改造和装修成本
损失	本金存款利息损失	与购房本金在投资阶段同期内的银行利息额
	贷款存款利息损失	与偿还的贷款在投资阶段同期内的银行利息额
	房子折旧费损失	房子因为岁月的剥蚀而产生的贬值

操作程序

第四节　规避写字楼投资风险

　　房地产是全球最具价值的投资品种，而写字楼由于供量小、需求量大，因而会有较高的投资回报率。但写字楼是宏观经济的显示器，在房地产市场中属于抗经济风险较低的物业，类似于股票投资，因此，写字楼开发和投资尤其要注意辨别和规避风险（图2-31）。

```
总观风险因素      区别各阶段风险     识别风险的方法      转移风险的方式

·政策风险         ·前期准备阶段      ·分解法             ·风险共担
·经济风险         ·实施建设阶段      ·专家调查法         ·风险结合
·技术风险         ·项目经营阶段      ·财务报表分析法     ·风险隔离
·社会风险         ·项目管理阶段      ·流程图法           ·主体转移
·国际风险                                                ·购买保险
```

图2-31 规避写字楼投资风险

一、写字楼投资的5种风险

各种风险因素由于产生的原因不同,其性质和影响程度也不相同。不同行业、不同规模的投资项目及同一投资项目的不同发展阶段,同一风险因素的影响程度也各不相同。

动态上看,区域经济相关性是写字楼投资的明显特征,写字楼的风险主要来自宏观经济形势:经济上升和繁荣时期,写字楼市场需求增长很快,反之,则增长迟缓。本节将投资的风险分为政策风险、经济风险、技术风险、社会风险、国际风险等,如图2-32所示。

图2-32 写字楼投资的5种风险

02 写字楼投资盈利分析

1. 政策风险

房地产业与国家经济紧密相关，很大程度上会受到政府土地出让、使用政策、环境保护政策的影响，尤其对固定资产投资规模的宏观调控政策和税务政策，更是房地产投资的一大风险。

（1）经济体制改革风险

一个国家的经济体制决定该国经济发展方向和国民经济结构比例。如果对这种体制改革，意味着各种工业之间的调整及整个经济运行机制的改变。房地产业的调整改变会出现两种情况：

一是通过改革。即政府将房地产业在整个经济中的地位调整，可能是提高其在国民经济中的比例，也可能是降低这个比例。

二是经济体制改变后房地产业内部结构发生改变。即各种房地产市场在整个房地产业中占的比例改变。这会给有些房地产市场带来生机，但对另一些房地产市场则带来损失。

（2）产业政策风险

产业政策风险是指因产业结构的变化导致对房地产商品需求结构的变化。例如，当工业和制造业在工业中占比增大时，制造加工的厂房会增加。这可能导致对其他商品和服务业楼宇的需求下降，或商业和服务业楼宇市场活动减少。

（3）法律风险

法律风险是指房地产商品经营者在房地产市场中活动时，因法律纠纷，导致延误时间、增加成本或直接造成经济损失而产生的风险。法律风险的主要风险源产生于房地产交易双方签订各种合同之时，因未就所有各方面义务和责任作出详细规定，或在执行合同过程中因理解偏差而造成纠纷。

2. 经济风险

经济风险因素是指一系列与经济环境和经济发展有关的不确定性因素，它们会对房地产市场产生影响。

（1）市场供求风险

房地产市场供求关系的不断变化，必然造成房地产价格的波动，进而使房地产投资的预期收益率发生偏离。当市场内某种房地产的供给大于需求达到一定程度，造成的房地产商品积压会给房地产投资者带来巨大损失。另外，市场供求结构的非均衡性会导致市场价格严重不合理，扭曲了房地产投资者的有效供给，也抑制了消费者的有效需求，就是指价格远远脱离经济发展水平和社会购买力现状。

（2）财务风险

财务风险是经济风险中的一大类，它主要是由于各种财务因素发生变化而给房地产商品经营者带来各种损失。包括通货膨胀风险，利率变化风险，资金变现风险，开发费用变化风险，如图2-33所示。

图2-33　财务风险的内容

（3）地价风险

地价风险是房地产市场风险因素中最重要的一类风险。它主要是指因地价变化而给投资者带来更多的开发成本，增加了房地产商品的成本，提高房地产商品的市场价格，因此也给房地产商品经营者带来间接损失。

（4）融资风险

房地产融资风险是指融资方式和条件发生变化对房地产商品生产者和经营者带来损失的可能性。房地产投资在资金运用方面有其自身的特点，表现为资金运用量大，资金运用周期长，可以抵押贷款、筹资渠道较多，非自有资金比重大等特点（图2-34）。

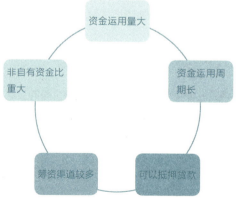

图2-34　房地产投资资金运用的特点

(5) 经济管理风险

经济管理风险是指由于管理活动和行为不适合生产和经济活动发展而给开发商和经营者带来经济损失的可能性。

经济管理风险主要有以下三个因素：企业商业信誉风险、时间管理风险和合同管理风险，如图2-35所示。

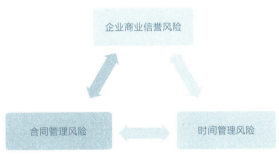

图2-35　经济管理风险

(6) 空置风险

空置风险是指由于投资的写字楼入住率不高，租金下降而带来风险。写字楼不能用于自住，若租或售不出去只能空置。如果部分房间空置，业主仍然需要负担物业的水电供给、电梯运作、清洁等管理成本。因此，空置是写字楼投资者需要关注的一个风险因素。

(7) "住改商"楼竞争风险

尽管我国部分省市已明文禁止住宅商用，但在有些地方，"住改商"楼仍颇为流行。而"住改商"楼具有纯写字楼无法比拟的优势：

① 立项为住宅比立项为商业的土地出让金低50%。

② 住宅楼和写字楼的按揭政策差别很大，写字楼最高为八成20年按揭，而"住改商"楼可以达八成30年按揭。

③ 两者的建造技术指标差距很大。如消防系统，国家规定对写字楼消防系统的要求比住宅高很多。

④ 住宅楼的用电费比写字楼低约1/3。

3. 技术风险

房地产技术风险是指由于科学技术进步、技术结构及其相关变量的变动给房地产开发商和经营者可能带来的损失。如，技术进步可能对房地产商品的适用性形成威胁，迫使开发商追加投资进行楼宇的翻修和改造（图2-36）。

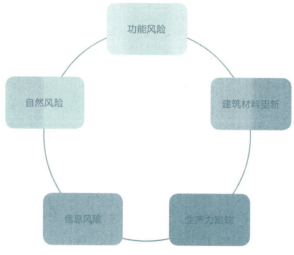

图2-36 写字楼投资技术风险

(1) 功能风险

现代写字楼要求楼宇有高规格的硬件配置,从空调系统设计到会议系统"4+1"同声传译的配置,5A智能化管理、宽带数字网、进口原装电梯等,功能设置要保证写字楼一定时期内不会价格下降和客户减少。

(2) 建筑材料改变和更新的风险

装饰潮流的变化或其他原因可能会导致建筑材料的更新和改变。建筑材料更新和改变,一方面会影响到原有设计,造成建筑成本的增加;另一方面,会造成原有材料的浪费。

(3) 建筑生产力短缺风险

建筑生产力因素包括建筑技术工人、建筑原材料及半成品、建筑期需要的流动资金等。这些因素的短缺会影响到建设周期,从而增加房地产商品的开发成本。建筑生产力突然短缺,一是可能会增加薪水聘请新的技术力量,二是可能导致工期延迟。这些都会影响施工工程。

(4) 信息风险

信息风险是指因信息不精确或错误、信息短缺、信息处理缓慢、信息传递错误等造成损失的可能性。与房地产市场有关的许多信息,如建材价格信息、地价信息、设计信息、施工队信息、招标信息等(图2-37),这些信息掌握不及时、管理不善会间接增加房地产商品的开发成本。

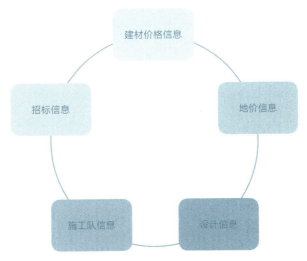

图2-37 房地产市场有关的信息

4. 自然风险

自然风险是指由于自然因素的不确定性对房地产商品的生产过程和经营过程造成的影响,以及对房地产商品产生直接破坏,从而对房地产开发商和经营者造成经济上的损失,主要包括火灾风险、风暴风险、洪水风险、地震风险等(图2-38)。这些风险出现的机会较少,但是一旦出现,造成的灾害是相当严重的。

图2-38 写字楼的自然风险

开发商一般是利用投保来防范这些风险,以减少或避免损失。但在投保之前,能对该地区的环境条件、天文资料、地质地貌、气候条件等作一定的了解和分析,有针对性地投保,则相当于增加了投资效益。

5. 社会风险

社会风险因素（图2-39）主要是指由于人文社会环境因素的变化对房地产市场的影响，给从事房地产商品生产和经营的投资者带来损失的可能性。

图2-39　社会风险

（1）城市规划风险

城市规划变动对已建成的、正在建设的以及即将建设的房地产商品的价值量会产生影响（图2-40），其负面影响就是给经营者带来经济损失。

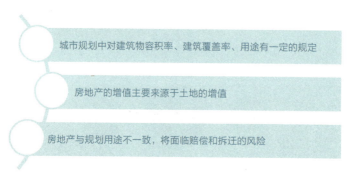

图2-40　写字楼城市规划风险的体现

① 城市规划中对建筑物容积率、建筑覆盖率、用途有一定的规定。容积率大小直接影响可开发利用面积大小，当批准的容积率小于开发商预期估计面积，销售收入就会减少。

② 房地产的增值主要来源于土地的增值，而城市主中心区范围有限，增值的空间更大。是否位于CBD（中心商务区）区域，是衡量一幢写字楼的档次和是否具有投资价值的首选要素。城市建设规划的变更与确立，都将对这一因素产生重大影响。

③ 如果房地产与规划用途不一致，将面临赔偿和拆迁的风险。

（2）地段风险

主要是地段贬值和未来新兴楼盘的涌现对现在写字楼市场定位和市场价值构成的冲击，地段的好坏影响客户的选择。

（3）公众干预风险

指当某项房地产项目兴建影响到周围居民利益而引发公众自觉干预，阻止该项目的建设与发展，而给开发商带来的经济损失。

（4）治安风险

如果建筑物所在地区的治安状况不佳，光顾的消费者将会大大减少，从而间接地影响房产价格。

6. 国际风险

国际风险对社会所有经济活动都有很大影响。它主要是指国际经济环境变化导致地区性经济活动受影响。写字楼的国际风险如图2-41所示。

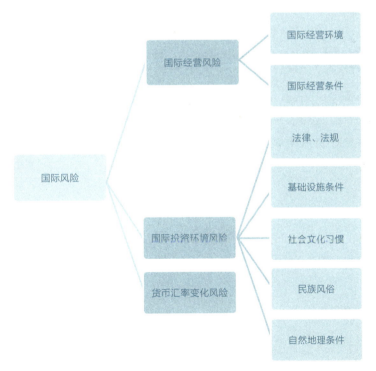

图2-41 写字楼的国际风险

（1）国际经营风险

国际经营风险是指因国际经营环境和条件变化对国际房地产市场上的经营投资者造成影响或损失。比如，在商品生产和销售过程中，由于当地市场条件的变化和生产技术的变化而引起开发成本的增加。

（2）国际投资环境风险

国际投资环境风险是指投资者对受投资国环境不熟悉或认识不全面而产生的风险。例如，投资国的有关法律、法规、基础设施条件、社会文化习惯、民族风俗、自然地理条件以及天气等，投资者因不熟悉造成风险。

（3）货币汇率变化风险

一般来说，在海外投资房地产要承担汇率风险。在这个过程中，会有两次货币兑换行为。

①将本国货币兑换成当地货币，从而购置房地产或从事房地产开发。

②出租或销售商品后，又要将所得货币兑换成本国货币。

因此，如果一个国家或地区汇率预期会下降，便会降低该地物业对海外投资者的吸引力。

二、区别不同阶段写字楼投资风险

写字楼投资全过程包括从写字楼投资意向的产生到写字楼出租出售、资金回收的整个过程。这是一个动态过程，一般分为前期决策、投资实施和写字楼经营及管理四大阶段。投资者选择在不同阶段投资写字楼项目，所承担的风险不尽相同（图2-42）。

图2-42　不同阶段的写字楼投资风险

02 写字楼投资盈利分析

1. 项目前期准备阶段

写字楼项目开发前期工作阶段的主要目的是为开工建设做好如下准备:

(1) 通过征地拆迁,落实建设场地问题。

(2) 通过工程勘察、规划、设计,得到一个满足城市总体规划要求的项目实施蓝图。

(3) 通过开工准备,为项目建设创造必备条件。

(4) 通过预租、预售,落实客户,及早收取资金或销售收入(图2-43)。

所以在此阶段投资的风险很大,但是一旦投资成功,所获利润也很高。在写字楼开发的整个过程中,前期决策是投资过程中最关键的一步,也是拥有最大的不确定性与机动性的阶段。

图2-43 写字楼项目开发前期工作阶段的主要工作

写字楼项目投资一旦展开进行,与住宅类项目相比,它所面临的是一个相对狭窄的消费市场,这就具有较大的风险性。

评价写字楼投资项目的可行性要在城市规划条例、政府政策法规等约束条件下,根据市场的供求现状及发展趋势,确定投资项目的用途、规模、类型,并对开发成本、需求量、售价或租金等作出预测。这些预测面临着大量的不确定因素,所以风险极大,对这些不确定性因素,投资者只能作出概率性的估计。

因此,前期决策阶段的风险估计和分析正确与否,将直接影响到投资项目的成功与否。

在写字楼项目前期准备阶段,投资可能面临的主要风险为:

(1) 征地工作困难重重。

(2) 融资工作进展缓慢,资金缺口较大。

(3) 地质情况不好,规划条件限制过严,施工图纸出现问题。

(4) 开工条件难以具备,如满意的施工队伍未找到,施工用水、用电等不落实,临时占道不允许等。

(5) 预期的预租、预售工作开展不起来,给资金造成很大的缺口。

(6) 设备、材料价格上涨太高,人工费用涨幅过大等,如图2-44所示。

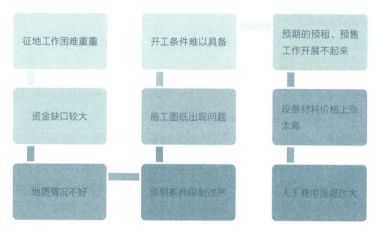

图2-44 项目前期准备阶段投资写字楼的风险

2. 项目实施建设阶段

写字楼的实施阶段是指项目的具体实现过程,包括从获取土地、筹措资金到设计施工等过程。项目实施建设阶段的投资风险如图2-45所示。

图2-45 写字楼项目实施建设阶段的投资风险

(1) 获取土地的风险

开发企业首要要获得可供开发的土地,可通过协议、招标或拍卖竞投等方式来获得所需的土地，这三种获得土地方式的选择都具有一定的风险。

协议地价价格最低，但获得的一般是毛地，前期拆迁等工作量大并且复杂，风险因素最多。

拍卖地价价格最高，但一般所获的是净地，前期工作量相对较小，风险因素相对要少一些。

开发企业获得土地时，还涉及许多法律问题。因此，这一阶段面临的风险主要有三个（图2-46）：

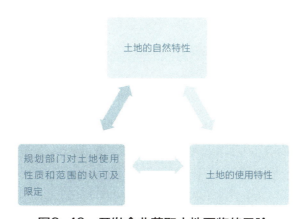

图2-46 开发企业获取土地面临的风险

① 土地的自然特性；②土地的使用特性（土地的地理位置、对土地开发有利或不利的配套设施要求等）；③规划部门对土地使用性质和范围的认可及限定。

（2）融资筹资风险

土地购买通常是房地产开发投入的第一笔主要费用。房地产市场供求的变化、国家政策的调整、工程进度的快慢将会对预租预售这个现金流回笼的关键环节产生极大影响。随着开发过程的不断深入，开发企业可采用借贷、预租预售楼花等融资手段滚动开发，这时就要面临融资筹资风险。贷款期限、开发商的资信程度、贷款利率的变化等都是开发商所要面临的风险（图2-47）。

（3）施工过程风险

在设计与施工阶段，主要不确定性因素来自建设成本和工期。通货膨胀、物价上涨将导致建材涨价，使建筑成本增加。施工期的长短在工程开始也是难以确定的。对开发商而言，施工期越短越好，因为风险会因此减少，但要付出一定的赶工措施费。若遇上地质条件勘测不准、自然灾害、气候变化、施工队伍不过关等，必然会面临工期延长的风险。

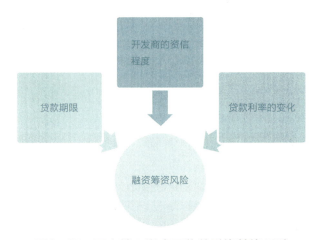

图2-47　写字楼开发商面临的融资筹资风险

（4）项目实施阶段投资风险防范措施

开发阶段的主要开发目标是保证按期、按质、按量、节约、安全地完成写字楼开发项目的建设。为了防范和减少项目实施阶段的投资风险，可以采取以下措施（图2-48）：

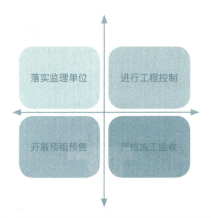

图2-48　防范和减少项目实施阶段投资风险的措施

① 通过落实监理单位实现工程建设的专人管理和分担风险。

② 通过工程控制使开发项目的工期短、投资省、质量好。

③ 通过施工验收，全面检验工程建设成果，并结清与有关单位的权利义务关系。

④ 像前期工作一样，通过预租预售早日落实客户并收取资金。

3. 项目经营阶段

项目开发完毕后，开发商面临的主要任务是尽快实现投资回收并获取利润。

02　写字楼投资盈利分析

已建好的建筑产品，也只有在该阶段通过各种渠道将其租、售出去，才能实现商品转化，实现开发利润。相反，已建好的建筑产品预售或预租期，如果因市场条件变化导致产品积压，这会使开发企业损失一部分利润，公司财务状况出现危机，影响公司的经营和发展。

写字楼作为一种房地产商品，在销售或出租这一进入市场的过程中，因为市场需求类型与数量的变化、其他开发商的竞争、以及社会政治经济形势的变化等面临诸多风险因素的威胁是不可避免的（图2-49）。

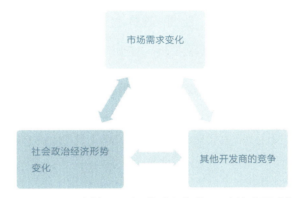

图2-49　写字楼项目经营阶段投资风险的主要来源

没有一个开发企业能保证在开发项目完成之时，市场的各种情况能满足其需要并能百分之百实现其原定的盈利目标。以上所说的这个阶段企业面临的风险，也只能借助更细致的风险评估来预防。

4. 项目管理阶段

项目开发投资竞争日益激烈，客户不仅注重其价格和质量，还十分注重其租后服务即物业管理。

所谓物业管理即是投资者委托物业管理公司以商业经营的手段管理房地产商品，为业主和消费者提供高效优质和经济的服务，包括物业及其设备日常维护及修缮、绿化、卫生、治安等，使物业发挥最大的经济价值和使用价值。良好的物业管理不仅有助于树立和提升开发商自身的市场形象，加快写字楼租售速度，而且有助于维护客户和投资者的利益，达到物业保值和增值的目的。反之，则会导致投资者信誉受损，写字楼租售不畅，并最终影响投资收益。

物业管理需要专业的管理人员，这里面也面临一些不确定因素，如专业管理队伍优劣、管理结构是否科学、管理公约以及管理费用是否适中等。

图2-50 物业管理阶段的投资风险

（1）物业管理公司选择风险

物业管理公司按照自主性可分为两类，即社会化专业物业管理公司和房地产投资商附属物业管理公司或物业管理部。房地产投资者在选择物业管理公司时应充分了解其背景、业绩及能力等，首选目标是那些管理水平高、经验丰富、服务周到和信誉良好的物业管理公司。

（2）管理者素质风险

无论哪种形式的物业管理公司都存在素质不一的情况，若选择不当，不仅达不到优良服务的目的，甚至连物业价值也会因管理不善而下降，使房地产投资者蒙受巨大风险。

（3）收费风险

物业管理收费是指物业管理单位接受物业产权人、使用人委托，对物业及其设备、公用设施、绿化、卫生、交通、治安和环境容貌等项目，开展日常维护、修缮、整治服务及提供其他服务所收取的费用，包括管理服务人员的工资和按规定计提的福利费、公共设施设备日常运行维修及保养费、绿化管理费、清洁卫生费、保安费、办公费、物业管理单位固定资产折旧费和法定税费等（图2-51）。

物业管理收费风险主要来源于能否合理制定收费项目标准，以及能否及时足额收取物业管理费。

（4）事故风险

事故风险是指除了自然灾害之外，人们的过失行为或侵权行为所致的损失，如对物业及其设备的保养维修不当引起的修理费增加或坏人纵火、员工在施工现场抽烟等，引起的物业及设备损毁。

02 写字楼投资盈利分析

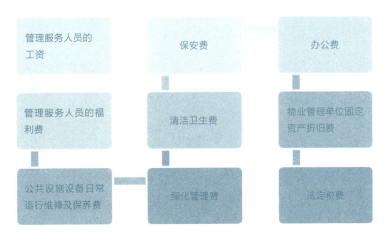

图2-51 物业管理费的内容

三、识别投资风险的4种方法

投资企业要了解可能发生的损失,至少要对所面临的风险有充分的认知:(1)认识到自己所面临的风险类型;(2)认识到各种风险的性质。

在识别投资项目风险的过程中,要求企业家有三个能力:(1)有卓识远见,敏锐的洞察能力;(2)需要收集和利用风险企业丰富且大量的历史资料,通过客观、系统地收集被投资企业研究开发、生产经营的信息,弄清存在的各种风险因素的能力;(3)对所收集的信息进行科学的整理分析,正确识别风险的种类、性质、范畴及可能造成的损失,以便采取行之有效的措施的能力。

风险识别主要采用如图2-52所示四种方法。

方法1. 分解法

这个方法的原则为化大系统为小系统,将复杂事物分解成较简单、可以被认识的事物。具体步骤是:

(1)将一个投资项目按类别和层次分成若干个子项目;
(2)找出它们各自存在的风险因素;
(3)进一步分解子项目,层层分解,直至能基本确定全部风险因素为止;
(4)进行综合分析,绘出分解图。

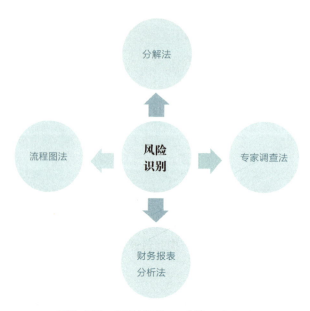

图2-52　识别投资风险的4种方法

方法2．专家调查法

该方法是基于专家对风险的认识水平高于一般人的基础之上，通过提出问题，交由专家分析各种风险对投资的影响程度，然后对调查结果进行统计、分析，从而得出结论。

方法3．财务报表分析法

它是以房地产开发企业的会计纪录和财务报表为基础，将每一会计科目作为一个风险单位进行分析并发现可能存在的风险，然后汇总，得出结论的方法。

方法4．流程图法

这个方法是根据房地产公司的开发经营活动，建立一系列流程图，通过对流程图的分析，揭示投资全过程的"瓶颈"分布位置及影响，从而识别可能存在的风险。

四、转移写字楼投资风险的5种方式

写字楼投资风险分析的最终目的是为控制风险，并提出对投资风险的防范对策。这个过程就是开发商的风险管理。即在风险分析和评价的基础上，有目的、有意识地通过计划、组织和控制等管理活动来转移风险，减少风险损失，以获得最大可能的利益。由于风险转移同时带来利益的转移,风险投资过程中,采用何种方式转移,需要仔细权衡。

开发商转移写字楼投资风险的主要方式有五种:风险共担、风险结合、风险隔离、主体转移、购买保险(图2-53)。自然风险一般采用保险转移;当技术风险、生产风险较小,而财务风险较大时,可采用风险共担方式;当技术风险、生产风险较大时,可采用主体转移的方式。

图2-53 转移写字楼投资风险的5种方式

方法1. 风险共担

风险共担是指开发商在风险投资中吸引多种来源的风险投资资金。如实行联合投资、联合开发、增发新股等方式(图2-54),使多个主体参与风险损失和风险收益的分摊。

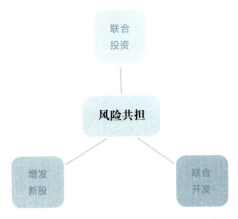

图2-54 风险共担的3种实现方式

方法2．风险结合

风险结合是指开发商通过合并或扩大规模或从事多种经营来分散风险。

方法3．风险隔离

风险的隔离对策是将开发商所面临的风险因素进行时间和空间的分离,如不在同一地区开发同一类型的房地产开发项目等。

方法4．主体转移

这种随所有权的转移而实现风险转移,属于风险控制型转型,是风险转移的一个非常重要的方式。如通过风险投资的及时退出,转移风险或损失;通过技术转让、特许经营、战略联盟、租赁经营和业务外包等方式转移经营风险;通过委托开发、转卖专利等转移技术风险等(图2-55)。

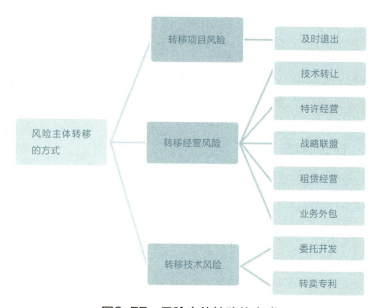

图2-55 风险主体转移的方式

方法5．购买保险

参与保险的方式是通过向保险公司支付一定的保险费用,将风险投资未来的损失转移给出保人。风险投资企业可通过参与科技保险或项目保险获得补偿,使保险公司承担技术创新和风险投资项目失败的部分风险。

写字楼项目前期策划

操作程序

第一节　写字楼市场调研分析
第二节　写字楼项目可行性分析
第三节　写字楼项目定位

房地产开发商越来越重视项目的全程策划,也越来越重视项目的前期策划环节。写字楼项目前期策划中,很重要的三大环节是市场调研、项目可行性分析和项目定位(图3-1)。

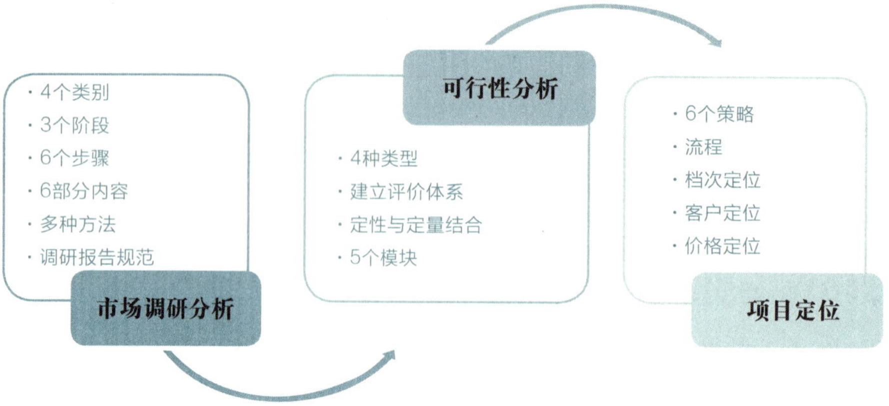
·4个类别
·3个阶段
·6个步骤
·6部分内容
·多种方法
·调研报告规范
市场调研分析
可行性分析
·4种类型
·建立评价体系
·定性与定量结合
·5个模块
·6个策略
·流程
·档次定位
·客户定位
·价格定位
项目定位

图3-1 写字楼项目前期策划

操作程序

第一节 写字楼市场调研分析

开展写字楼市场调研，首先要明确调研的目的、调研项目处于开发经营的哪个阶段，然后确定市场调研的内容和方法，接着依据科学合理分析方法对调研数据进行分析，最终形成规范的市场调研报告（图3-2）。

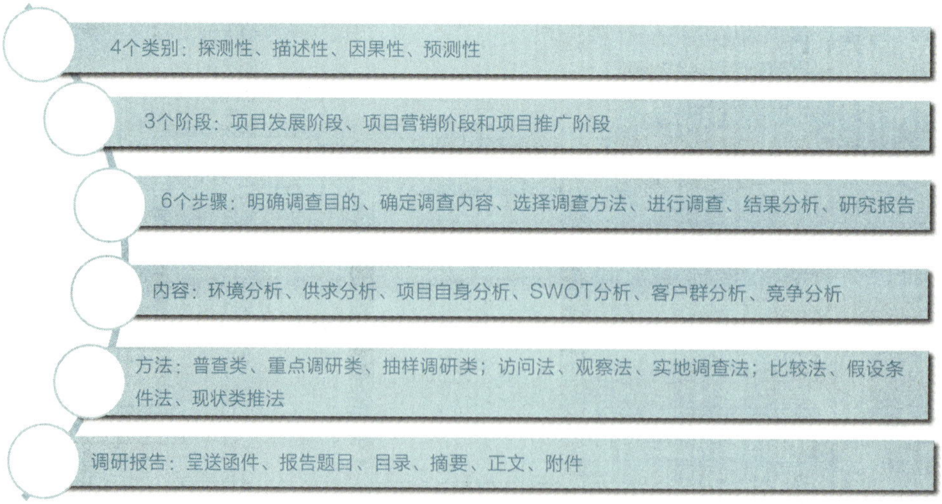
4个类别：探测性、描述性、因果性、预测性
3个阶段：项目发展阶段、项目营销阶段和项目推广阶段
6个步骤：明确调查目的、确定调查内容、选择调查方法、进行调查、结果分析、研究报告
内容：环境分析、供求分析、项目自身分析、SWOT分析、客户群分析、竞争分析
方法：普查类、重点调研类、抽样调研类；访问法、观察法、实地调查法；比较法、假设条件法、现状类推法
调研报告：呈送函件、报告题目、目录、摘要、正文、附件

图3-2 写字楼市场调研分析

一、写字楼项目市场调研的4个类别

按照调研目的,可以把写字楼项目市场调研分成四类,见表3-1。

按调研目的的写字楼市场调研分类 表3-1

类型	适用情况	目的	举例
探测性调研	需要研究的问题和范围不明确、无法确定调研具体内容	探测性调研只是搜集有关资料,以确定问题所在。至于问题应如何解决,则有待于进一步调查研究	某房地产公司项目销售量不佳的原因,采用探测性调研,以便确定是宏观经济形势不好、广告支出减少、销售代理效率低,还是消费者偏好转变导致销售下滑
描述性调研	需要有事先拟定的计划,以确定所搜集的资料类别和搜集资料的步骤,从外部联系上找出各种相关因素,对某专门问题提出答案	旨在说明"是什么"、"何时"、"如何"等问题,并且能解释"为何这样"	发现销售过程销售量和广告有关,却无法判定何者为因,何者为果而进行的专项调研
因果性调研	要找出事情的原因和结果	了解各个自变量与某一因变量(例如对成本)的关系	价格和销售之间的因果关系如何?广告与销售间的因果关系如何
预测性调研	市场情况复杂多变,不易准确发现问题和提出问题,但要估计未来一定时期内市场对某种产品的需求量及其变化趋势	限制研究或调研的范围,以便使用今后搜集的资料来检验所作的假设是否成立	月售房量不断下降,是否是因为广告没做好而造成消费者视线转移

二、分3个阶段开展写字楼市场调研

在写字楼项目开发经营的不同阶段所开展的市场调研,其目的和对象不尽相同,主要分为三个阶段,见表3-2。

写字楼市场项目调研的3个阶段

表3-2

阶段	目的	调研对象
项目发展阶段	针对项目的可行性、项目定位（产品、价格）的调研，为项目的前期策划报告提供市场依据	（1）相关经济因素指标； （2）区域房地产及写字楼市场的现状及发展趋势； （3）区域性特殊性质； （4）竞争楼盘（直接竞争楼盘与间接竞争楼盘）； （5）项目本身深入调研（地块性质、经济指标、交通、配套、优劣势等）
项目营销阶段	针对项目销售策略及模式，对市场竞争对象作深入调研，对项目营销策划报告提供依据	（1）竞争楼盘（直接竞争与间接竞争楼盘）； （2）营销模式； （3）营销策划的机构； （4）本项目优劣势及适合的营销模式
项目推广阶段	针对竞争项目的推广主题、广告语及运用媒体组合进行调研，为推广思路提供依据	（1）区域市场的户外、广告、灯箱； （2）区域楼盘的主题广告语； （3）区域楼盘的形象包装； （4）推广的媒体运用组合； （5）推广机构

三、写字楼市场调研分析6步骤

写字楼市场调研是指运用市场调查的方法，对写字楼项目市场环境数据收集、归纳和整理，形成项目市场定位可能的方向；然后进行数据分析，利用普通逻辑的排除、类比、补缺等方法确定项目的市场定位。

表3-3是市场调研分析的六个步骤。

市场调研分析的6个步骤

表3-3

步骤	调研内容或方法
明确调查目的	明确本调查是探测性调研、描述性调研、因果性调研还是预测性调研，是针对项目发展阶段、项目营销阶段还是项目推广阶段
确定调查内容	区域房地产市场调查、区域写字楼市场调查、竞争项目调查、政府规划调查、配套收费情况调查等

03 写字楼项目前期策划

续表

步骤	调研内容或方法
选择调查方法	普查法、抽样调研法、访问法、观察法和实地调查法等
调查进行	按照调查方法，设计合理的市场调查计划，组织人员进行有序地调查，控制调查的质量，在规定的时间内拿出调查结果
结果分析	对数据加以整理、分析研究，设计合理的调查统计表
研究报告	经分析研究得出调研结果，然后通过讨论形成成熟材料，撰写成报告并提交

四、写字楼市场调研的6个内容

对调研结果进行分析是市场调研过程的重要部分，写字楼市场调研的分析包括如图3-3所示六个内容。

图3-3 写字楼市场调研的6个内容

1. 项目投资环境调研分析

项目投资环境调研分析，包括对城市宏观经济发展大势的判断、城市写字楼市场发展态势的分析及区域写字楼市场的分析。

（1）城市宏观经济判断

写字楼项目运作的宏观经济正相关性，决定了对写字楼市场的判断应当从城市宏观经济的发展大势入手。具体而言，写字楼市场的发展与城市GDP产值、产业结构调整与升级、第三产业比重、城市核心产业或行业发展态势等有着极为密切的关系,如图3-4所示。

图3-4　写字楼市场的发展的关联因素

（2）城市写字楼市场态势分析

与城市经济发展水平与特性相关,不同城市的写字楼市场发展阶段不同,客户构成也不同。对于一个城市写字楼市场分析可从产品、客户、价格与租金的走势三个方面来分析（图3-5）。

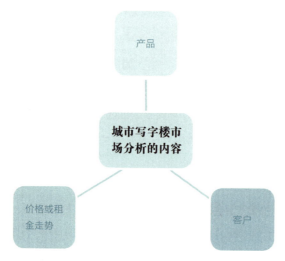

图3-5　城市写字楼市场分析的内容

(3) 分析区域写字楼市场

一个城市不同区域的发展历程与功能定位存在差异，与之相关的区域经济构成与企业特征也有所不同。因此，写字楼市场的区域属性非常明显。对于区域写字楼市场的供求分析，直接影响写字楼项目开发的整体定位。

2. 写字楼供求分析

写字楼项目的供求分析可以从写字楼供应量、供应形式、微观需求和市场指标四个方面进行，如图3-6所示。

图3-6 写字楼供求分析的4个方面

(1) 写字楼供应量分析

写字楼供应总量将对写字楼市场的空置率和租金产生直接而深刻的影响。在供应分析部分应该讨论项目所在城市的写字楼市场发展和整体供应水平。对分地区的供应数量与质量水平进行评述，以获得对目前写字楼市场供应全面而深入的认识。

首先，把整个城市写字楼市场的历史发展情况分析清楚。例如该城市写字楼市场曾经在什么时候出现供应高峰，什么时候出现低谷。

其次，用图表分析写字楼区域，并作出详细研究，如，商务配套。写字楼最主要的商务配套是酒店。酒店能给差旅人员提供居住，酒店和写字楼之间具有较强的协同效应。

写字楼供应量分析的步骤如图3-7所示。

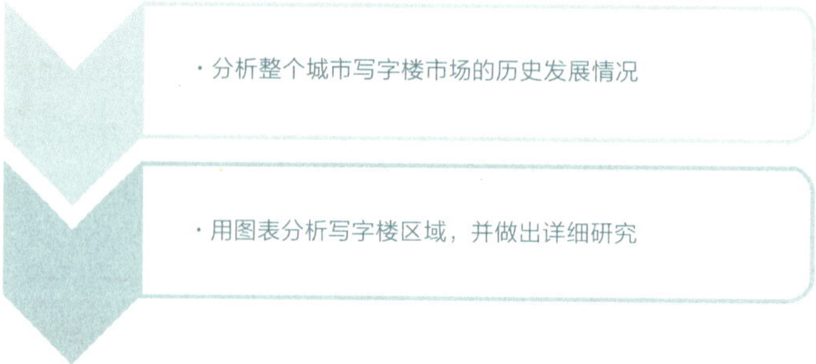

- 分析整个城市写字楼市场的历史发展情况

- 用图表分析写字楼区域，并做出详细研究

图3-7 写字楼供应量分析的步骤

写字楼供应分析，具体要关注三类市场信息：

① 历史和现实的供应。

② 关注本地市场的未来供应。这其中尤其要关注城市的土地交易信息，都有哪些项目在未来几年将进入市场与本项目进行竞争。

③ 关注城市规划。以便从宏观层面了解城市商务区的发展或变迁。

（2）写字楼供应形式分析

写字楼供应形式包括出租和出售。在一线城市几乎所有的甲级写字楼都是出租性的，有的城市（如成都）所有的甲级办公室为出售形式，乙级写字楼为出租形式。

（3）微观需求分析

微观需求分析，包括现实需求分析和潜在需求分析（图3-8）。

现实需求分析要对全市具有代表性的办公楼的租户（或业主）和最近刚租用（或购买）写字楼的租户（或业主）进行分析。

潜在需求分析主要针对计划租用（或购买）写字楼的客户进行分析。

图3-8 写字楼微观需求分析的内容

（4）市场指标分析

写字楼市场指标主要指租金、售价以及空置率（图3-9）。

租金分析主要是基于历史租金的研究。研究目标是了解租金在过去的变化规律和发展周期，以便将这些规律应用到未来的租金变化预测中。

空置率和租金的变化呈负相关：空置率最低时，租金最高，反之，亦然。这是市场发展的一个规律。

所有租金和空置率都应该分不同的区域和不同的办公楼级别进行分析。在市场指标分析中，还不能忽视停车费的收入和免租期等租约条件。

预测未来项目租金的方法有宏观方法和微观方法。宏观方法是基于一定经济发展增长的周期，通过使用计量经济学模型进行预测未来的租金；微观方法主要使用该城市或地区的企业数量的增长。

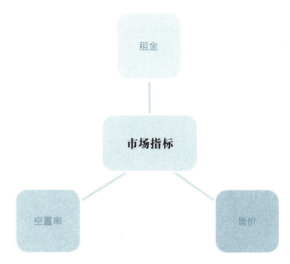

图3-9　写字楼市场指标

3. 项目自身情况调研

写字楼项目自身情况调研包括项目占地规模、项目四至和周边配套等内容。

4. 项目SWOT分析

SWOT分析通过对优势（S）、劣势（W）、机会（O）和威胁（T）的综合评估与分析得出结论（图3-10），这种方法已经被许多企业运用到企业管理、人力资源和产品研发等方面，对于写字楼项目的市场调研分析也有借鉴意义。

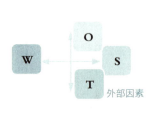

战略选择	优势S	劣势W
机会O	发挥优势 抢占机会	利用机会 克服劣势
威胁T	发挥优势 转化威胁	减少劣势 避免威胁

图3-10 SWOT分析

5. 客户群分析

写字楼市场调研不能忽视对客户群的分析。包括广大潜在客户分析、典型客户分析、不同类型的客户群分析和客户需求特征分析等（图3-11）。

客户需求特征分析的具体内容包括：

（1）客户主要特征，包括区域属性、行业属性、置业目的等内容。

（2）客户项目外部因素关注重点，如区位、市场稀缺性等。

（3）客户项目本体因素关注重点，如景观、平面布局、硬件配置等。

图3-11 写字楼客户群分析的内容

6. 写字楼项目竞争分析

写字楼项目的竞争项目是指与项目处于同档次、同区域、目标客户群基本相同，具有直接竞争威胁的同类项目。

对写字楼竞争项目的调研分析，包括对其整体规模、业态组织、交通条件、销售手段和经营特色、销售/租赁状况等方面的分析。

对于项目投资者来说,有时只是注重对竞争项目的分析;作为开发商,不仅要关注竞争项目,还要关注竞争企业。

写字楼项目的竞争分析包括八项内容,如图3-12所示。

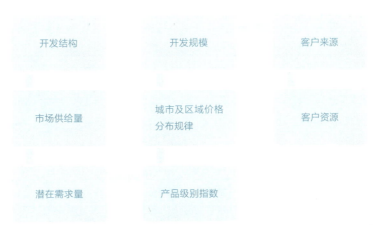

图3-12 写字楼竞争分析的8个内容

> **链接**
>
> **写字楼项目调查表**
> **写字楼物业项目调查表1(项目整体数据)**
> 调查人: 调查时间: 审核人:
>
> | 1. 基本情况 | | | |
> |---|---|---|---|
> | 项目名称 | | 所在片区 | |
> | 售楼电话 | | 位置 | |
> | 土地年期 | ____年,自____年起计 | | |
> | 发展商 | | 投资商 | |
> | 建筑设计 | | 承建商 | |
> | 代理商 | | 物管公司 | |
> | 发售日期 | | 开盘日期 | |
> | 竣工日期 | | 入伙日期 | |

链接

续表

2．项目指标

楼宇类型	□高层　□中高层　□多层	
项目规模	总栋数____；____栋____层；____栋____层；____栋____层办公室共____个单位	
裙楼情况		
物业等级	甲级□A　□B　□C	乙级□A　□B　□C
占地面积（m²）	建筑面积（m²）	其中：写字楼____m² 商业____m²
车位	总____个，地上____个/地下层共____个	车位费：____元/次（或者____元/月）
新工艺/材料	管理费（月）	元/m²

3．装修情况

装修情况	外立面材料： 门前广场与入口处： 大堂面积、高度： 电梯数量、品牌： 走道净高、宽度： 房间净高、装修： 空调与通风系统：
物业配套	服务设施：
备注	

4．分栋或分楼层情况

楼宇名称	起始楼层	终止楼层	功能描述 [商场/写字楼/公寓/避难层/设备层/会所]	每层面积	单位数量	每层电梯数量	实用率（%）

写字楼物业项目调查表2（动态营销数据）

调查人：　调查时间：　审核人：

1. 工程形象进度

项目名称		位置	
工程进度	□±0以下　　□结构第___层　　□封顶　　□外装修 □接近完工　□已入伙　　　　□其他		
交房标准	□毛坯　　□装修套餐　　□精装修		

2. 户型比例与价格

起价	元/m²	最高价	元/m²
均价	元/m²	折扣	一次性付款折；按揭折
朝向差	平均	楼层差	低段高段平均
销售率			
户型	最小单元面积：		

	面积（m²）	套数	套数比	已销售

3. 营销特色

户型变化/组合	
形象定位与推广语	
现场围墙/导示/展板/挂幅售楼处	
营销手法与销售走势	
主打卖点（项目优势）	

链接

续表

主要难点（项目劣势）	
客户群	大企业与购买特征： 零散企业与购买特征： 投资客购买特征：
4．租赁情况	
主要大客户及所租面积	
其他客户	
租金/二手价	
出租率	
其他	

五、写字楼市场调研的6种方法

市场调研人员可根据具体情况选择不同的调研方法，一般采用以下两大类方法（图3-13）：

①根据选择调研对象来划分，有普查、重点调研、抽样调研等；②按所采用的具体方法来划分，有访问法、观察法、实验法。

图3-13　写字楼市场调研方法

类别1. 按调研对象划分

按调研对象不同,写字楼市场调研方法可以分为普查、重点调研、抽样调研三类(图3-14)。

图3-14 调研对象下的调研方法类别

(1)普查类

普查是对调研对象总体所包含的全部单位进行调研。

1)适用情况。

了解一个城市人口的年龄、家庭结构、职业分布、收入分布等情况。

2)方法优点。

全面普查可能获得非常全面的数据,能正确反映客观实际,效果明显。

3)方法缺点。

普查工作量很大,耗费大量人力、物力、财力,调研周期较长,适合较小范围内的调研。

当然,有些资料可以借用国家权威部门的普查结果,如,借用全国人口普查所得到的有关数据资料等。

(2)重点调研类

重点调研是以有代表性的单位或消费者作为调研对象,进而推断出一般结论。

1)适用情况。

如调研高档住宅需求情况。

2)方法优点。

采用这种调研方式,由于重点被调研的对象数目不多,企业可以用较少的人力、物力、财力,在很短时期内完成。

3)方法缺点。

由于所选对象并非全部,调研结果难免有一定误差。当外部环境发生较大变化时,所选择重点对象可能不具有代表性。

(3)抽样调研类

抽样调研就是从调查对象全体中选择若干个具有代表性特征的对象作为样本的方法。从调查对象总体中抽取样本的技术革新,就是抽样技术。抽样技术的优劣将直接影响样本的代表性,影响调研结果的可靠性。

抽样调研大体上可以分成两类:一是随机抽样,二是非随机抽样(见表3-4)。

抽样调研类别

表3-4

类别	主要特征	分类	特点
随机抽样	从母体中任意抽取样本,每一样本有相等机会,这些事件发生概率相等,可以根据调研样本结果推断母体情况	随机抽样	整体中所有个体都具有同等机会被选作样本
		分层随机抽样	对总体按某种特征(如年龄、性别、职业等)分组(分层),然后从各组中随机抽取一定数量的样本
		分群随机抽样	将总体按一定规模或范围分成若干群体,随机抽取其中一部分作为样本
非随机抽样	先确定某个标准,然后再选取样本数。这样每个样本被选择的机会并不相等	就便抽样	随意选择样本,如在街头上任意找行人询问其对某新产品的看法和印象。这是商圈调研常用的方法
		判断抽样	市场调研人员根据以往经验判断哪些个体为样本的方法;当样本数目不多,样本间差异较明显时,此法能起到一定效果
		配额抽样	市场调研人员通过确定控制特征,将样本进行空间分组,然后由调研人员从各组中任意抽取一定数量的样本

> **链接**
>
> **分群抽样与分层抽样的区别**
>
> 分群抽样是将样本总体划分为若干不同的群体,这些群体间的性质相同,然后再将每个群体进行随机抽样,这样每个群体内部都存在性质不同的样本。
>
> 分层抽样是将样本总体划分为几大类,这几大类之间是有差别的,而每一类则是由性质相同的样本所构成。

类别2. 按调研方式划分

根据调研实施方式,有三种不同的调研方法,分别是访问法、观察法、实验法(图3-15)。

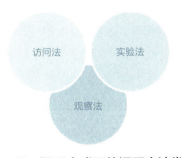

图3-15　调研方式下的调研方法类别

(1)访问法

访问法是最常用的市场调研方法。科学设计调研表,有效运用个人访问技巧,是访问法调研成功的两大关键。

按照调研人员与被调研人员的接触方式不同,可将访问法划分为3种形式:答卷法、谈话法和电话调研法如图3-16所示及见表3-5。

访问法的三种调研形式　　　　　　　　　　　　　　　　　　　表3-5

访问形式	具体操作
答卷法	调研者将被调研人员集中在一起,要求每人答一份卷,在规定时间答完,调研人员不能彼此交换意见,目的是充分表达个人意见
谈话法	调研者与被调研者面对面谈话,如召开座会,畅所欲言。还可针对某种重点调研对象做个别谈话,深入调研
电话调研	调研者借助电话了解消费者意见,并请他们提出改进措施等

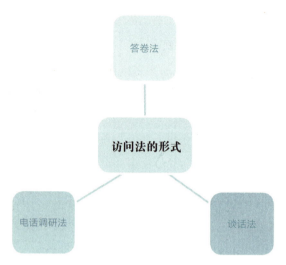

图3-16 访问法的形式

访问法的重点工作是设计调研表。访问法的调研表设计一定要集中反映企业最想了解的重要信息。具体的设计要求见表3-6。

◉ 调研表设计要求　　　　　　　　　　　　　　　　　　　　　　　表3-6

调研表设计方面	设计要求
设计步骤	（1）根据整个研究计划目的，明确列出调研所需搜集的信息项目； （2）按所需搜集的信息，写出一连串的问题，并确定每个问题的类型； （3）按问题类型、难易程度，选择题型（单选填充，多选填充，是非判断，多项选择题），安排好询问问题次序； （4）投放前选择一些调研者作调研表初步测试，请他们先做题，然后召开座谈会或个别谈话，征求意见； （5）按测试结果，不断修改调研表，得出正式调研表
设计注意点	（1）问题要短，较长问题容易被调研者混淆； （2）每个问题只能包含一项内容； （3）问题中不使用太专业的术语，尺度为术语可被消费者理解； （4）问题答案不宜过多，问题含义不要模棱两可； （5）注意提问方式

（2）观察法

观察法是指调研人员不与被调研者正面接触，而是在旁边观察的调研方法。为的是让被调研者无压力，表现自然，想法正常，所获取的调研结果也最理想。

03　写字楼项目前期策划

观察法的缺点是虽然能观察到事物的表面现象,但不能得到人们的主观想法,因此,调研时可将观察法与其他方法组合使用。

表3-7为三种观察法具体操作方法。

三种观察法　　　　　　　　　　　　　　　　　　　　　　　　表3-7

观察法形式	具体操作	举例
直接观察法	派人到现场对调研对象进行观察	可派人到房地产交易所或工地观察消费者选购房产的行为和要求
实际痕迹测量法	调研者不亲自观察购买者的行为,而是观察行为发生后的痕迹	比较不同报刊上刊登广告的效果,可在广告下面附一个条子,请客户剪下来回寄,根据这些回条,判断哪家报刊广告效果较好
行为记录法	取得被调研者同意后,用一定装置去记录调研对象的某一行为	在某些家庭电视机里装上一个监听器,可以记录电视机什么时候开,什么时候关,收哪一个电台,收了多长时间等

（3）实地调查法

实地调查（俗称踩盘），是房地产调研中最常用的方法。指调查者去目标楼盘现场收集调研需要的信息。踩盘一般有以下两种形式：定期踩盘和专项踩盘（图3-17）。

图3-17　实地调查法的两种形式

① 定期踩盘。

由专人负责,定期（例如每周末）统一安排相关人员（调研人员或相关部门人员）进行踩盘。可先通过报纸广告预先查阅本周展销楼盘,确定需要了解的项目,然后再统一安排分派到各工作人员进行踩盘,避免由于缺少统一安排导致各个人员重复踩盘的情况。

② 专项踩盘。

专项踩盘是根据某项调查需要,了解特定项目而进行相关的专项踩盘,此类踩盘主要针对某项特定工作需要而展开，调查后的原始资料经处理后同样可以在资料库归档。

六、写字楼市场分析的3种方法

写字楼市场分析所涉及的内容非常复杂，每个角度都能调研到有用信息。但由于各种原因，特别是调研数据资料的缺乏，会使这些分析有局限性，影响结论的可信程度。因此，要特别注重调研的资料来源和分析方法选用。

写字楼市场分析通常采用三种方法，如图3-18所示。

图3-18　写字楼市场分析的3种方法

1. 比较法

主要运用估价的方法，与可比案例进行比较、修正，用来估计目标物业的市场价格，然后在这个基础上进行项目财务现金流分析。

2. 假设条件法

假设写字楼市场将有某种发展走势，例如租金按某个速度增长，空置率估计将是某个水平等，以此估计目标物业未来的价格。

3. 现状类推法

通过对整个市场现状的分析，可以发现哪种类型物业成交量较大，然后假设项目所在的市场与宏观市场同构，并且假设市场条件未来仍将继续，由此提出项目开发的建议。

七、市场调研报告的6项构成内容

市场调查报告作为一种特殊的工作应用文，一般由呈送函件、标题、目录、摘要、正文和附录六个部分组成（图3-19）。

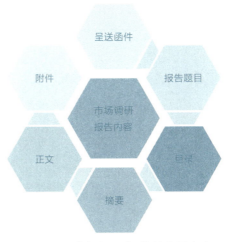

图3-19 市场调研报告的6项内容

1. 呈送函件

呈送函件要指出该报告直接呈交方,对方何种情况或授权下进行该项调查。

2. 报告题目

报告题目由报告的主要内容来决定,报告题目应简明准确地表达报告的主要内容,起画龙点睛的作用。一般是通过扼要地突出本次市场调查全过程中最具特色环节的方式,揭示本报告所要论述的内容。标题要做到文题相符、高度概括,以及吸引力强等要求。

3. 目录

当市场调查报告的页数较多时,应使用目录或索引形式列出主要纲目及页码,编排在报告题目后面。

4. 报告摘要

报告应提供"报告摘要",这是对调查报告基本内容的概括,对所有主要调查成果及结论的综述,长度一般不超过两页低为好。

摘要主要包括四方面内容(图3-20),即:

(1)明确指出本次调查的目标,即说明此次调查的原因。

(2)简要指出调查的时间、地点、对象、范围以及调查的主要项目。

(3)简要介绍调查实施的方法、手段以及对调查结果的影响。这有助于人们分辨该报告的可靠性和可依赖程度。

(4)说明调查执行结果,提炼调查中的主要发现或结论性内容。

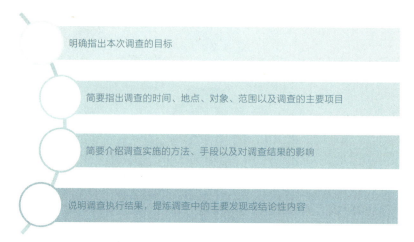

图3-20 报告摘要的内容

5. 正文

正文是调查报告的主要部分，正文应依据调查内容充分展开，它是一份完整的市场调查报告。一般来说，报告正文应包括五个主要部分：导言、研究方法、调查成果、限制条件、结论和建议（图3-21）。

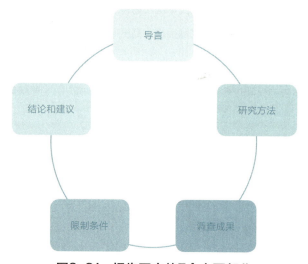

图3-21 报告正文的5个主要部分

6. 报告附件

报告附件是指调查报告正文包含不了或没有提及，但与正文有关的材料。
它是对正文的补充说明。市场调查报告的附件往往是大量的，它可能要包括一系列附件，以专门地说明某一个技术性问题，或与正文结论不尽相同的可供选择的解释等。因而，附件是指调查报告正文包含不了的内容或对正文结论的说明，是正文报告的补充或更为详细的专题性说明。例如，数据的汇总表、统计公式或参数选择的依据，与本调查题目相关的整体环境资料或有直接对比意义的完整数据等，均可单独成为报告的附件。

八、市场调研报告撰写的3个要点

一份合格而优秀的调查报告，应该有非常明确、清晰的构架，简洁、清晰的数据分析结果。

关于数据分析的部分，通常情况下是用图表表示。

要点1．选择合适的图表表现数据

如图3-22所示的几种图表形式是最常用的：柱状图表、条形图表、饼形图表和线形图表。

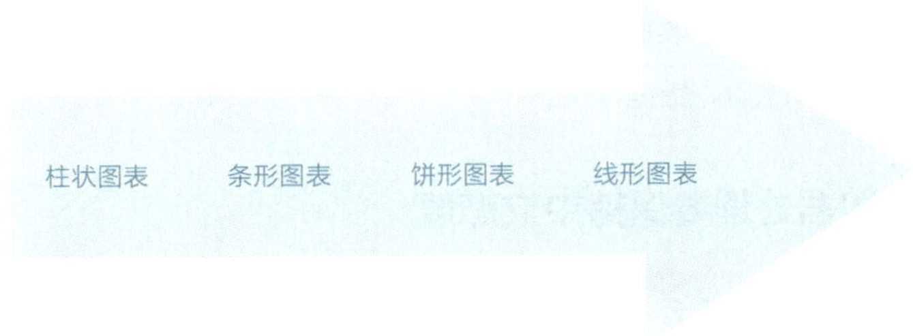

柱状图表　　条形图表　　饼形图表　　线形图表

图3-22　市场调研报告数据图表形式

图表的作用在于能将复杂数据变成简单的、清晰的图表，让人能够一目了然地了解数据所表达的含义。在制作图表时，应遵循"简单、直接、清晰、明了"等重要原则。每个图表只包含一个信息。

条形图表是应用最广的类型，柱状图表次之，这两种图表基本占整个报告中图表总数的半数左右。

线形图表和饼形图表的使用则相对较少，更多的是将其综合运用，如线形图表加上柱状图表，或饼形图表加上条形图表。

选择数据表现形式的步骤如下：

（1）明确数据所表达的主题；

（2）明确数据间的相互关系；

（3）确定可能使用的图表类型；

（4）根据实际情况尽可能使用一些表格来丰富整个报告形式（图3-23）。

图3-23 选择数据表现形式的步骤

要点2. 制作图表应注意的一些细节

使用柱状图表和条形图表时，柱体之间的距离应小于柱体本身；在说明文字较多时，用条形图表表示更清晰，便于读者辨认；在使用饼形图表时，应在标明数据的同时，突出数据的标识，即同时使用数值与数据标识。

要点3. 数据处理要保持中立态度

结合项目本身特性及项目所处大环境对数据表现出的现象进行一定的分析和判断，一定要保持中立的态度，不要加入自己的主观意见。

第二节　写字楼项目可行性分析

写字楼项目的可行性分析主要分三步，

（1）要明确该可行性分析项目属于何种类型（即明确分析目的）；

（2）根据具体项目建立合理的可行性评价指标体系；

（3）对项目各个模块分别进行定性、定量分析或定性与定量相结合的分析。

写字楼项目可行性分析内容如图3-24所示。

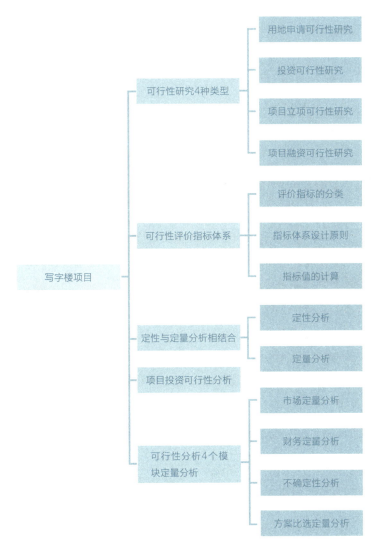

图3-24　写字楼项目可行性分析

一、区别可行性研究的4种类型

根据不同目的，写字楼项目可行性研究可分为项目用地申请可行性研究、项目投资可行性研究、项目立项可执行性研究和项目融资可行性研究四种类型，见表3-8。

● 写字楼项目可行性研究的4种类型　　　　　　　　　　　　　　　表3-8

分类	项目用地申请可行性	项目投资可行性研究	项目立项可执行性研究	项目融资可行性研究
主要目的	项目前期，用于向政府申请土地	用于企业投资决策	用于企业向发改局申请固定资产投资许可证	项目未达到项目贷款发放条件，用于融资要求
特点	一般企业自己做，可以请专业公司辅助	需求不同，项目分析侧重点不同	需求简单，对贷款额度没要求	需求明确，相对项目贷款可以假设

类型1. 项目用地申请可行性研究

项目用地申请可行性研究是房地产开发中最初阶段的工作，是投资决策前对拟建项目的轮廓设想。在有些情况下，企业先完成投资可行性研究，再做好项目建议书呈报给政府。

项目用地申请可行性研究的项目建议书一般包括以下五方面内容（图3-25），即

（1）建设项目提出的必要性和依据；

（2）拟建项目规模、地址的初步设想；

（3）建设条件、协作关系等的初步分析；

（4）投资估算和资金筹措设想；

（5）经济效益、社会效益和环境效益的评价。

- 建设项目提出的必要性和依据
- 拟建项目规模、地址的初步设想
- 建设条件、协作关系等的初步分析
- 投资估算和资金筹措设想
- 经济效益、社会效益和环境效益的评价

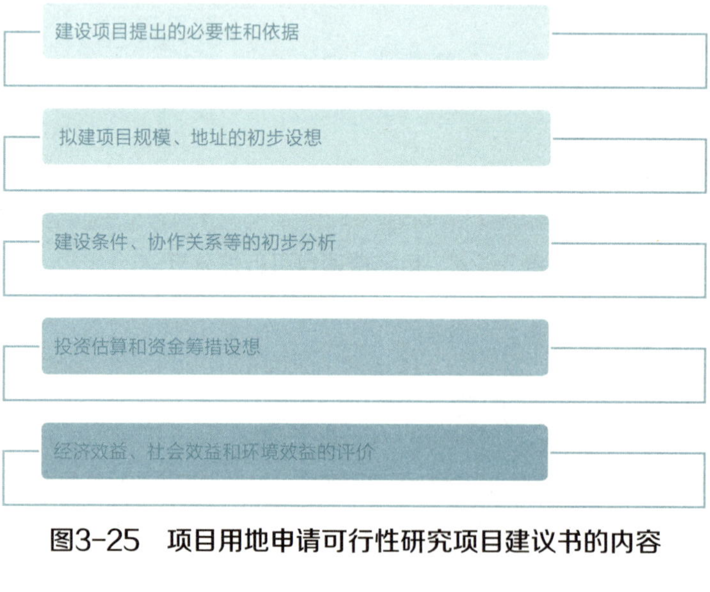

图3-25　项目用地申请可行性研究项目建议书的内容

类型2. 投资可行性研究

投资可行性研究要保证两个关键点的可行：市场可行和经济可行。一般用于企业内部投资决策、收购、取地等方面。

投资可行性研究的项目任务书主要内容（图3-26）：

（1）项目提出的背景、市场需求预测；

（2）项目提出的必要性、可行性研究的依据和范围、组织机构及人员配置；

（3）项目投资概算：概算编制依据，概算内容及深度，建安工程造价分析，市政配套及间接费用分析；

（4）经济评价：各项财务基础数据、财务分析、财务评价结论；

（5）结论。

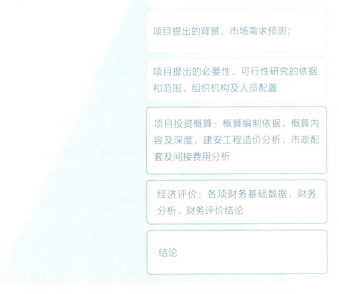

图3-26　投资可行性研究的项目任务书的内容

类型3. 项目立项可行性研究

项目立项可行性研究报告要严格按照相关文件制作。适用于企业向区或市发展改革局申请项目固定资产投资许可证。企业应提供项目初步设计方案，主要内容如图3-27所示。

（1）开发企业介绍；

（2）项目解析及项目市场分析；

(3)项目SWOT分析;

(4)项目工期安排及经济评价;

(5)项目风险分析。

图3-27 项目立项可行性研究报告的内容

类型4.项目融资可行性研究

项目融资可行性研究要侧重分析市场、经济可行性和合法性(图3-28)。除此之外,还需要分析企业、项目还款能力、项目风险、拟建项目规模及对建设地点的初步设想。用于未满足项目贷款条件,企业向银行融资申请贷款额度的情况。

图3-28 项目融资可行性研究的内容

二、建立可行性评价指标体系

进行写字楼项目可行性分析,不管是选择定性分析还是定量分析方法,建立合理的评价指标体系都是关键环节(图3-29)。

图3-29 建立可行性评价指标体系

1. 项目可行性评价指标的分类

从四个不同的角度,可以建立以下写字楼项目可行性评价指标,见表3-9。

写字楼项目可行性评价指标的分类　　　　　表3-9

分类依据	指标类别	作用	指标举例
项目开发经营过程	生产类	反映写字楼市场投机情况和风险	投资占固定资产投资的比重、投资增长率、投资收益率等
	交易状况类	反映该市场是否存在投机炒作行为和交易是否平稳	销售面积增长率、销售额增长率等
	消费状况类	反映需求情况和写字楼价格	价格增长率、地价增长率、写字楼价格/家庭年均收入等
	金融类	反映写字楼筹资、融资情况	货币供给量增长率、贷款增长率、按揭利率、中长期贷款利率等

续表

分类依据	指标类别	作用	指标举例
关系	投入产出与国民经济的协调关系指标	反映投资的大经济环境	投资增长率/GDP增长率
	供给与需求的协调关系	反映供求协调情况	空置率
	行业内部的协调关系	反映行业情况	净资产收益率
原因	外因	指影响和制约写字楼行业的宏观经济和相关产业经济规模和发展水平方面的因素	国民生产总值及其增长率、国民收入水平及其增长率、全社会固定资产投资规模及其增长率、建筑业总产值及其增长率、原材料（钢材、木材、水泥、玻璃）产量及其增长率、建筑安装工程造价指数等
	内因	指写字楼开发过程的阶段性指标	开发投资额及面积（含在建、拟建、新开工及竣工）、开发资金来源合计、销售（含预售、出租）面积、价格、销售率、贷款（包括建设贷款和消费贷款）利率等
时间	先行指标	先于房地产周期波动而变动的指标，用于预测房地产周期波动的峰顶和谷底	如全社会固定资产投资、写字楼投资额及面积、开发面积、建设及消费贷款利率、建筑安装工程造价指数等
	同步指标	是与房地产经济周期波动大体一致的指标，反映当前房地产形势	国民生产总值、国民收入、写字楼销售状况等
	滞后指标	是落后于房地产周期波动的指标，用于认定房地产经济周期波动的峰和谷是否确已出现	写字楼竣工面积、写字楼空置面积等

2. 可行性评价指标体系设计的6个原则

写字楼项目可行性评价指标体系的设置，要遵循以下六个基本原则，如图3-30所示。

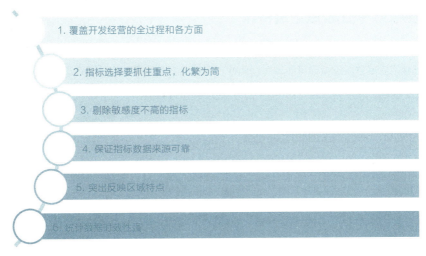

图3-30 写字楼项目可行性指标体系设计的6个原则

原则1. 覆盖开发经营的全过程和各方面

指标的选择不仅考虑写字楼开发经营的某一阶段，还要覆盖开发经营的全过程，包括土地供应、投资量、开发建设、市场交易、空置率等写字楼市场运作的各个环节。从广度上来看，数量、数值与价格、金额并重。

原则2. 指标选择要抓住重点，化繁为简

指标的选择要全面，但要避免繁杂，使之去伪存真，去粗取精。最好能够抓住主要矛盾，使复杂的问题简单化，深入浅出，便于操作应用。

原则3. 剔除敏感度不高的指标

有些指标对项目可能很重要，但敏感度不高的指标不要列入可行性分析指标体系。例如，大众熟知的在较长时期内仍将持续的写字楼市场明显特征（如国内不同城市之间写字楼质量差别大、高档次写字楼需求大等），就不需要列入可行性分析指标体系。

原则4. 保证指标数据来源可靠

指标数据来源要可靠，否则只有理论分析的意义而不能实际运用。比如，空置率等指标在一些统计资料中存在盲区（如只有新房的空置率，没有存量房的空置率）。但这些指标对于反映市场状况极为重要，因此需要仔细考查数据的来源和内涵，做到界定准确，数据可用。

原则5. 突出反映区域特点

中国各地经济社会和市场发展的差异较大,用一个指标体系很难反映所有区域的写字楼市场状况。尽管所选指标可能具有通用性,但指标数据是根据当地的经济发展和市场现状设计的。因此,写字楼项目可行性指标体系应反映区域特点。

原则6. 统计数据时效性强

统计要及时,与报告期时差小,以免决策失去较佳机会,必须有数据反映目前的全方位统计信息。

3. 确定指标值的4种计算方法

选取指标后,如何确定其指标值也很重要,常用的计算方法有以下四种,如图3-31所示。

图3-31 评价指标4种计算方法

(1)比率分析法

比率分析法是将一些指标中的有关项目进行对比,用比率来反映它们之间的相互关系,以揭示项目某些能力的分析方法。常用的比率有投资利润率,分析项目偿债能力的利息保障倍数、贷款偿还期等指标,以及分析盈利能力的各项收益比率等。

(2)趋势分析法

趋势分析法是根据连续几期的指标值所列出的数额,比较其前后各期的增减幅度,从而揭示指标变化趋势的分析方法。这种方法能够化繁为简,提供一个明确的变动趋势概念,而且可以通过对过去的研究与观察,显示项目未来的发展趋势。

（3）线性加权和法

这是多目标规划问题的求解方法之一。

对某已知多目标规划问题(V,P)，有P个目标$f_1(x)$，$f_2(x)$，$\cdots f_p$都希望越小越好，或越大越好，则首先据P个目标的重要程度分别给出一组权系数：$K_1 \geq 0$，$K_2 \geq 0$，$\cdots$，$K_p \geq 0$；$K_1+K_2+\cdots+K_p=1$，作评价函数：$G(X)=\sum p_j=K_j f_j(X)$，最后求单目标规划问题$\min GX \in R$或$\max GX \in R$的最优解X。其中，R为原多目标规划问题的约束集合。

（4）功效系数法

功效系数法也叫作目标转换法。针对多目标规划中有的目标要求越大越好，有的目标越小越好，对于所要处理的目标间的纲量不统一。对于这些目标分别给予一定的功效系数（或评分分数），介于0~1之间。当目标达到最满意时，系数为1；最不满意时，系数为0，其他为中间数。描述这一关系的函数，称为功效函数。

例如：

线性功效系数=指标实际值−指标的不允许值指标满意值−指标的不允许值

将指标的功效系数乘以该指标的权数，可以得到该指标的评价得分。

三、项目投资可行研究分析的5个模块

充分把握投资风险要借助精确、科学的项目可行性研究，全面应用定量分析方法、用数据进行投资分析，是提高可行性分析准确性和科学性的有效途径。

综合行业特点及风险特征基础上的写字楼类投资项目可行性研究，重点包括五个模块的内容，如图3-32所示。

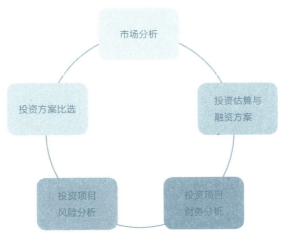

图3-32　写字楼项目投资可行研究分析的5个模块

模块1. 市场分析

写字楼市场分析是指通过对写字楼市场信息的调查分析和加工处理，寻找出其内在规律和含义，预测市场未来发展趋势，帮助投资者掌握市场动态，把握投资机会。

市场分析的内容包括：宏观环境分析、市场供给分析、市场需求分析、市场趋势分析以及市场竞争分析（图3-33）。

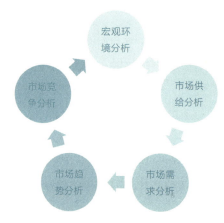

图3-33　市场分析的内容

模块2. 投资估算与融资方案

项目投资估算和资金筹措分析是项目可行性研究内容的重要组成部分。每个项目均需计算所需要的投资用款，分析投融资方式，并制订用款计划（图3-34）。

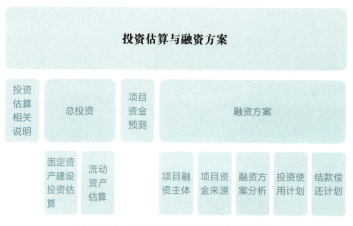

图3-34　投资估算与融资方案框架

投资估算与融资方案组成本模块主要内容见表3-10。

投资估算及融资模块的内容 表3-10

版块			具体内容
投资估算相关说明	投资估算范围 投资估算编制依据 投资估算说明		—
总投资	固定资产投资	静态投资	土地费用； 前期工程； 基础设施建设费； 公共配套设施建设费； 建筑工程费用； 安装工程费用； 设备及工器具的购置费用； 其他工程费用； 基本预备费
		动态投资	建设期利息； 固定资产投资方向；调节税； 涨价预备费； 汇率变动预备费
	流动资产投资		应收及预付款、存货、现金； 勘察设计费、管理费、销售费用
项目资金预测	项目投入总资金及分年投入计划	资金投入计划	各期地价、前期费用、基础、建安、配套、开发间接费等
		资金回款计划	租售回款计划
		资金需求计划	启动资金及启动时占用资金内容、资金占用峰值、实现现金正流入时间、资金占用平均额
项目资金来源	借贷资金	国内银行贷款	拨改贷； 固定资产贷款； 专项贷款等
		国外资金	国际金融组织贷款； 国外政府贷款； 赠款； 商业贷款； 出口贷款； 补偿贸易

续表

版块		具体内容
项目资金来源	自筹资金	部门、地方、企业自筹
	其他资金	预租售资金
融资方案分析	资金来源可靠分析； 融资结构分析； 融资成本分析	—
投资使用计划	要考虑项目实施进度及筹资方案	—
借款偿还计划	对各种项目还款资金来源估算得出	—

模块3. 投资项目财务分析

写字楼投资项目财务分析是从投资者角度对项目进行的经济评价，是在项目投资环境分析、市场分析、投资成本及收入估算等基本分析的基础上，通过编制基本财务报表，计算财务分析指标，对投资项目的财务盈利能力进行分析，从财务指标角度考查项目可行性的方法。

模块4. 投资项目风险分析

在写字楼投资领域，投资风险是指由于投资写字楼而造成损失的可能程度。之所以存在投资风险，是因为我们的投资决策是建立在对投资项目的未来前景预测分析的基础之上，这样的预测在各种不可预见因素的影响下，难免会与未来产生的实际结果产生偏差，这样的偏差，就是我们需要防范的投资风险。

模块5. 投资方案比选

投资决策过程中，投资者可供选择的投资方案通常不是唯一的。作为投资决策者，应该综合考虑资源限制、风险偏好等因素的影响，从各种可能的投资方案中选择最大程度接近预设条件的方案。这一选择过程，就是投资方案的比选。简而言之，是在满足设定风险要求的条件下，选择回报最高的投资方案。

四、项目可行性的3种定性分析法

项目可行性分析过程中有以下两种情况,就只能考虑采用定性分析的方法:

(1)由于有些因素难以定量描述,遇到的问题、环境等比较复杂,无法采用数学计量方法定量计算;

(2)数据收集困难,无法将历史数据收集齐全,不能建立起定量分析模型。

常用的定性分析方法有类推预测法、德尔菲法以及头脑风暴法等(图3-35)。这些方法都是依靠分析者个人的经验、能力来进行逻辑推理和判断,具有较强的主观性。

图3-35 常用的3种定性分析方法

1. 类推预测法

类推预测法是利用类推性原理,将预测对象在不同空间同类(或类似)现象的发展进行对比,以及与预测对象在过去的发展进行对比,从而作出推测。

2. 德尔菲法

德尔菲法又名专家意见法,是依据系统的程序,采用匿名发表意见的方式,即团队成员之间不得互相讨论,不发生横向联系,只能与调查人员发生关系,以反复填写问卷,以集结问卷填写人的共识及搜集各方意见;经过几轮征询,使专家小组的预测意见趋于集中,最后作出符合市场未来发展趋势的预测结论(图3-36)。

此法可用来构造团队沟通流程,应对复杂任务难题的管理技术。

3. 头脑风暴法

头脑风暴法主要是通过组织专家会议,进行信息交流和互相启发,激励全体与会专家积极发挥其创造性思维，促进他们产生"思维共振"，以达到互相补充，并产生"组合效应"的方法。

图3-36　德尔菲法操作要点

五、项目可行性定量分析

定量分析方法是指将经济学理论用数学模型表示出来，用量化的数据表示各相关指标的分析方法。这类方法，通过采用数学模型进行定量的分析与计算，有助于提高分析的科学性与准确性。

常用的定量分析方法有：指数平滑法、回归分析法、盈亏平衡分析法、敏感性分析法、概率分析法、最小公倍数法等（图3-37）。

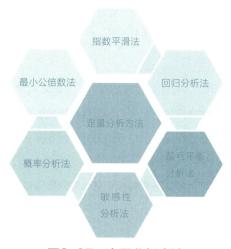

图3-37　定量分析方法

1. 定量评价指标

表3-11是写字楼项目可行性研究常用的定量评价指标。

写字楼项目可行性研究定量评价指标 表3-11

评价项目	评价指标	评价内容
总收入	写字楼综合投资收益	租金收益、价值升值收益
	经营收入	年经营销售额
土地成本	熟地开发成本	土地购入价格、土地出让金、契税
	生地开发成本	土地使用费、土地征用及拆迁补偿费用、七通一平费用、土地开发管理费用、贷款利息、土地出让金及契税
开发成本费用	建筑工程前期费用	公共服务及生活设施配套费、市政工程设施费、策划代理费、勘察设计费
	建安工程费用	土建工程费用、安装工程费用
	其他相关费用	项目管理费、项目招商销售费用、项目开办费、贷款利息、预备费、营业税及附加
	年经营成本	人工费用、运营费用
财务核算	利润	项目开发利润、商业营业利润
	税金	所得税
盈利能力分析	静态指标	投资利润率、投资净利润率、资本金利润率、资本金净利润率
	动态指标	财务净现值
		财务内部收益率
清偿能力分析	投资回收期	静态投资回收期
		动态投资回收期
	比率分析	资产负债率、流动比率
		速动比率、资金周转率

2. 写字楼项目市场定量分析方法

市场分析的主要目的是掌握市场未来的供求状况，预测投资项目未来实现预期收益的可能性。对缺乏历史数据的项目，市场供求状况预测主要采用定性方法进行研究。在行业研究的基础上，对市场需求进行预测，然后通过竞争对手分析，预测市场占有率，从而进行销量预测。

对有充足历史数据的项目，市场供求状况预测可以先用定量预测方法根据历史数据进行分析预测，然后采用定性预测方法，根据行业状况、市场需求及竞争对手的状况进行修正，最后再作综合预测分析。图3-38所示是两种市场定量分析方法。

图3-38　写字楼项目市场定量分析方法

（1）回归分析法

这是通过对已知数据的处理来寻求数据因果规律的数理统计方法。回归分析法不能用于分析与评价工程项目风险。

通过回归分析，建立回归模型，可以根据一个或几个变量的取值来预测或控制另一个特定变量的取值，实现预测未来变化的目的。回归分析根据因变量的多少，可以分为一元回归分析和多元回归分析；根据自变量与因变量之间因果关系的函数表达式是线性还是非线性，可分为线性回归分析和非线性回归分析。

（2）时间序列法

时间序列（times series）是指同一现象在不同时间上的相继观察值排列而成的序列，根据序列是否存在趋势，可分为平稳序列（基本不存在趋势的序列）与非平稳序列（包括趋势、季节性或周期性的序列）。

对平稳序列，传统的预测方法包括简单平均法、移动平均法和指数平滑法等。这些方法主要通过对时间序列进行平滑，以消除其随机波动，因而也称为平滑法。

时间序列分析的一项重要内容就是根据过去已有的数据预测未来的结果。利用时间序列分析数据进行预测时，通常假定过去的变化趋势会延续到未来，这样就可以根据过去已有的形态或模式进行预测。

时间序列的变化受许多因素的影响，概括地讲，可以将影响时间序列的因素分为四种，即长期趋势因素（T）、季节变动因素（S）、周期变动因素（C）和不规则变动因素（I）（图3-39）。

按照各因素对时间序列的影响方式不同,时间序列可分解为多种模型,如乘法模型、加法模型等。

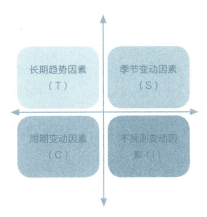

图3-39 时间序列的4种影响因素

3. 写字楼项目财务定量分析指标

写字楼项目财务定量分析指标包括非贴现指标和贴现指标,如图3-40所示。

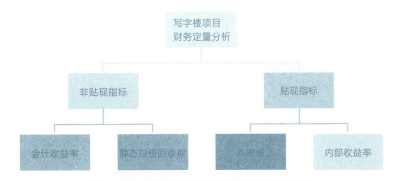

图3-40 写字楼项目财务定量分析指标

(1)非贴现指标

指没有考虑资金时间价值的指标,也称为静态指标,包括会计收益率(ARR),静态投资回收期(PP)。

1)会计收益率

会计收益率又叫做投资利润率、投资报酬率,是投资项目的年平均利润额与平均投资额的比率,一般用于初步可行性研究。计算公式如下:

$$会计收益率 = \frac{年平均利润}{平均投资额} \times 100\%$$

注:年平均利润,项目经营期各年税后利润之和的算术平均值;平均投资额,指固定资产账面价值的算术平均数。

会计收益率可以与企业的基准会计收益率进行比较。如果会计收益率大于企业的基准会计收益率,可以接受该项目,否则就放弃该项目。在多个互斥项目投资方案进行比较时,应选择会计收益率高的方案。

会计收益率的优缺点:

优点:简单、明了,易于计算,不受建设期长短、投资方式等条件的影响,能说明各投资方案的收益水平。

缺点:没有考虑资金的时间价值,而且是按账面价值计算,如果投资项目存在机会成本时,其判断结果可能相反(图3-41)。

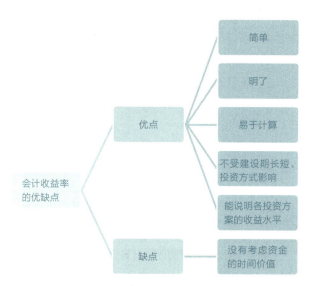

图3-41 会计收益率的优缺点

2)静态投资回收期。

静态投资回收期,指以投资项目的净现金流量来抵偿原始投资所需要的全部时间。一般以年为单位。这一指标多用于投资项目初选。计算公式为:

$$静态投资回报期 = 累计净现金流量第一次出现正值的年份 - 1 + \frac{上年累计净现金流量绝对值}{出现正值年份的净现金流量}$$

投资回收期以基准投资回收期为比较对象,如果小于基准投资回收期,可以接受该项目,反之,则应放弃。基准投资回收期一般由行业规定或企业自行规定,通常定为项目计算期或项目经营期的一半。

静态投资回收期的优缺点:

优点:能直观地反映项目投入运营后资金周转趋势及原始总投资的回收期限,便于理解,计算容易,应用广泛。

缺点:没有考虑资金时间价值因素,也没有考虑回收期后的现金流量的变化情况,因此静态投资回收期只能作为项目经济效益评价的辅助标准(图3-42)。

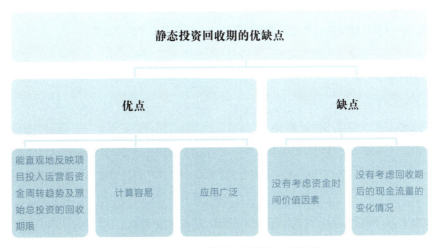

图3-42 静态投资回收期的优缺点

(2)贴现指标

贴现指标又称动态指标,即考虑了资金时间价值的指标。折现评价指标由于考虑了时间价值,因而弥补了非折现评价指标的缺点。主要包括:净现值(NPV)、内部收益率(IRR)。

1)净现值。

净现值是指把项目计算期内各年的净现金流量,按一定折现率折算到建设期期初(第一年年初)的现值之和。它是衡量投资项目在计算期内赢利能力的动态指标,表示投资项目在某种折现率时的盈利能力。

净现值的计算可通过电脑上调用微软公司的EXCEL软件中的函数公式,在电脑上自动求解。

净现值对项目可行性的指示作用依据标准见表3-12。

净现值对项目可行性的指示作用　　　　　　　　　　　　　　　表3-12

NPV值	指示盈利情况
>0	表明投资项目在建成后获得的净收益在抵付了资本成本或投资者要求的收益后，还有盈余，项目可行
=0	表明投资项目在建成后获得的净收益正好抵付了资本成本或投资者要求的收益，一般认为该项目也是可行的
<0	表明投资项目在建成后获得的净收益不足以抵付资本成本或投资者要求的收益，甚至可能出现亏损，项目不可行

净现值的优缺点：

优点：计算比较简单，考虑了资金时间价值，考虑了投资的风险性。

缺点：不能从动态的角度直接反映投资项目的实际收益率水平，且会受到现金流量和折现率的影响。

2）内部收益率

内部收益率又叫做内含报酬率，是投资项目实际可望获得的报酬率，其实质是项目在计算期内的净现值等于零时的折现率。

内部收益率的计算可通过调用微软公司的Excel软件中的函数公式，在电脑上自动求解。

内部收益率对项目可行性的指示作用见表3-13。

内部收益率对项目可行性的指示作用　　　　　　　　　　　　　表3-13

内部收益率大小	指示盈利情况
内部收益率＞行业基准收益率（或投资者最低期望收益率）	项目可获得超过行业平均收益的利润，或超过投资者最低收益要求，项目可行
内部收益率=行业基准收益率（或投资者最低期望收益率）	项目获得的收益与行业平均收益相当，或能基本满足投资者最低收益要求，项目也可以接受
内部收益率＜行业基准收益率（或投资者最低期望收益率）	项目获得收益低于行业平均收益的利润，或不能满足投资者最低收益要求，项目应予放弃

4. 投资方案比选定量分析

项目投资方案按相互之间的经济关系，可分为独立方案和互斥方案两类。需要根据投资方案的具体情况使用不同的比较分析方法进行选择。

（1）对独立方案，由于没有更多的选择余地，或存在相互依赖的关系，只需要对投资项目的经济收益指标进行评价即可。而对于互斥项目的比较，则需要进行比较和筛选，根据各个备选项目投资规模，计数期长短不同而采用不同的比较方法。

（2）如果比较项目的计算期、投资总额相等，可以使用排序法选择净现值或内部收益率最大的项目；当出现排序矛盾时，再应用增量收益分析法、年总费用法或年均费用法进一步比较。

（3）如果项目的计算期相同，但投资总额不等，最好应用增量收益分析法计算出增量净现值和增量内部收益率进行比较。

（4）如果项目的计算期不同，需要采用最小公倍数法或约定年数等值法对项目计算期进行调整，比较各个项目年均收益现值（年均净现值）和年均费用，选择优秀方案。

六、写字楼项目不确定性分析

在对建设项目进行评价时，所采用的数据多数来自预测和估算。由于资料和信息的有限性，将来的实际情况可能与此有出入，这对项目投资决策会带来风险。为避免或尽可能减少风险，需要分析不确定性因素对项目经济评价指标的影响。写字楼项目不确定性分析如图3-43所示。

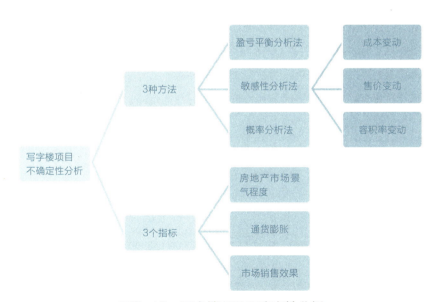

图3-43 写字楼项目不确定性分析

1. 项目不确定性分析的方法

根据分析内容和侧重面不同，不确定性分析可运用以下三种方法：盈亏平衡分析、敏感性分析和概率分析（图3-44）。盈亏平衡分析只用于财务评价，敏感性分析和概率分析可同时用于财务评价和国民经济评价。

图3-44　项目不确定性分析的3种方法

（1）盈亏平衡分析法

盈亏平衡分析法是研究写字楼投资项目在一定时期内的开发数量、成本、税金和利润等因素之间的变化和平衡关系的一种分析方法。

这种方法，通过找出盈亏平衡点，可以对写字楼投资项目的风险情况及项目对不确定因素的承受能力进行科学的判断，为投资决策提供依据。

盈亏平衡分析通常有线性盈亏平衡和非线性盈亏平衡两种（图3-45）。

图3-45　盈亏平衡分析的类型

（2）敏感性分析法

写字楼项目敏感性分析法是说明影响项目经济效益的主要风险因素（如总开发成本、售价、开发建设周期和贷款利率等）在一定幅度内变化时，对全部投资和资本金的财务评价指标的影响情况。

敏感性分析依据影响因素的多少可分为单因素敏感分析、多因素敏感分析。

此方法执行关键是找出对项目影响最大的敏感性因素和最可能、最乐观、最悲观的几种情况，以便项目实施过程中的操作人员及时采取对策并进行有效的控制。

敏感性分析的步骤：

①根据项目的具体情况，筛选出最能反映项目效益的敏感因素。
②设定敏感因素的变动幅度。
③调整现金流量，计算调整后的经济效益指标（图3-46）。

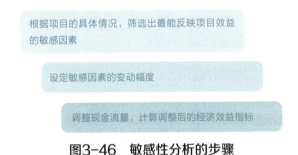

图3-46　敏感性分析的步骤

（3）概率分析法

概率分析法是指运用概率理论，研究不确定性因素的变动对投资结果影响可能性的分析方法。概率分析，是在敏感性分析的基础上进行分析，主要目的是分析计算某一个不确定性因素可能发生的概率大小。

概率分析的步骤如图3-47所示：

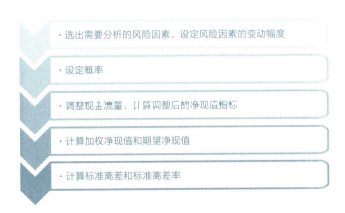

图3-47　概率分析的步骤

①选出需要分析的风险因素，设定风险因素的变动幅度；

②设定概率；

③调整现金流量，计算调整后的净现值指标；

④计算加权净现值和期望净现值；

⑤计算标准离差和标准离差率。

概率分析的结果判断：

（1）期望净现值表示在预计风险水平下净现值的一般水平。项目的期望净现值越大，其平均净现值水平越高，反之，越低。

（2）标准离差率是以相对数来衡量待决策方案的风险，一般情况下，标准离差率越大，风险越大；相反，标准离差率越小，风险越小。标准离差率指标的适用范围较广，尤其适用于期望值不同的决策方案风险程度的比较。

2. 项目不确定性分析的主要指标

在经济评价的同时，还要加强项目运营中的不确定性分析，制定多套方案，以规避宏观经济环境和区域市场变动所带来的投资风险。进行项目风险分析，重点分析对项目经济利润产生影响的三类指标，即：房地产市场景气程度、通货膨胀和市场销售效果（图3-48）。

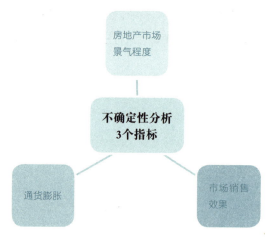

图3-48　项目不确定性分析3个主要指标

（1）利用概率法分析房地产市场景气程度给建设项目期望收益带来的影响：

①根据市场景气指数预测，把区域房地产市场发展划分为良好、一般和差三种状态。

②由房地产评估师、经济分析专家和专业房地产营销人员共同测定三种市场态势出现的概率和对应的期望损益值。

③根据概率法求出项目收益均值,判断建设项目受市场景气程度的影响力度。

(2)分析通货膨胀给项目运营带来的风险。一般来说,通货膨胀因素对房地产项目不会产生较大的经营风险,因为建筑材料、人工成本等建造成本和房地产商品的售价都自然会随着通货膨胀而升降,它们对房地产项目赢利性的正负影响基本上可以抵消。

(3)利用盈亏平衡分析法和敏感性分析法分析市场销售效果,给项目经济利润带来的影响。盈亏平衡分析包括销售面积盈亏平衡分析、销售价格盈亏平衡分析、竞标时的土地价格盈亏平衡分析;敏感性分析包括平均售价的敏感性分析、投资的敏感性分析和项目建设周期的敏感性分析。

3. 敏感性分析的定量计算

敏感性分析的影响因素有三个:成本变动、售价变动和容积率变动(图3-49)。

图3-49 敏感性分析的3个影响因素

敏感性分析要对这些变化的因素进行研究,找出项目经济效益发生的相应变化,并判断这些因素对项目经济目标的影响程度。

敏感系数是反应敏感程度的指标参数,计算公式为:

敏感系数=目标值的变化百分比/参数值变动的百分比。

敏感系数可正可负,若敏感系数为负,则说明标值的变化与参数值变化方向相反,敏感系数越大,则说明该参量对目标值越敏感,在可行性研究中对该参量的确定需更谨慎(表3-14)。

受敏感因素影响的经济指标 表3-14

影响因素	受影响的经济指标
成本变动	总投资、毛利率、税前利润、税后净利、销售净利率、总投资回报率
售价变动	营业额、毛利率、税前利润、税后净利、销售净利率、总投资回报率
容积率变动	营业额、总投资、毛利率、税后利率、税后净利率、总投资回报率

第三节　写字楼项目定位

写字楼项目定位是指写字楼项目在国家和地区相关的法律、法规和规划的指导下，根据本项目所在地域的经济、政治、人文和风俗习惯等，结合项目本身的特点和对市场未来发展趋势的判断，找到适合于项目的客户群体，在客户群体消费特征的基础上，进一步进行产品定位（图3-50）。

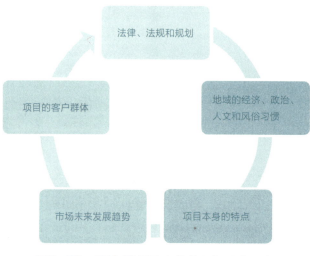

图3-50　写字楼项目定位的5个影响因素

写字楼项目的定位可以依据定位重点划分为市场定位、项目档次定位、产品定位、客户定位和价格定位，但这五个部分定位并不是独立的，而是相互关联的（图3-51）。

一、写字楼项目定位流程

写字楼项目定位过程包含经历项目界定、市场竞争分析、SWOT分析等步骤，囊括市场定位、档次定位、产品定位、客户定位和价格定位等模块（见表3-15）。

03 写字楼项目前期策划

图3-51 写字楼项目定位

写字楼项目定位流程　　　　　　　　　　　　　　　　表3-15

步骤		内容
项目界定	指标及限制条件	用地性质； 占地面积； 容积率
项目界定	地块解析	区位； 政务； 交通； 景观； 人文； 规划
项目界定	问题界定	
市场竞争分析	宏观市场分析	宏观经济背景（如GDP）
市场竞争分析	写字楼竞争分析	区域写字楼销售状况； 未来供给预测； 空置状况； 案例对比； 投资客；
市场竞争分析	商业竞争分析	业态； 产品； 价格； 市场空缺和机会

续表

步骤	内容	
SWOT分析	优势（S）； 劣势（W）； 机会（O）； 威胁（T）	—
分模块定位	市场定位	市场定位的6个策略
	档次定位	档次划分； 档次定位策略
	产品定位	物业配比； 产品规划； 景观优势； 附加值； 硬件亮点
	客户定位	客户细分； 客户选择； 客户分层定位
	价格定位	价格影响因素； 价格定位策略

二、写字楼项目市场定位

综合考虑发展商开发目标、项目资源属性、城市宏观经济与写字楼市场发展趋势，以及区域写字楼市场发展现状后，应基于"核心目标导向、优质资源利用、客户需求支撑、市场风险最小化"原则，对项目进行科学的市场定位。

写字楼市场定位的策略主要有六种，如图3-52所示。

图3-52 房地产项目定位6种策略

策略1. 避让型定位

写字楼开发商将自己的项目确定在目标市场的空白地带，开发并销售市场上还没有的某种特色产品，以占领新的市场。这样的定位方式，优点是能够较快进入市场，站稳脚跟，有利于在用户心目中尽快树立起一种独特的形象，从而减少市场风险，并取得较高的成功率。

避让型定位适合这样的竞争情况：（1）市场竞争格局比较稳定；（2）竞争对手是强者，实力强大、地位不可动摇；（3）企业是后来者，或实力不够强的企业，没有向强者挑战的可能（图3-53）。

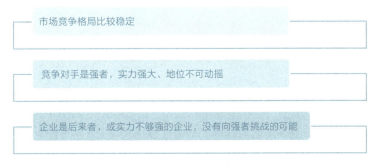

图3-53　避让型定位适合的竞争情况

采取避让型定位策略的写字楼项目，必须弄清以下三个问题：

（1）该市场存在空缺的原因，是竞争者还没被发现，不屑一顾，还是该定位下的产品市场没有开发前景。

（2）该市场的需求潜量如何，是否有足够的购买者。

（3）开发商自身是否具有足够的技术力量去开发该产品。

策略2. 对峙型定位

开发商将自己的项目定位在竞争者附近，生产与竞争者相同或相似的产品，与之争夺同一目标市场。采用这种策略，会导致激烈的市场竞争。对峙定位可以在以下两种情况下进行：

（1）写字楼市场需求总量明显增加；

（2）供给方面发生了结构调整，或是写字楼市场呈现多元格局，或是自身有实力与竞争者抗衡。

要想成功运用对峙型定位办法，必须先弄清以下四个问题：

（1）本项目是否比竞争者质量更优或成本更低。
（2）该市场能否容纳两个或两个以上的竞争者。
（3）本项目是否拥有比竞争者更好的资源。
（4）该项目是否符合开发商的声誉和能力（图3-54）。

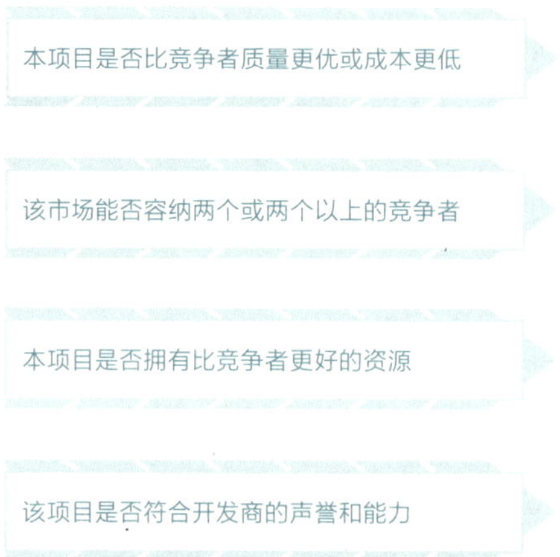

图3-54　运用对峙型定位办法必须弄清的4个问题

策略3．性价比定位

质量和价格是消费者在购买房地产物业时最关心的两个因素。因此，根据质量和价格进行定位是产品定位的主要方法之一。价格和质量密切相关，开发商如果能将二者结合起来综合考虑，就可以将自己的项目定位为优质高价、中质中价或物美价廉等。

策略4．属性定位

属性定位就是根据写字楼项目特定属性进行定位。例如，可以根据房地产的工程质量、室内设计、物业管理等产品属性进行定位。

策略5．细分定位

细分定位就是房地产项目在市场细分的基础上，针对某一细分市场进行定位。例如，专门针对国内某类型知名企业打造顶级写字楼。

策略6．复合定位

开发商对项目定位时，适当引进商场、娱乐场所等商业项目或打造商住两用楼。

三、写字楼项目档次定位

进行写字楼项目档次定位需要明确写字楼档次的划分标准、指标和考虑事项。

1. 写字楼4个档次的划分

写字楼档次划分主要以硬件和软件为依据。

（1）硬件方面

包括楼宇外观设计、内外公共装修标准是否具有超前性，是否达到5A写字楼水平；设备设施如电梯等候时间、中央空调管式数量、停车位数量、配套服务设施（电力负荷、绿化、夜间照明）等方面是否与世界甲级写字楼水平同步。

（2）软件方面

主要指物业管理服务是否达到星级酒店标准。按照上述标准，写字楼分为顶级、甲级、乙级、丙级四个等级（图3-55）。表3-16是写字楼4个档次的区别。

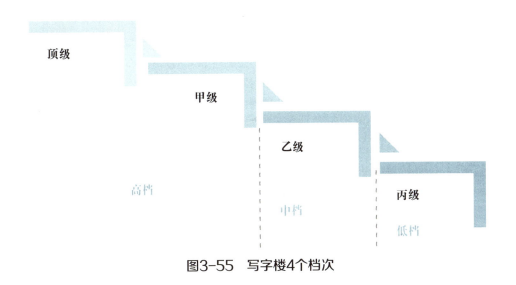

图3-55　写字楼4个档次

写字楼4个档次的区别　　　　　　　　　　　　　　　表3-16

档次 区别	顶级写字楼	甲级写字楼	乙级写字楼	丙级写字楼
区位	位于主要商区的核心区	位于主要商务区或副中心区	主要商务区的辐射区或较好城区位置	主要商务区辐射区或一般城区位置

续表

档次 区别	顶级写字楼	甲级写字楼	乙级写字楼	丙级写字楼
交通	位于重要地段，可接近性极佳，临近两条以上主干道。多种交通工具和地铁直达	可达性好、临近交通主干道，有多种交通工具直达	有交通线路到达，交通较方便	基本满足交通可达性要求，有交通路线可到达
建筑规模	>5万m^2	1万~5万m^2	—	—
装修标准	外立面为石材、玻璃幕等高档材料，大堂、电梯厅、洗手间等公用部分装修达五星级以上酒店装修标准	外立面为高档材料，大堂、电梯厅、洗手间等公共部分装修达到四星级以上酒店专修标准	外立面采用面砖或瓷砖；有大堂，大堂地面为地砖，墙面为瓷砖或高级漆，有吊顶；公共部分地面为地砖或铺中档地毯，墙面刷白；卫生间采用合资或国产中高档洁具等	—
设备及办公空间	标准层净高不低于2.7m，公共空间可灵活分割，功能多样，国际知名品牌中央空调、有楼宇自控、安全报警、综合布线等	名牌中央空调、楼宇自控、安全报警、综合布线等	有中央空调系统、安全报警；无楼宇自控、综合布线	有中央空调系统、安全报警；无楼宇自控、综合布线
配套设施	配套商务、生活休闲娱乐设施，会议室、邮局、银行、员工餐厅、停车位充足等	配套商务、生活设施，会议室、邮局、银行、员工餐厅、停车位充足等	有专用地上、地下停车场	—
智能化	3A~5A	≥3A	—	—
客户	全球500强等国内外知名企业	国内外大中型知名企业	国内中小企业、创新型企业	国内中小企业、初创型企业
物业公司	—	国家一级物业公司	—	—

2. 写字楼项目档次定位12指标

写字楼项目档次定位有12个指标（图3-56）。

图3-56　写字楼项目档次定位的12个指标

指标1. 位置决定价值

"位置决定价值"，是不动产业开发及置业的不变法则。对写字楼而言，位置是置业首要考虑的指标。通常来说，高档写字楼对极佳的地理位置、完善的区域配套、便利的公共交通有极高要求，同时商业交流的特殊性对于写字楼物业的区域集中性有较高的要求，中央商务区CBD目前在国内的发展就是一个鲜明的写照，如上海浦东陆家嘴、北京朝阳区、深圳中心区、武汉建设大道金融一条街等，以上的区域由于市政规划及位置核心，使整体写字楼销售及租赁价格远高于其他区域。

地面交通、地下交通以及与空中交通的距离都影响着写字楼品质提升，所以，一个好的商用物业对交通便利性要求极高。立体的交通体系构筑成高品质写字楼的商务动脉。

指标2. 外立面是"脸面"

作为入驻企业的"脸面"，写字楼外立面的建筑风格、立面色彩、材料选择显得非常重要。好的外立面与写字楼的档次定位相辅相成，写字楼的建筑外观要注意能让建筑看上去"像"写字楼，不要出现（如阳台等）有居家气息的设计，不然会减弱写字楼的商务气息，降低写字楼档次。

指标3. 公共空间

公共空间包含休闲空间、会议空间、餐饮空间、大堂空间、绿化空间等（图3-57）。

图3-57 写字楼公共空间所包含的内容

高档写字楼的公共空间要求如下：

（1）大堂要宽敞舒适，有供客户停留休息和商务会谈的区域。

（2）公共走道要美观大方，能够体现入驻企业品牌档次。

（3）会议室不一定要分散在每个楼层每间公司内，而是可以统一安排在整幢大楼的会议层，由大楼内企业共用。

（4）休闲空间要突破传统的"办公室＋公共走廊"的空间模式，提倡开放式办公环境，使办公空间趋于模糊化，在办公区内应有更多公共休闲空间及楼宇内立体绿化。

指标4．大堂装修

大堂形象不仅代表写字楼的形象，同时也代表着写字楼内各家公司的形象，在面积规划、功能划分、内空高度、装修风格、智能化的配置上都保证大堂的高品质，这对整个写字楼物业的档次举足轻重。在大堂的设计和装饰上不妨做得"夸张"一点，多一些公用面积和休闲空间，即使是中档项目也可尽量做出高档的效果，这样会在很大程度上提升客户对项目的印象。

指标5．空调配置

现在高档写字楼的空调配置会采用复合形式出现。如在大堂、标准层、电梯厅等公共空间采用环保型中央空调，在办公单位内部配置分体空调或分户式空调，整体的档次没有降低，同时解决了客户要求24小时办公的需求，独立的空调系统也极大地降低了客户的使用费用。

指标6．信息网络

网络已经全方位地进入了人们的工作与生活，网络及其他信息的及时获取功能已经成为写字楼配置非常关键的一个因素，百兆入户、十兆上桌已经成为高档写字楼的标准配置之一，同时内部电话、卫星电视等也能提升写字楼的品质。

指标7．电梯效率

电梯的数量、速度、轿厢的容量、是否群控等是关系写字楼档次的重要指标之一。电梯的设置应该在满足业主使用的前提下，尽量体现楼盘的档次。

指标8．层高

写字楼空间压抑是很多用户对大部分写字楼的共同感觉，目前，写字楼的建筑层高平均为3.15米，装修后的净高一般在2.1～2.4米左右，这个空间对于人的活动空间是不适合的。包括上海、深圳等在内的很多城市中高档写字楼的建筑层高为3.4米以上，装修后的净高在2.5～2.8米，这个数值能有效地消除压抑感。

指标9．使用成本

写字楼的费用除租金外，使用费用也是企业的一个主要负担。所以，写字楼使用成本是写字楼档次的一个体现。

指标10．智能化配置

当今，智能化配置是写字楼档次的一个明显标志。如楼内一卡通智能管理、全方位监控、户内紧急报警系统、背景音乐系统、内部电话系统、视频传播系统和消防报警系统等。

指标11．车位

写字楼停车位配备的不足加上逐年增长的汽车销量所引发的写字楼停车难问题日益突出，可以预见，写字楼车位问题将成为写字楼市场竞争胜负的重要筹码之一。

国际甲级标准写字楼项目，至少应满足每200平方米面积要提供一个停车位。

指标12．景观

国际上许多先进的超高层写字楼皆以优美的自然景观和城市建筑群为主要景观面，以彰显"君临天下"的气魄。而档次较低的写字楼则会减少在景观方面的成本投入。

3. 写字楼项目档次定位要考虑4个因素

写字楼项目档次定位要作综合考虑，最后确定该写字楼项目是甲级、乙级还是丙级。可以根据以下四个因素来确立它的档次，如图3-58所示。

图3-58 写字楼项目档次定位要考虑4个因素

（1）未来区域行业政策。根据不同行业不同的租金承受能力，分析获得一个写字楼的档次定位。

（2）未来区域城市改造和交通规划计划。地铁交通、轨道交通以及周边写字楼现状，确定未来项目的档次。

（3）未来写字楼及其配套设施供应和竞争趋势。

（4）开发商计划完工时间、开发商资金实力、开发商租售计划。

四、写字楼项目客户定位

在客户群细分的基础上，确定目标客户以及对客户进行分层定位（图3-59），是写字楼项目定位的一个重要环节。

1. 写字楼客户群分类

对写字楼项目客户群的分析可以依据以下流程进行，在这个过程中需要对客户群进行分类，以及明确客户多样的购买动机。

第一步，对广大潜在客户进行分析；

第二步，对典型写字楼客户进行分析；

第三步，对各类型的客户群进行分析；

第四步，对客户的需求特征进行分析。

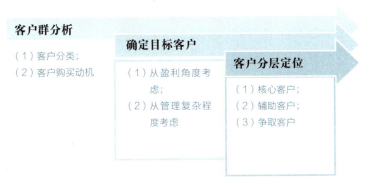

图3-59 写字楼项目客户定位

写字楼客户的分类除了依据具体项目所在区域的情况按行业分类外，还可依据客户规模和客户形态进行划分（图3-60）。

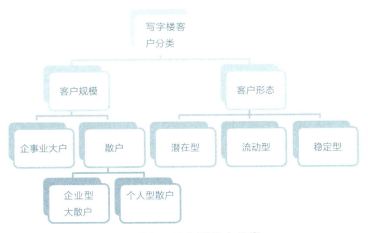

图3-60 写字楼客户分类

（1）按客户规模划分

按客户规模的大小，将写字楼客户划分为企事业大户和散户两种类型，散户客户还可以进一步划分为企业型散户和个人型散户。

类别1. 企事业大户（办公面积需整层或以上）

这类客户特点是经济实力雄厚，规模较大，需要较大的办公地点，主要从事一些非生产性的经济活动。这类企业对办公楼单户需求大，同时对大楼的功能和配套服务等各方面要求很高。而且这类企业更愿意采用整层购买的方式获得办公场所。

类别2. 散户（整层以下）

散户又可分为企业型大散户和个人型散户，见表3-17。

两种类型的写字楼散户　　　　　　　　　　　　　　　　　表3-17

企业类型	需求办公规模	企业特点	配套要求
企业型大散户	100m^2＜S＜整层	实力和规模中等； 企业营利性较好； 具有一定的成长性	比较高，倾向于租用办公楼的方式
个人型散户	S＞100m^2	经济实力弱； 规模小； 基本上是维持现有的运营	要求比较低，只注重基本功能的实现，追求低成本和实用性

（2）按客户形态划分

按客户形态把写字楼客户划分为潜在型、流动型和稳定性三类（图3-61），从动态来看，潜在型、流动型、稳定型这三类客户具有一定的转换能力，其转变方向是：潜在型→流动型→稳定型。

图3-61　三类客户形态的转变

类别1. 潜在型

潜在型客户指那些企业形象升级、外资企业和在当地发展重大业务的企业，外加一些新开展业务的小企业，这些对写字楼有需求的客户。潜在型客户包括了前面所述的所有类型，包括企事业大户、企业型散户和个人型散户。

类别2. 流动型

流动型客户指那些目前已拥有办公场所，但是现有办公场所不能满足企业要求的客户，将离开原有办公场所而另觅办公场所。这类客户主要包括：①由于企业业务的扩张需要更大的办公场所的企业；②对现有办公场所档次及服务不满而需要另外符合自身需求的办公场所的企业。

类别3. 稳定型

稳定型客户指那些已有办公场所，且现有办公场所已能满足其需求的客户。这类客户一般都是那些小散户。

2. 客户购买写字楼的动机

写字楼市场客户的购买动机主要有以下7个：

（1）公司发展壮大和人员扩充，写字楼面积需求随之而增大，要购买新的写字楼。

（2）随公司发展，需要购买更高档次的写字楼，代表自身的社会形象及资本实力。

（3）购买新的写字楼为员工创造更为良好的工作环境，提高工作效率和有效吸纳人才。

（4）企业追求高档次写字楼的投资价值和升值潜力。

（5）新兴企业需要购买写字楼。

（6）国外企业在华投资。

（7）个人投资写字楼，出租获取回报。

3. 目标客户定位的2种视角

选择写字楼的目标客户时，可以从以下两个角度进行考虑（图3-62）。

图3-62 确定目标客户的两个角度

(1) 从营利性考虑

项目要实现盈利必须有具备购买力的客户，尤其是核心客户。通常最具有购买能力的客户为经济实力和规模在中等以上的企事业大户和企业型大散户，它们支付能力比较强，这两类客户比较注重品质，需提供一些高价值服务。

(2) 从管理复杂程度考虑

作为一栋办公大楼来说，客户数越少越容易管理，大客户比小客户容易管理。无论是企事业大户还是企业型大散户都具有较大的办公面积需求，办公楼客户总数少了，这样有利于管理和服务更集中，使大楼、客户、管理和服务都维持在一个高水平档次之上。

4. 客户分层定位

写字楼客户定位并不是选择某一类客户，而是对不同客户进行价值评分，依据价值评估结果，将客户分为不同层次，对各层次采用不同的定位策略。例如，可以将写字楼客户划分为核心客户、辅助客户和争取客户三个层次（图3-63）。

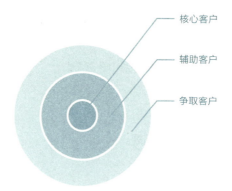

图3-63　客户分层定位

五、写字楼项目价格定位

写字楼如何制定消费者可以接受的价格，达到开发企业的利润目标，并切合企业利益，这是一件相当复杂的事情。

价格定高了，能增加开发企业的收益，但若不为消费者接受而滞销，不但达不到预期的效果还会造成一定的损失；价格定低了，虽然能在短时间内销售一空，但开发企业却牺牲掉一部分利润。写字楼项目价格定位过程如图3-64所示。

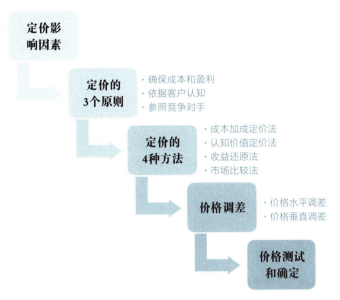

图3-64 写字楼项目价格定位过程

1. 写字楼定价的9个影响因素

影响写字楼定价的因素很多,这里列举常见的9个因素,如图3-65所示。

图3-65 影响写字楼定价的9个因素

因素1. 区位地段

写字楼作为企业办公和塑造企业形象的载体,区位地段显得尤为重要,企业选择办公物业首先选择的也是区位地段，写字楼的价值判断并不完全取决于写字楼产品本身，物业区位和地段也是其价值的一部分。所以，甲级写字楼的位置往往十分优越，一般居于城市商务中心或商业聚集区，交通十分便利，四通八达的交通、浓厚的商务气氛一定是写字楼价值的重要支撑。

因素2．档次级别

写字楼的档次级别也是各综合品质的集中体现，如写字楼地位、入驻客户的影响力等。品位，是写字楼的建筑语言。标志性建筑让人们联想起的不仅仅是其建筑本身，也在间接传递入驻企业的品牌价值和价值取向。

因素3．交通状况

交通对于写字楼物业价值影响比较大，好的地段拥有好的交通条件，可以为写字楼价值加分不少，尤其是拥有便捷的地铁轨道交通支撑的更是如此。便捷的交通会让更多的大型公司办公场所选址的首要标准。能让企业员工更便捷地到达工作场所，节省交通成本是企业选择办公地址的一个重要考量指标。

写字楼交通因素，还需要考虑的另一个问题是，企业和员工在选择办公场所方面，主动权在谁的手里，这是一个非常实际的问题，如果员工对于企业来讲，并非最重要的，或者说搬迁以后导致一部分员工离职，可以马上补充，那么员工居住地点对于企业选择办公地点的决策影响相对比较小；相反，如果员工（尤其是资深员工）是企业的核心资源，企业在选择办公场所是就必须考虑员工的通勤问题。

因素4．硬件配套

量化评价写字楼硬环境的标准，内容包括层高、开间、单位通风量、采光、使用率与公共面积的平衡、商务功能、通信设置（网络、电话）、入口大堂、绿化指标、停车位数量、电梯厅及客货梯配制、公共交通等。

因素5．软件配套

物业管理公司的管理水平及提供服务的专业性与否，是评价写字楼软环境的标准。

因素6．自身开发成本

现在大多数写字楼的开发还是以盈利为最终目的。盈利就必须考虑自身的开发成本，开发成本的高低很大程度上影响了写字楼的定价基调。

因素7. 市场供求关系

供求关系决定了市场，区域市场的供求对比关系将间接地影响到写字楼的定价策略以及销售情况。

因素8. 对客户及资源的依赖程度

写字楼目标用户绝大部分属于服务行业，服务行业比较看重的一点就是和客户沟通的方便程度，以及沟通成本。比如，某个咨询公司的主要客户都在CBD办公，那么该企业迟早会搬进CBD或者选择周边的物业。除了"方便与客户沟通"以外，有些行业必须依赖于特定的资源，而且这些资源对于企业的发展至关重要，那么这些用户会选择离这些资源最近的物业。

因素9. 开发商实力

写字楼形象营销贯穿于写字楼开发的全过程，依赖开发商的综合实力，强调各个环节体现地产的主题理念。健康的企业形象能够得到客户的信赖，能有效降低写字楼的项目宣传成本。

2. 写字楼定价的3个原则

市场的需求和产品的成本为目标写字楼的价格确定了上限和下限，成本是价格的最低点，竞争对手的价格是定价的出发点，客户对产品独有特征的评价是价格的上限。写字楼定价的3个原则如图3-66所示。

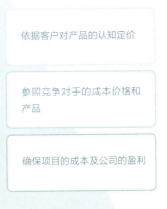

图3-66 写字楼定价的3个原则

原则1. 确保项目的成本及公司的盈利

毋庸置疑，土地费用、建安工程费、各种税费及管理费等都是写字楼的成本，是产品定价的首要考虑因素。此外，开发商对项目的预期回报也将影响到产品的价格制定。

原则2. 依据客户对产品的认知定价

根据购买者对物业的认知价值来制定价格的一种方式，其定价关键在于顾客对物业价值的认知，而不是生产者或销售者的成本，它们利用市场营销组合中的非价格变量即配套设施、写字楼的服务水平等，在购买者心目中确立认知价值，但这种定价方式一般还要考虑到开发商的品牌知名度。

具体做法可以在写字楼正式销售前的一到三个月内，销售人员提前接待客户，同时适度了解客户对项目的价格预期及心理价位承接临界点。

原则3. 参照竞争对手的成本价格和产品

"知己知彼，方能百战不殆"。所以，了解竞争对手的成本和价格对确定合适的价格是非常有用的，既需要将所投资的写字楼的成本和竞争对手的成本进行比较，也需要了解竞争对手的楼宇价格和楼宇品质，以及客户对每一个竞争对手产品的价格和质量的看法。

3. 写字楼定价的4种方法

目前市场上制定写字楼价格的方法主要有成本加成定价法、认知价值定价法、基于平均租金的收益还原测算法和市场比较法四种，如图3-67所示。

图3-67 写字楼定价的4种方法

方法1. 成本加成定价法

指开发商按照所开发物业的成本加上一定比例的利润来制定房地产的销售价格。

开发商比较喜欢采用这种方法,因为他们对成本的了解比对需求的了解多,而且不用根据需求的变动来频繁地调整价格,当同行的开发商们都采用这种定价方式时,所制定出来的价格必然比较相似,可以减少价格竞争。

方法2. 认知价值定价法

这是根据购买者对物业的认知价值来制定价格的一种方式。

其定价关键在于顾客对物业价值的认知,而不是生产者或销售者的成本,它们利用市场营销组合中的非价格变量即配套设施、写字楼的服务水平等,在购买者心目中确立认知价值,但是这种定价方式一般还要考虑到开发商的品牌知名度。

方法3. 基于平均租金的收益还原测算法

即选取具有借鉴价值的写字楼项目,通过市场调查获取当期平均租金水平。同时,可针对多个参考项目建立比准体系,修正获得本项目核心参考租金,进而利用租金反算核心均价(表3-18)。

基于平均租金的收益还原测算法示例　　　　表3-18

参照项目名称	当期平均租金水平	比准系数	修正后租金
A	105元/m²	0.93	97.65元/m²
B	95元/m²	1.12	106.4元/m²
C	100元/m²	0.97	97元/m²
D	110元/m²	0.91	100.1元/m²
E	95元/m²	1.1	104.5元/m²
本项目比准租金	101.13元/m²		

方法4. 市场比较法

即随行就市定价法,它是按照行业中同类物业的平均现行价格水平来定价。该定价方式在很大程度上是以竞争对手的价格为定价基础,不太注重自己产品的成本或需求。不过也有很多人认为,随行就市的定价方式反映了该行业的集体智慧,该价格既能带来合理的利润,又不会破坏行业的协调性。

市场比较法的流程和指标如图3-68所示。

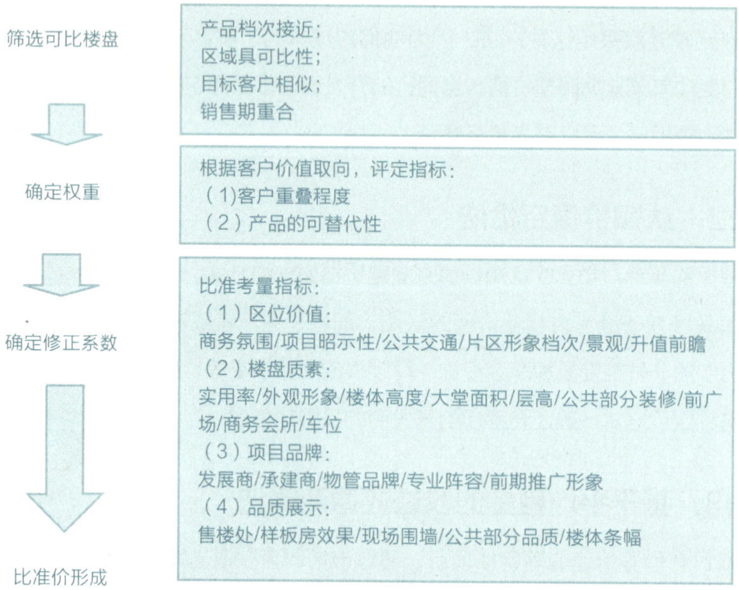

```
筛选可比楼盘 → 产品档次接近；
              区域具可比性；
              目标客户相似；
              销售期重合

     ↓

确定权重   → 根据客户价值取向，评定指标：
            （1）客户重叠程度
            （2）产品的可替代性

     ↓

确定修正系数 → 比准考量指标：
              （1）区位价值：
              商务氛围/项目昭示性/公共交通/片区形象档次/景观/升值前瞻
              （2）楼盘质素：
              实用率/外观形象/楼体高度/大堂面积/层高/公共部分装修/前广场/商务会所/车位
              （3）项目品牌：
              发展商/承建商/物管品牌/专业阵容/前期推广形象
              （4）品质展示：
              售楼处/样板房效果/现场围墙/公共部分品质/楼体条幅

     ↓

比准价形成
```

图3-68 市场比较法的流程和指标

例如，通过市场调查，选取同类或相似项目A、B、C、D四个并得到它们的实收均价；根据客户取向和产品的可替代性确定权重；根据本项目与四个比准楼盘在区位价值、楼盘素质、项目品牌和品质展示等方面的差距，确定修正系数。最后把各项目的实收均价乘以修正系数再乘以权重得到的权重均价加和，得出本项目的比准均价。表3-19为某写字楼项目均价制定表。

$$比准均价 = \Sigma（实收均价 \times 修正系数 \times 权重）$$

● 写字楼项目均价制定表举例　　　　　　　　表3-19

项目名称	实收均价（元/m²）	修正系数	折算均价（元/m²）	权重	权重均价（元/m²）
A	15000	0.92	13800	10%	1380
B	13600	1.03	14008	20%	2801.6
C	10000	0.87	10600	55%	5830
D	16500	1.06	14355	15%	2153.25
比准均价（元/m²）	12164.85				

4. 写字楼价格调差

确定写字楼核心均价之后,还需要依据写字楼具体项目同层产权单位之间差别和不同楼层之间的差别对价格进行调整(图3-69)。

图3-69 写字楼价格水平价差和垂直价差

(1)写字楼项目水平调差

房地产项目价格水平极差指同层产权单位之间最低单价与最高单价之间的差额。写字楼水平极差通常为实收均价的13%~14%。水平调差的思路为根据对写字楼客户关注因素的总结,确定影响项目价格的各项指标,并按照影响程度的大小设置权重,对各产权单位进行打分,得出各单位的水平调差数值,见表3-20。

● 写字楼水平调差　　　　　　　　　　　　　　　表3-20

楼层	房号	权重	1501	1502	1503	1504	1505	1506	1507	1508
	朝向		正东	东北	东南	正南	西南	正西	西北	正北
15层	景观	25%								
	朝向	15%								
	采光面	10%								
	昭示性	20%								
	噪声	10%								
	面积	20%								
	小计	100%								
	相对打分									
水平差	1800									

（2）写字楼项目垂直调差

高层或超高层写字楼垂直调差除了考虑伴随楼层逐层升高的单价均匀增加以外，还要进行层高分区。

1）一般高区。采用较大差价，以注重品质的客户为目标，以便获取较高的利润空间。

2）中区楼层。同质性较强，且为预售期及强效初期集中成交区域，价差水平宜小。

3）底层区。为保证项目整体较高的均价及低区成交的速度，宜采用较小差价。

除此之外，还需考虑个别楼层的景观显著变化、楼层数字的客户敏感性、空中花园的有无等变化因素。

垂直调差的合理性检验在于综合价格表生成后，高区单位单价能够基本匹配高端客户价格承受力。

5. 价格测试和确定

价格测试是分析把握客户能承受的最高价位及项目产品间价格体系是否合理的关键，是创造利润最大化，去化均匀的重要保证。以户型价格测试为例，介绍写字楼价格测试的流程（表3-21）。

写字楼户型价格测试流程　　　　　　　　　　　　　表3-21

流程	工作要点
初步价格测试	根据不同产品类型，对外报价格范围，以判断客户对总体价格的接受度
客户落点	客户初步落点，以获得客户对户型价值的判断
户型价格测试	初步价格表制定后，对客户进行落点户型的报价，测试客户具体户型价格接受度，以调整价格表
客户落点	客户意向落点分析，价格表修正，确保分布均匀
价格确定	最终价格确定，生成价格表（表3-22）

写字楼价格表　　　　　　　　　　　　　　　　　　表3-22

| 楼层 | 房号 | 1 | 2 | 3 | 4 | 单层均价 | 单层面积 | 单层总价 |
	朝向	东	南	西	北			
××	面积							
	单价							
	总价							

写字楼产品规划设计

操作程序

第一节 写字楼产品规划设计全程管理
第二节 掌握写字楼产品规划设计要点
第三节 写字楼建筑规划设计6个模块
第四节 写字楼设施设备设计

本章使用指南

随着城市的发展,写字楼将成为城市中最为重要的建筑类型之一,它不仅直接影响到城市的尺度、景观等城市形象,还将直接影响到城市环境、能耗、交通等功能。这对房地产开发企业在写字楼产品的规划设计方面提出了更高要求。

写字楼产品的规划设计有四大注意事项:(1)要加强对产品规划设计全过程的管理;(2)要明确写字楼规划设计的特点及要点;(3)要做好建筑方面各个模块的规划设计;(4)对写字楼的设施设备提出规划方案(图4-1)。

图4-1 写字楼产品规划设计

操作程序

第一节 写字楼产品规划设计全程管理

多数开发企业的写字楼产品规划设计工作都委托专业的规划设计公司完成。但为了使产品规划设计成果更加符合自己意向，开发商会在这个过程介入管理，起到指导战略方向、增进沟通和监督的作用。

本节以写字楼全过程产品策划理论为基础，把产品规划设计分为三个阶段：方案建立之前、方案形成过程和方案实施完成阶段（图4-2）。在每个阶段分别提出加强写字楼项目规划设计管理的要点。

图4-2 加强写字楼产品策划管理的3个阶段

04 写字楼产品规划设计

一、产品规划设计方案建立之前的管理

开发商在写字楼项目策划方案建立阶段的关键工作有两个（图4-3），一是选取策划团队。开发商通常采取公开招标或从《合格名录》中选择规划设计团队；二是进行市场调研。市场调研则是为产品规划设计方案提供战略性指导，进行产品定位和设计的重要前提，因此强化市场调研的科学性是开发商需要重点把关的管理环节。

图4-3　产品策划方案建立阶段的两项工作内容

1. 选择策划团队的2种方式

项目策划前期选择团队是首要工作。只有少部分大型品牌开发企业有机会随着自己主营产品专业化和经验性的不断积累，培养出了自身专业产品策划团队。而其他大多数开发企业仍借助专业策划公司支持来完成产品策划工作。

团队选取的方式有很多，以下是两种较为有效的方式：公开招标、选取《合格名录》单位。

方式1. 公开招标

公开招标是一种科学、规范、有效的团队选取方式。在房地产开发过程中，通过公开招标选取团队方式的应用很普遍。例如，在土地获取阶段，国家通过招、拍、挂的方式出让土地、选取总承包企业时，有采用招标的方式。

策划团队招标流程主要包含以下4个阶段（图4-4），这四个阶段并非固定不变的，可以根据企业自身要求合理简化，以提高效率。

图4-4　策划团队招标流程

阶段1. 招标公告

在招标前,组织方以招标通知的方式对外公告招标事宜。可送给与企业和项目有关的较为知名及合适的策划单位。通知内容应至少包括6项:项目基本情况,公开招标地点,招标日期,截止日期,招标相关条件及有关事项的咨询电话。

阶段2. 资格预审

资格预审是指组织方对投标人资质、项目经验、财务状况、技术能力等方面的提前审查。目的是对投标人进行初步筛选,这样可以减少评标的工作量,提高招标效率。

阶段3. 公开招标

完成资格预审后,组织方就可以通知具有投标资格的投标人前来索取招标相关文件,并邀请其参加投标。

招标文件至少包括:项目的详细信息和策划方案的评分标准、评审原则以及合同签订的相关内容(图4-5)。

图4-5 招标文件的内容

阶段4. 提报开标

提报开标是指在规定的时间和地点,由各策划单位向评标委员会提报策划方案。提报的内容要详细、要点要突出。评标委员会主要由开发企业主管产品策划的部门组织,由开发企业的策划主管领导、销售负责人、项目施工负责人、设计负责人以及其他相关领导及部门人员组成。

04 写字楼产品规划设计

阶段5. 评标与定标

评标委员会对各单位提报的方案及单位相关条件鉴别、审查、比较，根据评分标准打分，直至决定中标单位。

评标评分细项主要包括企业资质、策划团队经验、策划团队专业知识和执行能力、初步策划方案科学性、实用性等（图4-6）。为使打分结果更合理，打分可采用专家打分法，即根据评标委员会成员所擅长的领域赋予每个成员不同的指标权重，以体现打分的合理性和权威性。

图4-6 评标评分细项主要内容

阶段6. 签订合同

组织方应在确定中标人后以《中标通知书》的方式通过中标人。中标人应按招标文件中的约定与招标人签订合同。通过公开招标选取策划团队一般需要较长的时间，所以开发企业要针对具体项目和企业实际特点合理选取。

方式2. 选取《合格名录》单位

《合格名录》是指房地产开发企业将参与企业项目产品策划工作的合格策划单位列入企业名录库中。《合格名录》中可以将策划单位的典型案例、擅长项目业态和项目体量、执行力等进行描述。

选取《合格名录》单位是一种极为高效的策划团队选取方式。大多数房地产开发企业都会从《合格名录》中选取单位作为自己的策划团队，没有建立《合格名录》的企业也通常首选有长期合作和成功合作案例的策划团队。表4-1为某企业产品策划单位《合格名录》。

表4-1 ××企业产品策划单位《合格名录》

序号	单位名称	擅长业态	擅长体量	执行能力	典型案例	综合分数	合作不良记录	负责人	联系方式
1									
2									
3									
4									
5									

2. 强化市场调研科学性的6个要点

市场调研是开展产品策划工作的基础,强化市场调研的科学性有六个要点,如图4-7所示。

图4-7 强化市场调研的科学性的6个要点

（1）合理选择与运用各种调研方法

调研方法科学合理直接影响调研结果的科学性。市场调研要有针对性,千篇一律的调研方法不可取。由于调研目的、深度和范围的不同,可选用不同的调研方法,在实际应用中要经常综合运用各种调研方法。

04 写字楼产品规划设计

写字楼市场调研方法通常有三种,如图4-8所示。

图4-8 写字楼市场调研的3种方法

方法1. 问卷调查法

问卷调查法是直接通过书面提问的方式获取意向资料的一种有效方法。调查者根据所要调研的问题编制问题表格,采用当面作答、邮寄方式等请被调查者填答,从而了解被调查者的相关意见与看法。

问卷调查搜集的数据能为写字楼项目在市场中的地位和层次分析、目标客户对产品的需求分析、社会对产品品质的要求分析以及产品对环境各个方面的影响分析提供大量实用的市场信息。可以说,问卷调查是市场调研过程的一种最为有效的方法。

问卷法运用的三大关键是:合理选择被调查人群,科学编制问卷内容,综合分析调查结果(图4-9)。

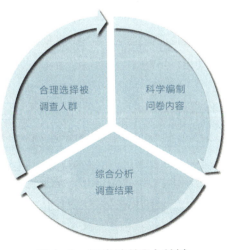

图4-9 问卷法的3大关键

方法2．面谈访问法

面谈访问法是根据调研目的，并结合以往研究内容，由调研人员拟定调研提纲，与被调查者进行相互的面谈并记录，最后将记录整理得到所需资料的调研方法。面谈访问法的优点是成本低、效率高（图4-10），而且成功的面谈通常能获得一些宝贵的意见。

但由于写字楼产品的主力客户是企业，企业作为被调研者一般较难协调。所以，进行访问时最好要借助一定的资源，同时注重访谈中的技巧，避免面谈访问的失效。

图4-10　面谈访问法的两个优点

方法3．观察法

观察法是指通过有目的的观察，由调研人员获取调研对象的某些特性信息。这种方法最大的缺点就是需要花费大量的时间。这种方法调研范围受到局限，且仅仅了解事物的表面现象，对深度内容需要后续的分析来弥补。因此，观察法往往要与其他调研方法结合起来应用。

（2）结合产品特性，确定调研目的和内容

调研目的和内容要针对具体项目，不能千篇一律，并要根据每个项目的不同特点，结合产品的特性进行确定。通常会有五项主要内容：地块选择，房地产市场调查，购房者心理分析，开发项目市场定位等（见表4-2）。

启动阶段的主要工作类别及内容　　　　表4-2

工作类别	工作内容
地块选择	从经营角度和运作角度考虑，在做地块选择时，最好选择三个以上不同地块，分别进行相关的经济指标和技术特性进行前期初步比较
市场调查	针对城市宏观规划对房地产市场乃至写字楼市场的影响，区域楼盘竞争的大小做详细的调查报告工作

04 写字楼产品规划设计

续表

工作类别	工作内容
客户分析	透析客户心理，对各消费群进行分析，掌握客户的需求，从而更好地满足客户需求
市场定位	在明确目标客户的条件下，结合区位因素，确定开发理念、用途功能及进行价格定位

（3）调研人员须具备专业素质

调研人员是调研工作的执行者，其专业水平和工作素质直接影响到调研工作的执行，同时也影响到最后调研结果的科学性。所以，选择调研人员时要有一定的专业素质要求，在条件允许的情况下可进行相关培训。

（4）资料收集须注重时效性

在市场调研的实施过程中需要搜集很多相关资料，其中包括：市场情况、土地资料、宏观经济、区域文化、政策资料等。这个阶段要特别注意资料的时效性，也就是说搜集过程是动态的。

（5）注重问卷和调研提纲的经济性和实践性

采用问卷调查或面谈等方法时，调研人员要把调研问卷和调研提纲的设计作为重点。这一过程将直接影响调研成果的质量。因此，设计相关内容应充分考虑到经济性和实践性的要求，尽量做到完整、科学、可行。

（6）监控与核实市场调研成果

开发企业要派专人对市场调研的过程和结果进行监控与核实。这样，一方面，可以增加市场调研与分析的科学性；另一方面，可以通过实际深入的调研分析过程培养人才，建立自己的团队。

此外，市场调研是有时效性的。特别是政策不断出台的今天，要及时给予策划过程足够的信息支持才能使策划成果更有效、更合理。

二、产品规划设计方案形成过程的管理

写字楼项目开发全程需要做好三件事：①引入规范化的产品策划工作团队；②开发企业、设计师、市场和消费者之间能建立有效而紧密的联系；③解决产品设计、优化、完善和评价的问题。因此，开发商不仅要搭建起策划与设计沟通的桥梁，还要建立严格、规范的样品签认制度（图4-11）。

```
搭建策划与设          建立样品
计沟通的桥梁          签认制度
```

图4-11　方案实施阶段加强产品规划管理的手段

1. 搭建策划与设计沟通的桥梁

如何将方案（包括产品设计建议或设计任务书）中的思想通过设计反映到产品上，是方案实施阶段的主要任务。

设计师在拿到这些文件后会根据自己的理解开展设计工作。此时，策划师与设计师之间搭建一个沟通的桥梁尤为重要。一方面，通过双方的沟通可以有效地将策划师的想法表达给设计师，让设计师充分领会策划师的意图不至于因信息传递而产生大的偏差；另一方面，设计师可以充分发挥专业特长，将自己对建筑产品的好想法和建议与策划师沟通，不仅能优化和完善策划方案，还可以调动设计师的积极性。

搭建策划与设计的沟通可以采用例会工作制形式进行。

> **链接**
>
> **例会工作制**
>
> 　　例会工作制的参与人员由三部分组成：策划团队、设计团队和开发企业代表。各位代表的例会角色为：
>
> 　　开发企业代表起引导讨论方向的作用；策划团队和设计团队在开发企业代表的引导下，分别陈述自己的观点，经过两方的相互作用与协商，最终达成共识。
>
> 　　当策划与设计意见不一致时，要由开发企业出面协调。要真正从产品策划的目的出发，考虑多方面效益进行决策。一旦达成共识，各方要将结果记录下来，并进行各方确认。如此，将涉及的所有问题都经过讨论并形成会议纪要，以让会议精神体现在策划方案和图纸中。

2. 建立样品签认制度

写字楼涉及的设备、材料较多，特别是定位为精装修竣工的项目，材质选择非常重要。用料选择原则上要综合考虑成本、档次、社会效益等方面。所以，在选材用料方面需要规划设计人员在方案中有所建议。为使规划设计方案得到有效实施,可以建立样品签认制度。

实际工作过程中,每个项目所涉及的材质设备都很多。由于签认制度需要各方出具意见并确认,往往影响项目工期。所以,在建立制度时要注意两个问题:①要明确各方负责人和处理时限;②要对列入签认制度的样品有所限定,这点可以在策划方案的建立阶段进行明确。

> **链接**
>
> **样品签认制度的四个环节**
>
> **1. 物料挑选**
>
> 物料挑选是根据策划方案,结合施工图对设备、材质等要求确定一个选择范围,在入围的几个样品或品牌中挑选。例如,策划方案中对电梯品牌的要求是高档进口。那么,在挑选阶段可以选取3~5个进口高档品牌入围,在这几个品牌中进行选择。
>
> **2. 品质及成本沟通**
>
> 针对入围的几种设备、材质和品牌,策划人员、设计人员、预算人员、市场人员和施工人员要分别出具意见,进行充分的沟通论证。这样能从多个角度进行全面的分析。尽量避免为了档次超指标、为了指标工期影响销售等问题。
>
> **3. 签认**
>
> 当各方对某一个品牌或样品达成一致后,要由各方的负责人在书面上进行签字确认。签认过程是这一制度的核心,是明确权责、落实方案、保证产品的关键点之一。
>
> **4. 封存**
>
> 签认之后根据样品实际情况封存,以备实际规范采购和后期维保上有据可依。封存要考虑到样品是否能够封存的可能性。例如,对于签认的石材,可以选取一小块石材进行标注并封存,对空调机组这样大型设备没法封存,可将设备简介、照片、功能等资料封存。

三、产品规划设计方案实施完成的管理

产品规划设计方案的实施完成,并不是规划设计管理行为的结束。作为团队的领导者,在完成每一个项目的规划设计后都不能忽视评价,让自己和员工都参与查漏补缺,为日后产品规划设计总结经验。产品策划管理的三个手段如图4-12所示。

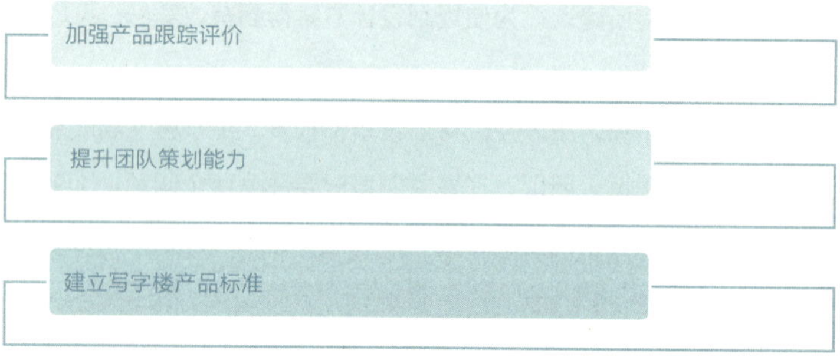

- 加强产品跟踪评价
- 提升团队策划能力
- 建立写字楼产品标准

图4-12　方案评价阶段加强产品策划管理的3个手段

1. 加强产品跟踪评价

产品跟踪评价时要以正式运行的产品为基础，以客户反馈和专项客户回访调研为有效途径，通过长期跟踪式评价反馈来完善评价报告。

（1）以产品为基础，就是对产品的运行的各个方面对比规划设计方案的预期效果进行比较分析，找出问题及原因。

（2）以客户反馈和专项客户回访调研为有效途径，就是获取客户和市场对于产品的评价结果，如使用舒适度、卫生间位置、配套功能设置等给予反馈。

（3）以对项目节能情况进行专项调研，进而跟竞争项目比较，找出可以修改和完善的方面，提高项目的社会效益，例如，通过分析，测算出年耗能量。

为规避项目风险，在市场平稳运行时，开发企业总是想压缩工期，缩短开发周期；在做完一个项目后立即转向新项目，完全忽视评估建成项目运行效果。事实上，加强产品跟踪评价，不仅有利于积累产品策划经验，对策划方案有效反馈，还能塑造企业形象，提升企业品牌效应。

2. 提升团队策划能力

我们既要做好产品，又要练好队伍。将目光仅仅放在项目上是一种短视的行为，而积累经验、提升团队能力才是策划一个项目后的宝贵财富。

方案评价的内容当中要包括对策划团队的综合评价。规划设计团队评价的主体由开发企业指定专门的机构或人员，最好不要由规划设计团队自己给自己打分。打分项目可以分为：专业知识、策划技能、策划经验、执行能力、沟通效果以及动态监控成果等几个方面，并逐项分析。分析时，不仅要对团队总体给出评价意见，还要针对团队中的每一个成员给出评价意见。建议将评价结果与相应奖惩相结合，提升策划人员工作的积极性。

对于大型房地产开发企业或大型策划代理公司，要将部分典型案例进行总结，定期在系统内进行培训评议。

3. 建立写字楼产品标准

写字楼产品标准的形成是对众多成功写字楼产品的总结与提炼，是大型开发企业的"核心产品库"，对企业有重要意义。

在方案评价阶段，要有专门的产品策划人员以建立写字楼产品标准为目的对所开发或调研的产品进行优缺点总结。通过每个项目的不断积累，形成企业的写字楼产品标准。这一标准可以根据城市、区域、档次和客户定位的不同建立不同标准，所建立的这些标准就是产品标准库。这样一来，当策划人员开始策划一个新项目时，可以结合实际的调研情况在产品标准库中寻找符合的产品，经过一定的修正就可以应用。

第二节 掌握写字楼产品规划设计要点

写字楼设计要兼顾技术和艺术。从施工角度来说，要符合安全性、可靠性；从人文角度来说，要满足观赏性、和谐性。写字楼开发商要从经验和消费者需求出发，考虑写字楼产品规划设计的商品特点，以及写字楼规划设计的实用性及艺术要点（图4-13）。

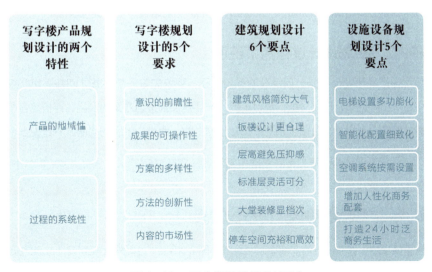

图4-13 写字楼规划设计要点

一、写字楼产品规划设计的2个特性

写字楼作为房地产的一种业态,是其特殊的产品,其规划设计具有以下两个特性,如图4-14所示。

图4-14　写字楼产品策划的两个特性

特性1. 规划设计项目的地域性

写字楼大多处于城市的主要商圈当中,是城市经济核心所在地。所以,写字楼产品策划过程要特别注重所策划产品的地域性特点。

(1)要考虑写字楼所在商圈的经济情况。

(2)要考虑商圈周围的市场情况。从市场角度来讲,写字楼产品策划要重点把握市场的供求情况、市场的发育情况,以及市场的消费倾向等。

(3)要考虑项目的区位情况,如项目所在地的功能区位、地理区位等。

特性2. 规划设计过程的系统性

写字楼产品策划过程是一项复杂的系统工程,系统的每一个环节之间都密切联系,缺一不可。从市场调研、市场分析、项目定位、产品建议到策划方案的实施、评价等各个环节构成策划的各个子系统。每个子系统都有特定的功能,而整个系统的功能并不是说各个子系统功能的简单加和。

二、写字楼规划设计的5个要求

写字楼规划设计的过程需要遵循五个要求(图4-15),才能保证规划设计成果的质量。

04 写字楼产品规划设计

图4-15 写字楼规划设计的5个要求

要求1. 规划设计意识具备前瞻性

写字楼产品规划设计的意识应体现出超前的一面。一个写字楼项目的完成周期少则3年，多则5年甚至更长，不具备超前的眼力和一定的预见意识，会导致策划出的产品不合时宜，进而会给企业造成损失。

产品策划意识的前瞻性主要体现在策划各个阶段。例如，

（1）市场调研阶段：调研人员要预测项目投入运行时期及几年后的市场情况。

（2）经济效益估算阶段：要合理估计产品投入市场的价格定位。

（3）产品设计建议阶段：策划人员要考虑建筑立面风格、节能环保和设备设施的选用与未来发展的接轨，如图4-16所示。

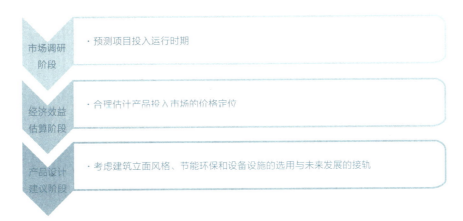

图4-16 产品策划意识的前瞻性主要体现

要求2. 规划设计成果具备可操作性

策划成果的可操作性是策划工作能否成功的关键因素之一。市场条件不允许，策划的成果就无法实现。例如，之前不少开发企业为获得更好的项目收益，将部分商业项目改成住宅项目进行设计和销售。商用改住宅一直以来是房地产行业的普遍现象。但2010年3月份以来，"商改住"被政府逐渐叫停。虽然限令细则没有出台，但为了规避风险，策划人员在策划方案的建立阶段就要避免"商改住"的想法。由此可见，策划成果要易于操作，容易实施。不要出现仅提出一个理想的产品建议，但完全脱离了市场或超出了开发企业的实施能力而成为空谈的现象。

要求3. 规划设计方案具有多样性

一个好的写字楼产品策划方案往往要经过多种方案的比较和筛选。在写字楼产品策划中，策划方案可以多样。策划人员要对多种方案进行权衡比较、扬长避短，最终选择最为科学合理、最具操作性的一种方案。同时，产品策划方案不是一成不变，应在保持相对稳定性的同时，根据市场环境的变化，不断调整策划方案，以保证策划方案与现实的匹配。

要求4. 规划设计方法具有创新性

产品策划的环节很多，每一个环节都有一个研究和思维方法。在策划过程中，要不断追求策划方法的新意和创新。不同的策划方法运用在不同的产品、不同的地方和不同的研究过程中，产生的效果会不一样。所以，策划人员要通过实践，不断创造新的方法。

要求5. 规划设计内容具有市场性

房地产产品策划内容要时刻体现市场性，要满足市场需求。策划整个过程也要以市场为导向。换句话说，市场需要什么样的产品，策划就要朝着这个方向去努力，自始至终以市场需求为依据。同时，产品策划要随着市场变化而变化。如果市场发生变化，策划思路也要随着调整。写字楼产品策划要融入市场、创造市场，成为市场的一部分。

三、写字楼建筑规划设计的6个要点

21世纪写字楼的设计，需要设计师从功能和内涵两方面去考虑。要以可持续发展为设计理念，不仅要强调写字楼和周围环境、与城市文化的融合，还要关注身处写字楼中人们的使用感受（图4-17）。

04 写字楼产品规划设计

图4-17　写字楼建筑规划设计的6个要点

要点1．建筑风格简约大气

简约的现代风格具有强烈的现代气息。造型简洁而美观，建筑色彩以银灰色偏多，明快而轻巧。建筑材料以高级铝合金、隔声玻璃、花岗石为主，取材精致。这些能突出写字楼标志性建筑的特点。

要点2．板楼设计更合理

对可分隔小产权进行市场销售的写字楼而言，板式建筑显然有普通塔式建筑无法比拟的优势。与普通塔式写字楼相比，板楼写字楼在通风、透气、采光及实用率都有了相当程度提高，特别是其在分区和分隔方面的创新极具合理性。平均价格而言，同区、同位、同类、同质的板楼售价一般较塔楼贵10%以上。

板式写字楼在国外有相当多成功范例，其主要客户都是中小型及成长型企业，国内之所以缺乏板式甲级写字楼，留下相当大的一个市场空白点，主要是因为发展商在建写字楼时一直定位于大集团、大企业和跨国公司，而忽视了中小型成长企业的市场份额和市场潜力。

> 链接
>
> **塔式楼与板式楼**
>
> 塔式楼，惯称"点式楼"，没有正南正北朝向的房间，朝向是东南、东北、西南、西北。

> **链接**
>
> 板式楼的定义，普遍认同的是东西长、南北短的建筑，外观像一块巨型平板。户型南向面宽大、进深短，格局南北通透。

● 塔式楼与板式楼优缺点对比

类别	优点	缺点
塔式楼	（1）南北通透，便于采光通风，户型方正，平面布局合理，各功能空间尺度适宜； （2）板楼均好性强； （3）管理成本较低； （4）使用率很高	（1）建筑密度低，房价高； （2）砖混结构，户型格局不宜改造
板式楼	（1）节约土地资源，房价较低； （2）大框架结构，空间结构灵活，宜于改造； （3）结构强度高，抗震性好； （4）视野开阔	（1）均好性差，居住密度高； （2）使用率不高； （3）采光不好，存在较多灰色空间

要点3. 层高避免压抑感

写字楼的空间压抑是很多用户的共同感觉，大部分写字楼的建筑层高平均为3.15米，装修后的净高一般在2.1～2.4米，这个高度对人的活动空间来说，不够适合。而上海、深圳等在内的很多城市中高档写字楼的建筑层高为3.4米以上，装修后的净高在2.5～2.8米，有效地消除压抑感。

要点4. 标准层灵活可分

标准层面积宜在1300～1700平方米，每个单元在60～300平方米，可以灵活拆分。标准层空间方正、实用，便于室内布置。

要点5. 大堂装修显档次

大堂形象不仅代表着写字楼的形象，同时也代表着写字楼内各家公司的形象，在大堂的设计和装饰上不妨做得"夸张"一点，多一些公用面积和休闲空间，即使是中档项目，在资金允许的情况下也可做出高档的效果，这样会很大程度提升客户对项目的印象。

大堂层高一般为10～18米，大多数大堂装修采用高档建材，如花岗石、大理石墙地面，艺术天花吊顶。装修风格虽然豪华但不繁琐，极具现代气息。

要点6. 停车空间充裕和高效

写字楼车位主要有两种形式，一是停车库，即供停放机动车的有形建筑物，包括封闭、敞开的单层、多层、底层及地下车库；二是停车场，主要指供停放机动车的露天停车场地。

国际甲级标准写字楼项目，至少满足每200m^{2}的写字楼提供一个停车位。采用IC卡及停车场管理系统可以提高停车空间管理效率和质量。

四、写字楼设施设备规划设计的5个要点

设施设备规划设计是写字楼产品规划设计的重要组成部分，其设计过程需要掌握5个要点，如图4-18所示。

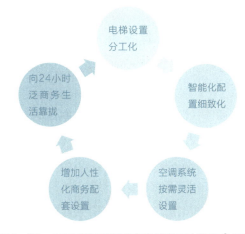

图4-18　写字楼设施设备规划设计的5个要点

要点1. 电梯设置分工化

电梯的数量、速度、轿厢的容量、是否群控等是写字楼品质的重要指标之一。电梯的设置应该在满足业主使用的前提下，尽量体现楼盘的档次。

电梯数量按人流量设置，功能包括客用电梯、观光电梯、消防电梯、货梯等，客梯基本集中布置，一般与卫生间、消防通道、管道井等布置在大楼的中心。超高层写字楼电梯高低区配置不同，如高区电梯速度为2.5m/s左右，低区电梯速度为1.7～2.5m/s。

要点2. 提供全方位的智能化系统

写字楼的智能化配置除了5A智能化，即楼宇自动化（BA）、通讯自动化（CA）、办公自动化（OA）、保安自动化（SA）、消防自动化（FA）外，还可以进一步提供人性化的智能化系统，如楼内一卡通智能管理系统、户内紧急报警系统、背景音乐系统、内部电话系统、视频传播系统等。

要点3. 空调系统按需灵活设置

大多数写字楼采用中央空调分户计费系统而节约客户成本。一些甲级写字楼还采用国际上先进的地下送风空调系统（UACS），空调主机为国内外名牌产品。部分写字楼出于节约成本考虑不设中央空调，由用户自装（预留管道）。

现在的高档写字楼对空调配置会采用复合的形式。如在大堂、标准层、电梯厅等公共空间采用环保型的中央空调，在办公单位内部配置分体空调或分户式空调，整体的档次没有降低，同时解决客户要求24小时办公的需求，独立的空调系统也极大降低了客户的使用费用。

要点4. 注重人性化商务配套服务

现代高品质的写字楼越来越注重为租户或业主提供全面的人性化商务配套服务，例如会所、商务中心、会议室、餐厅等。

大多数写字楼都设有商务中心和会议室，部分商务中心设在底层大堂内，提供传真、复印、票务等服务。会议室多分大、中、小型三种，面积在100～50平方米之间。

现代企业不仅要求写字楼能极大地满足其商务办公的需要，还很注重体现对员工的关怀，例如，在商业部分内或会所内设置员工专用餐厅。

许多低档次的写字楼部设置会所，会所一般设于平台花园所在楼层，与平台花园连为一体。会所内设有健身房、泳池、康乐中心等。

要点5. 向24小时泛商务生活靠拢

全球化商务活动越来越普及，企业的加班需要也越来越多，如何与地球另一半的商务伙伴进行商务交流，如何能够在凌晨2：00点以后继续使用办公空间是目前众多客户面临的实际问题，而下午6：00点之后关空调、12：00点之后停电梯的现象在目前的写字楼中屡屡出现，如何能解决客户24小时的办公需求，同时在空调、饮食、休闲、安全上满足客户的不同需求，是目前高品质写字楼配置规划中需要考虑的问题。

04 写字楼产品规划设计

第三节 写字楼建筑规划设计6个模块

写字楼建筑是现代城市建筑体系的重要组成部分，也是城市运作中最为讲求高效、节能的区域环节。对于商业地产来说，经济合理性是其生命力所在，功能合理与投资收益的整合是项目规划的重点。

本节将写字楼产品的建筑规划设计分解为六个模块分别进行规划设计（图4-19）。

图4-19 写字楼建筑规划设计6个模块

一、写字楼造型设计

写字楼的外形是给人们的第一印象，优秀的写字楼造型能够更好地体现写字楼风格和档次。写字楼的高低层设计、体型设计、外立面材料选用、高度设计和屋顶设计五个部分是写字楼造型设计的要点（图4-20）。

图4-20 写字楼造型设计的5个部分

1. 高低层设计——关注作用与难点

相当多的写字楼是由高层部分和低层部分组合构成,所谓高层部分是办公用房高层建筑的主体;所谓低层部分是多功能低层裙房,或者是另外建设低层建筑。高层主体形成高耸的竖向体量;低层裙房形成扁平的横向体量,高低有别,富有变化。

(1)高低层设计的3个作用

写字楼高低层设计可以达到三个实用和艺术效果作用,如图4-21所示。

图4-21 写字楼高低层设计的3个作用

作用1. 区分不同功能区。

办公层设计的目的主要是满足办公的功能要求,提高办公效率。所以,用途相同的平面可以重叠起来,尽量做到高层化,以提高整体经济性。写字楼的整体设计需要分层考虑:

地下层到一~三层部分,用途复杂,公共性很强,往往根据不同的要求和用地情况,设计成不同形态的低层部分。

高层部分,受结构合理性的制约,一般是采用较小的柱网。

04 写字楼产品规划设计

低层部分，要满足大厅、多功能厅的大尺度柱网要求，同时还要考虑地下车库停放车辆的合理柱网。

作用2．便于人流分流。

确保公共空间独立于办公部分的交通路线，在低层部分便于设立多种人流各自出入口。

作用3．丰富立面及体型。

高层写字楼高度高、占地面积小，且常把富有特色的外部设计在上层，裙楼可以强化整体建筑的稳定性，避免头重脚轻的观感。同时由于低层裙房与周围建筑尺度相接近，又使人们与高层主体隔开一定距离，大大改善了人们对高层临近时的尺度感受，增加人与建筑物的亲切感。此外，利用低层部分用作屋顶庭园等，极大地丰富了写字楼立面和造型。

（2）高低层设计的5个难点

高低层写字楼在设计过程中存在以下5个难点（图4-22）。

1）高层部分和低层部分的交通路线处理。
2）地下结构及变形缝处理（尽量少做变形缝）。
3）机电系统方案及管理方式。
4）高层部分和低层部分的施工方案及工期。
5）消防要求高层部分周长1/3外露。

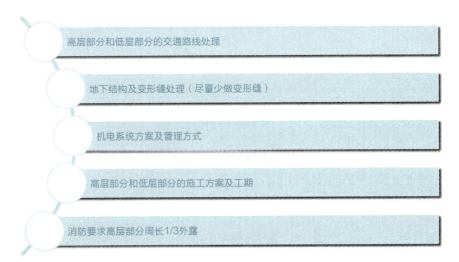

图4-22　高低层设计的5个难点

（3）高低层设计的6个动态效果

高低层设计的写字楼应达到六个动态效果（图4-23）：

1）从不同角度观察整个空中轮廓线。

2）从附近道路上行进中观察效果。

3）对整个街景的作用及对周围环境的影响。

4）底部与周围环境的相互关系。

5）从看见建筑物及到达入口时的变化。

6）入口的位置、形态及易于识辨性。

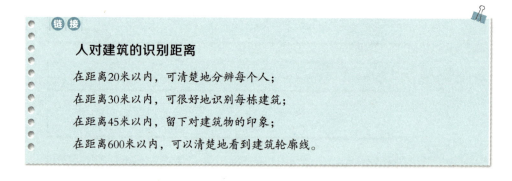

图4-23　写字楼高低层设计的6个动态效果

> **链接**
>
> **人对建筑的识别距离**
>
> 在距离20米以内，可清楚地分辨每个人；
>
> 在距离30米以内，可很好地识别每栋建筑；
>
> 在距离45米以内，留下对建筑物的印象；
>
> 在距离600米以内，可以清楚地看到建筑轮廓线。

（4）裙楼3个设计要点

写字楼裙楼一般不作为办公使用，而是为写字楼提供基础设施保障，如电气、水暖设备、后勤管理办公室等。写字楼裙楼的设计有以下三个要点，如图4-24所示。

04　写字楼产品规划设计

图4-24　写字楼裙楼3个设计要点

要点1. 高度控制在6层左右。

裙楼高度控制在6层左右。①作为高层写字楼和外部空间的过渡,缓解写字楼过高给人突兀的感觉;②丰富了写字楼周围的环境,增添趣味性,更加人性化。

要点2. 造型、颜色与主体楼协调。

裙楼造型设计要注意与主体楼的风格、颜色相协调。

要点3. 置于高层部分的日影区内。

考虑日照条件对邻地的影响,可将部分裙房置于高层部分的日影区内,减少对邻地日照的影响,更充分利用土地。

2. 体型设计——利于防风和抗震

高层写字楼的体型选择与结构有密切关系,选择合理的建筑体型,可加强结构本身的刚度。如圆形或椭圆形平面,有助于减少风荷载;上窄下宽的体型对承受水平力引起弯矩有很好的效果;在平面转角处,采用圆角或抹角的处理方法能减少风力和地震作用集中。

3. 外立面材料选用——兼顾档次与防晒

写字楼外立面的设计显著体现写字楼的档次,其自身也依据档次采用不同的材质(表4-3),达到各异的效果。

写字楼外立面材质　　　　　　　　　　　　　　　　　　　　　表4-3

外立面档次	外立面材质	说明
高档	双层外皮	金属网加玻璃幕墙，带来的是生态写字楼的享受，网状金属幕墙可以有限阻挡高楼风，让高层有大面积开窗可能
高档	石材	石材在现代风格的建筑立面中应用非常普及。按材料细分，主要有天然石材和人工石材两种
高档	铝单板	铝单板具有不透水性、耐久性和良好的可加工性等优点，可与其他复合型材料加工成节能环保外墙，但成本较高
高档	玻璃幕墙	玻璃幕墙是一种美观新颖的高档建筑墙体，但大面积采用，容易造成了一定程度的光污染；现LOW-E节能环保的玻璃幕墙应用非常广泛
中高档	高级涂料	未来将在生态环保趋势中扮演重要角色
中档	面砖、条形砖	使用墙砖和条形砖不但会增加建筑群的承重，而且由于是粘接的，经风雨侵蚀后容易掉落，一般在低档次的物业中被采用
低档	涂料	涂料能应用于写字楼底部以上的主体部分，但在国内因涂料容易褪色及易污，多应用于低档物业；但在欧美等发达国家，写字楼外墙采用高级涂料装饰的已占到90%

需要特别提出的是，现在许多建筑大面积地使用玻璃幕墙。太阳辐射热量通过玻璃进入室内，比一般墙体高30倍，这使得建筑内部温度过高，有的建筑冬天还需要制冷。因此，如果写字楼外立面设计大面积玻璃幕墙，可以采取以下措施降低室内的太阳辐射热量：

（1）采用可呼吸玻璃材质

可呼吸玻璃幕墙又称热通道玻璃幕墙，目前在欧美较盛行。它是双层围护结构，不是一般的双层玻璃窗，而是可以调节小气候的夹层，宽度从几十厘米到一米多，有的夹层中设遮阳设施，上下有进、排风设施。

（2）建造防晒墙

即单独的一片玻璃墙，反射太阳辐射热，一般在东西向设置。

（3）设置缓冲空间

这个设计是指，无论是屋面或墙面在外界空间，都与主体之间增加了缓冲空间。这种

04 写字楼产品规划设计

方式在热带、温热带地区常被采用,如马来西亚梅纳拉大厦在缓冲空间中引入绿化成为空中花园。

4. 高度设计——注意高度限制、高宽比和造价

写字楼越高,无疑能够彰显档次,但同时提高了建筑和使用成本。在建筑面积不变的情况下,建筑层高的增加会引起各项费用的增加,具体是指:墙与隔墙及其有关粉刷、装饰费用的提高;楼梯间造价和电梯设备费用的增加;卫生设备、上下水管道长度增加;制冷空间体积增加(图4-25)。如果建筑层高的增加而导致建筑物总高度增加很多,还可能使基础造价增加。

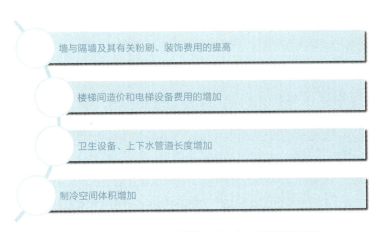

图4-25 建筑层高的增加引起各项费用的增加

(1)写字楼高度限制

写字楼依据不同的结构体系和抗震设计,有不同的高度限制限制,见表4-4。

写字楼高度限制(m) 表4-4

结构体系		非抗震设计	抗震设防烈度			
			6度	7度	8度	9度
框架	现浇	60	60	55	45	25
	装配整体	50	50	35	25	—
框架-剪力墙和框架-筒体	现浇	130	130	120	100	50
	装配整体	100	100	90	70	—

续表

结构体系		非抗震设计	抗震设防烈度			
			6度	7度	8度	9度
现浇剪力墙	无框支墙	140	140	120	100	60
	部分框支墙	120	120	100	80	—
筒中筒及成束筒		180	180	150	120	70

注：房屋高度指室外地面至檐口高度，不包括局部凸出部分。
计算分两种情况：
第一种情况，平屋顶按室外地面到檐口或女儿墙高度计算；
第二种情况，坡屋顶按室外地面到屋脊平均高度计算。

（2）高宽比设计

我国高层建筑结构设计规范建议，在设计中刚度较大的筒体和剪力墙结构，房屋的高宽比（建筑高/建筑平面短边宽度）应不大于6，一般宜小于5；刚度较差的框架和框架剪力墙结构，建筑物的高宽比不大于5，最好低于4。

5. 写字楼屋顶设计——台阶式的艺术改造

写字楼，尤其是高层写字楼的顶部对整个建筑形象起到强化个性的作用，虽然它较少影响到生态环境，但对塑造建筑的标志性、丰富城市天际线具有重要影响。因此，应根据建筑基座、楼身等因素加以塑造。

利用屋顶的退台，形成台阶式建筑来设置空中开放空间，使建筑形式富于变化，还为建筑师利用屋顶构筑城市立体环境提供便利和乐趣，因此受到欢迎。台阶式建筑对地面城市空间也有很大影响。它常常是在特殊场合下解决矛盾的一种手段。在建筑密度较大的情况下获得阳光，取得开放感，还能丰富城市轮廓线，改变空间的围和效果等。

写字楼特色造型
——CCTV新大楼

CCTV新大楼主楼的两座塔楼双向内倾斜6°，在163m以上由"L"形悬臂结构连为一体，建筑外表面的玻璃幕墙由强烈的不规则几何图案组成，造型独特、结构新颖、高新技术含量大。

建筑师库哈斯希望通过这种结构是对建筑界传统观念的一次挑战：人们通常认为摩天大楼就应该高耸入云直指天空，而超乎常理的建筑造型给人以强力的冲击力。

二、写字楼总平面设计

写字楼总平面设计要在符合用地环境现状及规划的基础上，对停车方案等进行合理设计（图4-26）。

图4-26　写字楼总平面设计

1. 总平面设计要符合用地环境现状及规划

周围环境在一定程度上影响着写字楼总平面方案构思。办公楼设计构思形成的过程就是适应城市总体规划要求的过程。这主要体现在如图4-27所示4个方面。

（1）适应城市规划对于土地综合利用的要求，对用地进行地下、地面、地上的综合利用。

（2）适应城市规划对于交通组织方面的要求，包括机动、非机动交通，人流货流路线、步行路线的组织。

（3）适应城市规划对城市公共空间设计的要求，包括空间的功能、大小、尺度、高度和造型等要求。

（4）适应城市规划对于建筑物之间关系方面的要求，包括与周围建筑物的和谐统一等。现代办公楼设计应该对用地周围进行必要的调查。

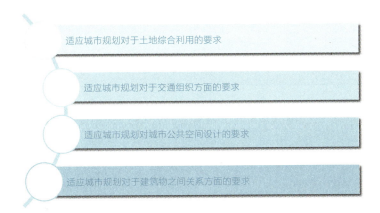

图4-27　办公楼设计构思形成适应城市总体规划要求的体现

2. 写字楼停车方案设计

写字楼内容纳大量人流，建筑外部空间则需承担这些人流和货流在平面上的聚散。总平面设计必须有良好的交通组织，合理分设出入口及步行道、自行车道、汽车道与停车场。其中停车场和车库设计已成为总平面设计中不可忽视的重要课题（图4-28）。

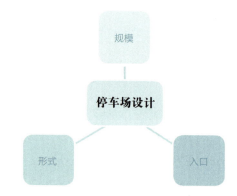

图4-28　写字楼停车方案设计的3个方面

（1）停车场规模

停车场规模标准见表4-5。

● **停车场的规模标准**　　　　　　　　　　　　　　　　　　表4-5

停车场类型	车辆类型	每车位面积（m²）
地上停车场	小汽车	25
	自行车	1.2
地下车库	小汽车	40
	自行车	1.8

通常对写字楼车位数的规划为1000m²配置6.5个以上车位。车位数量可参照表4-6中的标准。

● **写字楼停车位数量**　　　　　　　　　　　　　　　　　　表4-6

建筑类别	计算单位	机动车停车位（个）	自行车停车位（个）
外贸商业写字楼	1000m²	4.5～6.5	—
其他写字楼	1000m²	2.5～4.5	20

（2）停车场的形式

停车场根据形态及其与写字楼的关系，表4-7是其几种形式。

停车场的形式及特点　　　　　　　　　　　　　　　　　　　　表4-7

形式		特点	示意图
自行式平面停车场	室外停车场	需要十分宽余的占地条件	
	地下停车场（库）	需要对办公室部分的柱间距和停车空间进行整合； 需要对建筑物的总平面和车路空间进行整合； 成本较高； 需要25～40m²/辆的面积	
立体（塔式）停车场	独立型	节约土地成本； 临近大楼时要考虑地震时的位移	
	大楼连体型	节约土地成本； 需要考虑对建筑物产生的震动	
水平机械式停车场		占地少； 需要对办公室部分的柱间距和停车空间进行整合； 成本较高； 入库等待时间较长	

（3）停车库出入口设计

地下停车库坡道设计不应是从上到下坡度不变的斜线，而是上、下两端3.6m长度的坡度应变缓，以防止损伤汽车并减轻坡道行驶的不适感。我国规划部门往往要求坡道斜度在1/8以下。

城市道路上设置的机动车出入口数应符合下列要求：

1）机动车停车库出入口的坡道终点面向城市道路时，与城市道路红线距离不应小于7.5m；

2）平行城市道路或与城市道路斜交时，应退基地的出入口不小于5m；

3）出口数量遵循的标准见表4-8。

● 停车场出入口数量标准　　　　　　　　　　表4-8

机动车停车数量（辆）	出口数量（个）
>50	<2
300～500	<3
>500	<4

三、写字楼首层设计

写字楼功能的综合性使其首层设计较为复杂：①功能上要组织进出大楼的各种人流，把首层公共部分如商店、食堂等和办公层合理地组织起来；②环境设计上要创造适于写字楼的空间环境、色彩环境和光环境，以求良好的第一印象；③主楼首层常和裙房首层相连，裙房部分首层不受主楼柱网限制，在空间处理方面自由度较大。

1. 写字楼首层设计的2个要点

写字楼首层入口会给进入者留下深刻的第一印象，因此，写字楼入口要多方考虑，尤其要注意以下两个要点，如图4-29所示。

图4-29　写字楼入口设计的两个要点

要点1. 大门线条柔和设计

人们从宽阔的室外走进高耸的楼房，不可避免会产生压抑的感觉。写字楼的入口处应做柔和设计，帮助进入者缓解紧张的情绪。首先，入口大门线条要流畅，给人轻松的感觉，避免条条框框。

要点2．入口标志性设计

如果写字楼身处闹市区，周围环境更加复杂，为帮助进入者迅速找到入口。入口应再加入标志性设计，和周围其他景观、设施鲜明地区分开来。

2．写字楼首层大堂设计的6个要点

首层大堂是写字楼的交通枢纽中心，是各公司员工进入办公区的必经之地，也是写字楼中使用率最高的地方，更是展示写字楼硬件装修和软件服务的重要窗口。

写字楼首层大堂设计需要掌握6个要点，如图4-30所示。

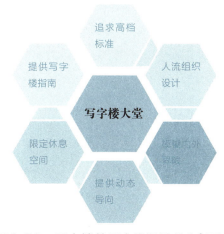

图4-30 写字楼首层大堂设计的6个要点

要点1．面积和高度追求高档标准

大堂是继写字楼第一张脸——建筑外形后的第二张脸，写字楼大堂的设计常识是大堂越大，挑高越高，装修越高档，品质就越高，但这需要考虑写字楼实际定位、卖点诉求及实用性。写字楼大堂的面积一般不应小于300平方米，内空高度最低不低于5米。

一般情况下，大堂面积约占总建筑面积的1%～2%之间。丙、乙级写字楼可取中下限。如20000平方米的写字楼可取200～300平方米的大堂；顶甲级写字楼可以取中上限，如50000平方米的大楼可取500～1000平方米的大堂。

一般大堂挑高为5～12米，大堂面积越大挑高越高。

要点2. 做好人流组织设计

首层入口大堂是重要的交通枢纽，需解决好与各部门的关系，大堂与办公室、会议室、商店、餐厅、多功能厅、车库、防灾中心、服务人员出入口都有直接联系，需要进行人流组织设计。

写字楼大堂的人流组织设计要做到以下两点：

①要有明确的导视系统，方便辨认；

②充分考虑车流与人流分隔，避免人车混流造成安全隐患。具有商业物业的写字楼必须考虑地下人流与车流的分隔，以及如何更有利于往地面引导的问题，达到在提升商业人气的同时不干扰办公人员出入的效果。

要点3. 模糊内外界限

写字楼的首层，是与室外空间设计联系最密切一层，当采用框架结构时，柱间距开口较大，内外空间界限可以交错；外部空间向内渗透与内部空间向外延伸，以相互作用造成时间与空间的连续，创造室内外交融的意境。特别是首层大厅常常采用大玻璃窗或玻璃幕墙，使得室内外界限变得模糊。

要点4. 提供动态导向

动态导向即在运动过渡空间中，对前进方向作提示、强调。主要办公人流方向从入口到电梯厅需强调，其他到餐厅、多功能厅等也需要一定的导向性。动态导向常用一种暗示的方法，如线条醒目的地面、吊顶召唤人们向前，台阶、栏板暗示楼梯向上，当然，也可利用标志牌明示。

要点5. 限定休息空间

对运动人流导向的同时，休息人群则需要空间限定。空间限定指隔而不断，又围又透，在大空间中限定更小的特定活动区域空间的建筑处理，如在地面上铺地毯等方法。

要点6. 提供写字楼详细指南

写字楼大堂应提供详细的指南，对整个写字楼的分布情况进行介绍。特别是初次来访者，能迅速找到目的办公室的位置。

3. 写字楼首层7种功能配置

写字楼首层一般不作为办公之用，而是作为电气设备用房和商务服务用房。一般要具

04 写字楼产品规划设计

备七种功能配置，见表4-9。

写字楼首层7种功能配置 表4-9

功能	设计要点
高档咖啡厅	供客户休息洽谈使用，设计风格高档，提升项目商务品质
触摸式电脑查询系统	为来访客户提供便捷查询使用
客户休息区	来访客户休息使用，体现楼宇人性化
商务中心	代办票务、礼仪接待、打印装帧、客房预订等业务；商务中心一般设置在首层大厅附近，标志要清楚醒目，内部应设有供客人使用的座椅和报刊
信报箱	与大堂设计风格统一，方便客户取阅报纸、信件使用
门禁系统	在电梯口设立门禁系统，可以避免闲杂无关人员随意进入各楼层，增加安全保障
空调通风系统	与大堂设计融为一体，避免空调的送风量不足，采用正压侧面喷射式送风系统，有效解决装修与正常送风的结合

四、写字楼标准层设计

写字楼标准层包括办公空间、公共走道、楼梯、电梯厅、卫生间、开水间、空调机房和各种管线的竖井等部分（图4-31）。

图4-31 写字楼标准层的内容

1. 标准层设计的3个注意点

作为人群高度集中的建筑，写字楼标准层设计过程中需要特别注意采光和安全问题（图4-32）。

图4-32　标准层设计的3个注意点

（1）增加自然采光

写字楼如为高层，很少有主要靠天然采光。但天然采光无疑对办公环境是一个重要条件。一般就大办公室而言，单面采光的办公室进深不大于12米，面对面双面采光的办公室两面的窗间距不大于24米。

（2）注意防火分区面积要求

高层一类建筑，每层每个防火分区最大允许面积为1000平方米，设有自动灭火设备的防火分区面积可增加一倍。

（3）安全疏散最大步行距离

安全疏散最大步行距离是指房间门至最近的外部出口或楼梯间的最大距离，标准为：位于两个安全出口之间的房间为40米；位于袋形走道两侧或尽端的房间为20米。

2. 标准层7个功能区面积设计

对于标准层面积大体确定有三个相关指标：标准层层高、建筑限高和裙房高度。此外，还需要考虑防火分区面积。对于高层写字楼而言，下面的公式在一般情况下成立：

标准层面积 ≈ 总办公面积/ [（规划限高− 裙房高度）/ 标准层层高]

04 写字楼产品规划设计

此外,确定标准层面积还要考虑标准层各功能区的面积,一般需要考虑的有以下7个区域,如图4-33所示。

图4-33 标准层7个功能区

(1)办公室面积设计

一般情况下,每个人所拥有人均办公面积在6~12平方米;欧美国家人均办公面积为15平方米,日本过去为3~10平方米,现在为12~13平方米。

大空间办公室一般面积不小于400平方米,宽度不小于10米。基于声学考虑,建议大空间办公室不少于80人。

(2)会议室或多功能厅面积设计

会议室或多功能厅并不是写字楼所必须配备的设施,多数公司在内部会有各自的会议室,一般在顶级及部分甲级写字楼才会配置。

会议室是企业为智力生产活动而进行信息交流和作出决定的空间。在设计时候,首先要明确会议使用目的,然后再决定会议室的形式、规模和数量,特别需要考虑提高其在使用上的效率。

一般来讲,多数多功能厅和会议室绝对大小在200~1000平方米之间。

若按每人所需面积来计算,公式如下:

会议室或多功能厅的面积=写字楼预计总办公人员×每个座位所占面积(m^2)/人

会议室每个座位所占面积标准见表4-10。

会议室每个座位所占面积标准　　　　　　　　　　　　　　　表4-10

会议室类型	每个座位所占面积（m²）
大型会议室	包括桌子：1.2～2.0 只有椅子：0.6～1.0
中型会议室（20～30人）	1.4～2.5
小型会议室（5～10人）	2.0～3.0

（3）餐厅面积要求

餐厅总面积＝就餐区面积+厨房面积＝写字楼预计总办公人员×80%（办公人员实际上班率）×50%（最高峰就餐率）×人均所需就餐区面积

中餐厅厨房等操作空间面积一般为餐厅总面积的50%；

人均所需就餐区面积指标一般在1～1.5平方米/人，常规可取中间值1.2平方米/人。

（4）卫生间设计

卫生间在产品设计上容易被忽视，但却是在使用过程中非常重要的公共空间。

卫生间应配备物品：前室、设洗手盆、镜子，档次较高的应设有与洗手盆组合的长台、红外线烘手器、触滴式洗手液盒等。

我国和日本公共卫生间及卫生洁具的设计标准见表4-11、表4-12。

我国卫生间及洁具设计标准　　　　　　　　　　　　　　　表4-11

小隔间尺寸（cm）	小便器中心间隔（cm）	大便器中心间隔（cm）	大便器数量	小便器数量
（90～100）×（120～150）	70～80	70～80	男：50人/个 女：25人/个	男：50人/个

日本写字楼卫生洁具配备标准　　　　　　　　　　　　　　　表4-12

人数（人）		0	50	100	150	200	250
女用	大便器数量（个）	1～3	3～4	3～5	4～6	5～7	5～8
	洗面器数量（个）	1～3	2～4	3～4	3～5	4～5	4～6

04 写字楼产品规划设计

续表

人数（人）		0	50	100	150	200	250
男用	大便器数量（个）	1～2	2～3	3～4	4	4～5	4～5
	小便器数量（个）	1～2	2～3	2～4	3～4	3～4	3～5
	洗面器数量（个）	1～2	2～3	2～3	3～4	3～4	3～4

（5）开水间面积要求

开水间需设开水器、洗茶杯及消毒的水池、吊柜上下水、过滤茶根的器具、倒烟灰的容器及地漏等，面积不应小于6平方米。

（6）走道面积要求

双面布置房间走道的宽度不小于1.6米；考虑防火和无障碍设计的最低标准，单面布置的走道不小于1.3米。

（7）楼梯面积要求

标准层楼梯一般又是消防楼梯，按照我国高层民用建筑的防火规范第5.2.9条规定，每层楼梯总宽度应按其通过人数每100人不小于1米计算，办公楼楼梯的最小宽度不小于1.2米。

3. 标准层剖面设计

层高是指写字楼标准层的结构底板上表面到上一层底板上表面的距离；净高是指标准层地板装饰面到本层吊顶下表面的距离。层高及净高指标主要从规范、使用者感受、设备要求等方面考虑，在评判写字楼的舒适性时，净高指标比层高指标更真实。在设计时考虑到梁板、吊顶及地面装修等种种的因素，一般将层高减去1.2米后约为净高，但因可能铺设网络地板及结构设计问题，会有一定的出入。

建筑设计规范要求净高不得低于2.4米；高层办公楼净高应在2.6～2.7米，甲级写字楼层高一般在3.8米以上（图4-34）。

（1）确定净高要考虑的因素

决定写字楼层高的因素包括：

①办公室平面尺寸、室内感觉、自然采光要求、窗口大小要求、空调方式、排烟方式、照明方式、消防喷淋方式等。

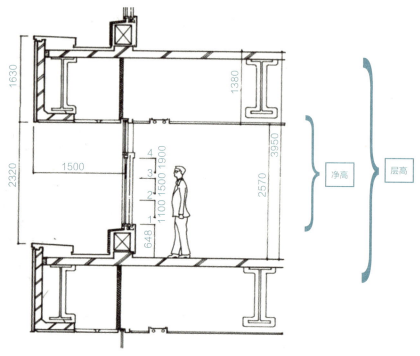

图4-34 层高与净高示意图

②采用何种方式对吊顶内部进行检修，预留灵活隔断的安装点（不一定都有）和吊顶内部检修口；

③考虑施工偏差，在吊顶内部高度设计中留5厘米左右的余量（图4-35）。

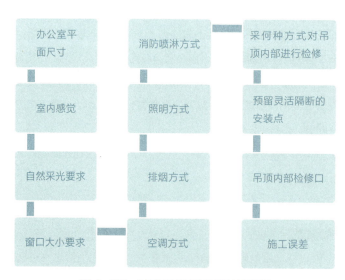

图4-35 决定写字楼层高的因素

04　写字楼产品规划设计

（2）减少吊顶内部高度的5个措施

做吊顶内部设计时，应尽量在可能增加设隔断墙的部位留出空隙，以备增设隔断时，不必拆改吊顶上的各种设施，还应便于吊顶内部检修。可以通过以下五项措施减少吊顶内部高度。

措施1. 减少结构自身的高度

结构设计应尽量减少结构自身（吊顶龙骨高度，吊顶基层和表层，结构楼板、梁）的高度。目前我国多采用预制或现浇的钢筋混凝土梁板楼盖，而国外有些采用组合楼面，即混凝土面板、钢板、钢梁整体地结合在一起，共同发挥作用，使之改善楼面的强度和刚度。组合楼面的做法是用截面为凹凸形的钢板，既作为混凝土面层的模板，又起楼板的结构作用，增加了楼面的侧面和竖向刚度，增加了板的跨度，减少了梁的数量，也便于安装电气线路。总之，如果结构自身构造高度每层能降低20厘米，那么20层楼总高就能降低4厘米，又可以多建一层楼。

措施2. 调整空调主干管的高度及位置

空调主干管的高度要包括保温层的厚度，而且要考虑主风道与其他风道或排烟管道在吊顶内交叉点如何处理。对于带走道的平面布局，可将主风道置于走道上面的吊顶内部空间，走道吊顶可降低至2.4米高；没有走道的大空间可局部降低吊顶布置风道。

措施3. 消防喷淋管可以穿梁

消防喷淋干管可以穿梁，在梁上预留套管。

措施4. 调整电缆桥架高度及位置

写字楼中电缆很多，往往需要设电缆桥架，电缆桥架的位置需避开风道、灯槽等。

措施5. 注意照明灯具深入吊顶的高度

写字楼往往采用成行的内嵌式灯具，通过灯下的隔片散光，使照度趋于均匀。灯具也占用一部分吊顶内高度，而且有可能与风道相重叠。吊顶分解透视见图4-36。

（3）整齐布置吊顶上的设施

在满足各专业功能要求的前提下，尽量将吊顶上的各种设施排列得整齐、美观，建立秩序，克服零乱，同时考虑吊顶材料的分块模数。

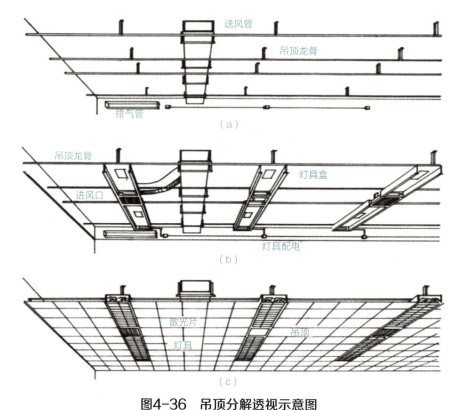

图4-36 吊顶分解透视示意图

（a）吊项龙骨风道等；（b）加灯具盒送风口；（c）吊顶外观透视

写字楼吊顶上布置的设施需要注意以下三点：

①照明灯具：多数采用暗装、半暗装，往往成行布置。

②空调风口等设施：包括各种形式的送风口、回风口、顶装式风机盘管等。

③消防设施：烟感报警器、消防水喷淋器、紧急照明灯、紧急广播喇叭、机械排烟口、防烟分区垂壁（图4-37）。

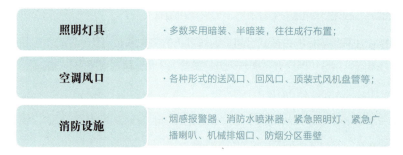

图4-37 写字楼吊顶上布置的设施注意三点

04 写字楼产品规划设计

（4）窗及窗周围尺寸设计

在进行窗户设计时，不仅要表现出建筑外观的造型，还要考虑到室内良好舒适的办公环境。

1）设计窗口需要考虑的五个因素：

①周围环境，如周围环境是否开放、有没有紧邻建筑物、方位（日射负荷）、噪声和空气污染等。

②外立面对窗的大小、形状的要求。

③室内眺望视野需要的天然采光。

④窗口部位的维护管理和保证安全的要求及节能。

⑤保证法规上规定的紧急出入口的位置和大小

2）写字楼口的宽度和高度。

一般写字楼进深较大，要最大限度地争取自然采光，窗的宽度往往是开满外柱之间或在外柱之外做成水平联窗；窗的上口往往与室内吊顶做平，窗的下口高度在距地面50～80厘米高的位置。

一般认为窗的宽度与地板面积之比为0.08～0.11。建议窗的最小宽度可为观察者至窗距离的1/3～3/5。窗台高度一般在700毫米左右，不超过800毫米高。经验证明，超过800毫米高的窗台给办公人员一定的闭塞感。

4. 核心筒设计

核心筒是高层建筑向高空发展的基本结构构件，核心筒是纵、横交错的剪力墙围合成的筒体。

核心筒主要承担的功能有：

①流线功能（电梯厅、走廊、楼梯间等）；

②设备功能（空调机房、管道井等）；

③生活服务功能（卫生间、开水间等）（图4-38）。

图4-38 写字楼核心筒的3个功能

核心筒设计的重点在于向使用者提供方便性、舒适性、功能性以及表示标准层出租面积比的效率性。

（1）核心筒的尺寸设计

核心筒基本尺度比较灵活，其面积约为标准层面积的20%～30%（日本参考值）和18%～25%（国内设计参考值），写字楼核心筒所占面积比值比高层住宅大。

（2）核心筒3种功能设计

写字楼的核心筒要具备以下三方面功能：

1）垂直交通与疏散功能。

核心筒处于垂直交通和水平交通的转换站，核心筒内一般设有电梯厅、电梯（客梯、货梯、消防电梯）、楼梯间、走道等垂直与水平交通设施，承担交通疏导及紧急时期疏散功能。

特点：布局紧凑、易于识别、便于集散、满足防火要求。

2）设备空间功能。

核心筒是与主要使用空间相关的各种设备空间，如水箱、强（弱）电配电房、小型空调机房及水、电、暖通的各种管道井等。各种设备设施内容可以随楼面面积、楼层数以及设备选型不同而变化。

特点：合理布置、确保主要空间最大限度满足使用功能的要求。

3）服务空间功能。

主要使用空间以外的服务空间，如洗手间、垃圾间、开水间、服务台等房间，往往由于有管道或管线竖向连通的要求而设置于核心筒内。

（3）核心筒的位置设计

在高层建筑中，核心筒往往设置在朝向、采光、通风等最不利区域，并高度集中，以便让给主要使用空间最佳部位。通过核心筒与办公空间的不同组合，可以产生出各种各样的平面形式，具体使用哪一种类型，主要取决于用地的形状、平面的大小以及大厦的性质。主要有以下四种，见表4-13。

04 写字楼产品规划设计

核心筒的类型及特征 表4-13

形式	特点	核心筒距外墙（m）	标准层面积（m²）	办公室进深（m）	示意图
中心筒式	（1）适合楼层面积较大的建筑； （2）办公室连贯性强，具有较好的灵活可变性和有效的楼层面积； （3）建筑物没有偏心，有利于建筑的结构布置	10～15	1000～2500	12～18	
双侧筒式	（1）能保证一个较大的空间； （2）可以保证办公空间双侧采光； （3）在楼层分割布置时需要设走廊，降低了有效使用率； （4）在两侧设置楼梯，能保证双向避难疏导，有利于防火	20～25	1500～3000	20～25	
单侧筒式	（1）一般使用于中小规模的建筑物； （2）使用空间可避免不利朝向，并增大使用空间的进深； （3）建筑物偏心较大，需要在结构采取相应的措施； （4）不利于双向疏散	—	500～2000	12～18； 20～25	
外筒式	（1）可以得到灵活性很大的空间； （2）因内设备管道和配管要从核心筒引进到办公室，所以结构方面受到限制； （3）不利于结构抗震，也难于实现双向疏散	—	2000～3000以上	12～18	

除了以上四种形式的核心筒设置之外,还可以综合布置,结合上述几种方式,把核心筒集中成组布置,在每组周边有较小进深的空间,而核心筒组之间又有连续的无阻隔大空间。

5. 电梯厅设计

从运行效率、缩短候梯时间以及降低建筑费用来考虑,电梯应集中设置,组成电梯厅,并布置在门厅中容易看到的地方。

(1) 电梯厅的2种类型

电梯厅可分为普通电梯厅和立体电梯厅两种(图4-39)。

图4-39 电梯厅的2种类型

普通电梯厅就是直接将乘客运到指定各楼层,一般中低层的写字楼采用这种方式。

立体电梯厅就是在建筑物上部设一个或几个特定的换乘层电梯厅,用大型往返电梯直接将乘客运至换乘层。再从该层电梯厅换乘普通分区电梯。一般为超高层(100层左右)的写字楼所采用。

(2) 写字楼电梯厅的4个设计原则

设计写字楼电梯厅要遵循以下四项原则:

①电梯厅的面积不可太小,一般是3.5~4.5平方米/台。

②空间感强,色彩简单明亮,切忌空间杂乱曲折和过多的空间层次。

③要有明确的导向作用,以体现主要交通流线的流动方向。

④空间范围适当,以满足交通量容纳为原则,并有一定的空间余地(图4-40)。

(3) 写字楼电梯厅的装修细节

写字楼电梯厅的装修应考虑的细节,见表4-14。

04 写字楼产品规划设计

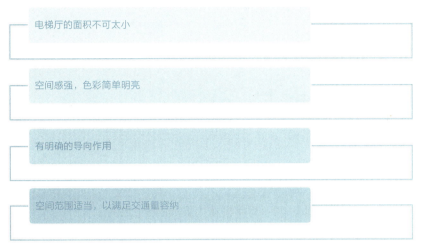

图4-40 写字楼电梯厅的4个设计原则

写字楼电梯厅的装修细节　　　　　　　　　　　　　　　　　　　　　表4-14

色调	电梯厅的色彩应符合大堂主色调为原则,搭配一些单纯的直线与块面,形成统一的主体格调
材料	门套及电梯厅墙面应采用经久耐用而装饰性强的材料;首层电梯厅装修标准要高于其他层
灯光	吊顶与灯具配合,使光线柔和而明亮,尽量选择暖色调的灯具;同时既要保持电梯厅的通体明亮的要求,又要方便日后维修
高度	装修后净高度尽量做到5m以上,用吊顶装修,充分体现楼盘的形象档次
宽度	《高层民用建筑设计防火规范》标明走道宽度不应小于1.3m,目前深圳高端写字楼的电梯厅的宽度大多数在2.6~3m之间
其他	安装楼宇液晶电视,使客户在等候电梯时也可以了解一些行业的信息,降低等电梯的烦躁心情,同时增加了项目的后期收入

五、写字楼室内设计

室内工作环境能够一定程度地影响人的情绪,进而影响人的工作效率。室内工作环境主要是指物理环境,它包括室内空气质量、室内视觉环境、温度和湿度、声音环境以及房间等因素(图4-41)。

日照	·消除晃眼和控制辐射热
照明	·防止反射和明暗差
温度和湿度	·保持适宜
噪声空置	·4个方法
室内空间颜色设计	·依据房间功能而定

图4-41 写字楼室内设计的5个方面

1. 日照控制——消除晃眼和控制辐射热

日照控制就是消除直射阳光引起的晃眼和减少日照带来的辐射热。

遮挡直射阳光的方式，包括屋檐、室外遮阳板、窗玻璃采用各种形式的发射玻璃、窗内遮阳百页等。

窗内遮阳百页可以控制直射日照眩光，但对有空调、不开窗的建筑只起遮挡阳光直射的作用，对辐射热无作用，因辐射热已进入室内。

>
>
> **深圳万科中心的创新式外遮阳系统**
>
> 位于大梅沙旅游度假区的万科中心，采用了大面积玻璃以获得充足的日照阳光。为了避免由于这种设计产生过多的太阳得热，以及冬季里的眩光现象，设计在采用通常使用的低辐射、高透光玻璃的同时，还配以创新式的、能够自动调节的外遮阳系统，该系统根据太阳高度角以及室内的照度，自动调节水平遮阳板，其开启的范围0°～90°，达到理想的遮阳效果。在深圳，乃至全国首次将自动调节的外遮阳系统应用于大型办公楼宇。

2. 照明设计——防止反射和明暗差

写字楼进深一般比较大，在相当程度上需要依靠人工照明来创造良好的视觉环境。室内的照度随着时代和经济状况发展而增加，美国标准照度大约是日本的两倍。

写字楼照明设计不仅要确保必要的光照度，还要考虑照明器具的光不能直接射到计算机画面上，否则会造成反射。

日本室内照度标准与房间单位面积的电力换算见表4-15。

日本室内照度标准与房间单位面积的电力换算　　表4-15

照度等级	标准照明（lx）	照度幅度（lx）	每平方米地面面积所需的瓦数（W/m²）					
			直接照明		半直接照明		半间接照明	间接照明
			荧光灯	白热灯	荧光灯	白热灯	荧光灯	白热灯
a	1000	1500～700	46	240	77.5	300	88	582
b	500	700～300	23	120	39	150	44	291
x	200	300～150	9.2	48	15	60	17.6	116
s	100	150～70	4.6	24	7.8	30	8.8	58

除了标准照度的设计外，还要注意明暗差的处理。室内亮度比推荐值见表4-16。

亮度比推荐值　　表4-16

视觉对象	亮度比
工作面及其附近	1：1/3
工作面和其附近的暗的部分	1：1/10
工作面和其附近的明亮部分	1：10

3. 温度和湿度调节——保持适宜

低温环境有利于形成较佳的心理状态，而高温环境下人的精神状态容易产生波动和异常。并且如果室内外温差较大，不但会引起身体不适，更会增加人际冲突的发生比率。因此，通常写字楼室内外温差应该控制在5℃以内，最多不应超过7℃。同时，人工供暖时要防止空气干燥，夏季送冷时避免室温过低。

4. 噪声控制——有4个办法

过低分贝的室内噪声，容易产生声环境"死区"，声音空白会导致人心理和精神的紧张；而过高分贝的室内噪声，会影响人的注意力，导致办公人员难以集中精神工作。所以，写字楼室内噪声必须控制在一定的范围之内（见表4-17）。

室内允许噪声推荐值 表4-17

房间类别		允许噪声	
		评价曲线NC- NR-	单值（dB）
办公	办公室	35	40
	设计室	40	45
会议	会议厅	25	30
	会议室	30	35
	多功能厅	35	40

控制写字楼高峰噪声的办法有以下四个：

①避免室内高峰噪声的产生，采用产生噪声小的办公机械。

②利用建筑构件和家具吸声和隔声，使高峰噪声部分衰减。

③提高建筑物围护墙及窗的隔声能力，降低来自建筑物外部的高峰噪声。

④适当提高本地噪声水平（图4-42）。

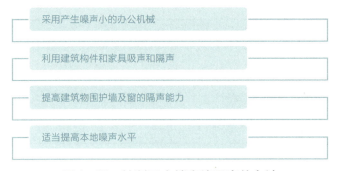

图4-42 控制写字楼高峰噪声的办法

链接

本底噪声和高峰噪声

在单间办公室中，每一个噪声都是一次干扰，而在大空间办公室中各种各样的噪声合并成几乎是均质的，因而也是没有什么干扰的本底噪声，只有个别的高峰噪声突出于本底噪声之上才真正引起干扰。国外专家推荐本底噪声水平应上升到生理忍耐的上限，也就是55dB。如办公室总噪声没有达到这个数字，可适当加入背景噪声，用这种方法反而可以减少高峰噪声的干扰。

本底噪声包括：办公噪声，谈话、走路、电话机和各种办公机械发出的声音；空调设备的噪声；建筑外部环境传来的噪声。

5. 室内空间颜色设计——依据使用功能而定

办公室应有一个和谐的、明度较高的基本色调,色彩渐变应遵循上浅下深的原则处理.。写字楼内墙面颜色的选用可以参考:

（1）蓝色会让人感觉到心理平静，现代企业的工作人员压力很大，在考虑精修色彩时，可以结合视环境，选取一些蓝色饰品摆放在办公空间里，以缓解工作人员的压力。

（2）粉红色适合在休息室、茶水间采用，因为它给人放松、舒适之感。

（3）在主要面向设计单位、学术机构等要大量思考时间的客户的写字楼内，办公室宜用冷色，而会议室宜用暖色。

同时，写字楼应充分利用大堂，并尽可能地考虑空中花园等公共空间的设置，利用绿色植物去美化办公环境，为办公人员创造良好的视觉环境，以便有效地消除员工的疲劳。

六、写字楼消防设计

写字楼的消防设计需要多学科、多专业的协作，包括未发生火灾时的积极预防，即耐火构造设计及火灾发生后的有效措施；感知、报警、疏散、援救、灭火设计。其中涉及建筑、结构、设备、电气等各个专业，必须根据每个建筑的不同内容，先提出一个相应的、综合的、完整的总体消防设计，然后由各专业按总体设计分工进行（图4-43）。

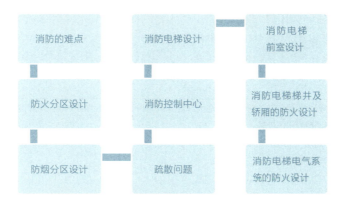

图4-43 写字楼消防设计

1. 写字楼消防的难点

进行写字楼消防设计时需要注意写字楼消防的难点:

（1）功能多、服务项目广泛。

（2）空调、电缆、各种管道设备错综复杂、贯穿全楼。

（3）室内装修材料种类较多，往往会用一些可燃材料。

（4）为使主要工作用房占有自然通风采光面，平面布局往往将交通和服务空间设在建筑物中央核心的黑暗部分，利用人工照明和机械通风。

（5）结合结构、基础埋深，充分利用无窗的地下黑暗空间作为服务用房、机房、车库等设施。

（6）大空间和流动空间较多，不易分区分割。

（7）建筑本身高耸、内部有大量楼梯、电梯、设备管线、通风、空调等交通和设备竖井，形成大大小小许多"烟囱"。

（8）人员流动性大，部分房间密集，上下出入比较困难。

2. 写字楼防火分区设计

写字楼防火分区设计需要明确防火分区的最大允许面积，注意低层与高层之间的防火分隔，大空间、连通空间的防火分隔以及楼梯间与通风空调机房等特殊部位的防火分隔。

（1）防火分区最大允许面积

防火分区最大允许面积见表4-18。

防火分区最大允许面积　　　　　　　　　　表4-18

名称	每层每个防火分区的面积（m²）
一类建筑	1000
二类建筑	1500
地下室	500

注：1. 设有自动灭火设备的防火分区，其最大允许建筑面积可按本表增加一倍；局部设置时，增加面积可按该局部面积的一倍计算；
　　2. 高层主体建筑与相连的附属建筑之间，如设有防火墙等防火分隔设施时，其附属建筑的防火分区面积可按本表增加一倍。

（2）地下空间防火分区的要求

地下室的防火分区允许面积的要求比地上建筑更为严格，每个防火分区不得超过500平方米，设自动灭火设备时不得超过1000平方米。

地下车库，按照《汽车库设计防火规范》要求，防火分区最大允许面积为1000平方米，设自动灭火时最大允许面积为2000平方米。

3. 写字楼防烟分区设计

根据《高层建筑设计防火规范》规定,需设排烟设施的走道、净高不超过6米的房间,应采用挡烟垂壁、隔墙或从顶棚下凸出不小于50厘米的梁划分防烟分区。

写字楼防烟分区设计需要注意以下要点:

(1)每个防烟分区的建筑面积不宜超过500平方米,且防烟分区不应跨越防火分区。

(2)在一些需设排烟设施的大空间,如超过500平方米的首层、二层大厅、多功能厅或办公室,需要做挡烟垂壁。考虑到吊顶及空间观感的完整性。这些挡烟垂壁可做成卷帘式,平时缩卷在吊顶内,遇到火情时由消防中心控制,自动垂下50厘米高度(也可手控)。

(3)在一些不设吊顶又有高度不小于50厘米的梁的大空间中,梁起到了挡烟垂壁的作用,不需另设挡烟垂壁(图4-44)。

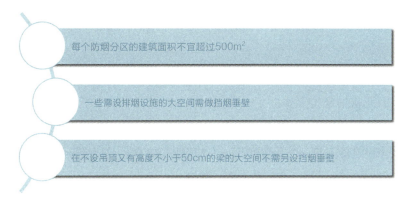

图4-44 写字楼防烟分区设计要点

4. 写字楼疏散问题

写字楼疏散问题的解决首先要注意走道和门宽的设计,而后是疏散电梯位置的设计。

(1)走道和门宽设计符合防火规范

依据《高层建筑设计防火规范》第5.1.5条规定,建筑物各层走道的宽度应按其通过人数每100人不小于1米计算,建筑物底层外门的总宽度应按人数最多的一层每100人不小于1米计算。另外,底层外门宽度还规定自动门、旋转门不算疏散门。

(2)选择标准层疏散楼梯位置

疏散楼梯是发生火灾时,电梯停止使用的情况下最主要的竖向疏散通道,其位置首先应符合安全疏散距离的规定,也应符合人在火灾发生后可能的疏散方向。

疏散楼梯常用位置有以下两种：

①接近电梯厅：人们在精神紧张中首先选择的路线是自己习惯的常用路线。

②考虑双向疏散：满足火灾时人们逃出所在房间往一个方向疏散受阻，必须折向另一方向，为了保证安全，标准层两个疏散楼梯的位置常位于两端，使其间的房间均有双向疏散的条件。

5. 写字楼消防控制中心的设计

消防中心控制室负责写字楼消防方面的显示、控制、联络和监视，管理着楼内分散各处的警报装置、自动灭火装置、防火门、排烟机等设备。

消防中心的主要设备有：装自动报警接收器和各有关消防设备的启动，表示装置的火灾监视盘，综合操作台装电话、广播开关及有关消防设备指令装置。

它能与楼内消防部门和市区消防队有迅速联系设备，以便尽快报警。同时，楼内广播系统可以在收到警报信号后，核实灾情，及时通知人们有组织地疏散，以避免伤亡。

发生火灾时电器设备控制的功能要求：停止客梯运行，切断电源，接通事故照明电源，开动排烟风机，下降防烟垂壁，关闭防火阀、防火门、防火卷帘，监测消防梯及消防水泵工作情况等。

（1）高层建筑消防控制中心的设计规范

根据《高层建筑设计防火规范》第8.4.2条规定，设有火灾自动报警和自动灭火或设有火灾自动报警和机械防烟、排烟设施的建筑，应设消防控制室，其设施应满足下列要求：

①接受火灾报警，发出火灾信号和安全疏散指令。

②控制消防水泵、固定灭火装置、通风空气调节系统和电动防火门、防火卷帘、防烟排烟设施等。

③显示电源运行情况。

（2）消防中心控制室的位置设计

消防中心控制室要求便于消防队迅速到达，位置明显，直通室外。一般设在首层或地下一层，首层非主要入口，亦即边门工作人员入口附近。如消防中心控制室和设备管理员室靠近，是一种比较理想的布局。

（3）消防中心控制室的建筑要求

消防中心控制室的建筑要求包括以下五点：

①与周围进行防火分隔，包括防火墙、防火门等。

②消防中心内电缆较多，应做双层架空活动地板，而且应确保下层地面的光洁度，以保证室内的清洁程度。

③墙面、顶棚使用便于清洁的材料，墙面可采用不带明显凹凸线的高级壁纸，以保持光洁度，又避免产生眩光为好。

④灯光的设计，最理想的是有足够的照度，避免直射光线，以防在观看各种荧光屏时产生眩光。

⑤消防控制中心的平面尺寸，一般在50～80平方米。

6. 消防电梯设计

消防电梯是在建筑物发生火灾时供消防人员进行灭火与救援使用，且具有一定功能的电梯。

其主要作用是：

①供消防人员携带灭火器材进入高层灭火。

②抢救疏散受伤或老弱病残人员。

③避免消防人员与疏散逃生人员在疏散楼梯上形成"对撞"，既延误灭火战机，又影响人员疏散。

④防止消防人员通过楼梯登高时间长，消耗大（图4-45）。

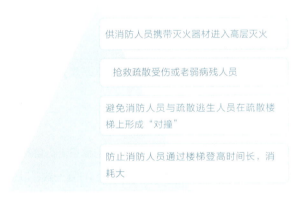

图4-45 消防电梯的主要作用

（1）消防电梯的行驶速度

我国规定消防电梯的速度按从首层到顶层的运行时间不超过60秒来计算确定。例如，高度在60米左右的建筑，宜选用速度为每秒1米的消防电梯；高度在90米左右的建筑，宜选用速度为每秒1.5米的消防电梯。

（2）消防电梯设置范围

高层建筑设计中，应根据建筑物的重要性、高度、建筑面积、使用性质等情况设置消防电梯。满足以下条件的建筑需要设置防火电梯：

①通常建筑高度超过32米且设有电梯的高层厂房和建筑高度超过32米的高层库房。

②高度超过24米的一类建筑、10层及10层以上的塔式住宅建筑、12层及12层以上的单元式住宅和通廊式住宅建筑。

③建筑高度超过32米的二类高层公共建筑等均应设置消防电梯。

（3）消防电梯设置数量

消防电梯的数量主要根据楼层建筑面积来确定。我国规定，每个防火分区至少应设置1台消防电梯，每层建筑面积不大于1500平方米设1台；大于1500平方米而不大于4500平方米设2台；大于4500平方米设3台。

（4）消防电梯设置位置

消防电梯宜分别设在不同的防火分区内，便于任何一个分区发生火灾都能迅速展开扑救，其平面位置须与外界联系方便，在首层应有直通室外的出口，或由长30米以内的安全通道抵达室外。在设计时，最好把消防电梯和疏散楼梯结合布置，使避难逃生者向灭火救援者靠拢，形成一个可靠的安全区域，两梯间还要采取分隔措施，以免相互间妨碍形成不利。另外，防火分区内每个房间到达消防电梯的安全距离不宜超过30米，以保证消防人员抢救时的安全。

7. 消防电梯前室设计

消防电梯必须设置前室，以利于防烟排烟和消防队员展开工作。前室的防火设计应考虑6个方面。

（1）前室位置

前室位置宜靠外墙设置，这样可利用外墙上开设的窗户进行自然排烟，既满足消防需要，又能节约投资。其布置要求总体上与消防电梯的设置位置一致，以便于消防人员迅速到达消防电梯入口，投入抢救工作。

（2）前室面积

前室面积应当由建筑物性质来确定，不应小于6平方米。当消防电梯和防烟楼梯合用一个前室时，前室里人员交叉或停留较多，所以面积要增大，不应小于10平方米，而且前室的短边长度不宜小于2.5米。

（3）防烟排烟

前室内应设有机械排烟或自然排烟的设施，火灾时可将产生的大量烟雾在前室附近排掉，以保证消防队员顺利扑救火灾和抢救人员。消防电梯前室防烟排烟项目见表4-19。

04 写字楼产品规划设计

消防电梯前室防烟排烟项目 表4-19

项目		设计规范
竖井面积	进风道采用自然进风时	≥3m²
进风口面积	进风口采用自然进风时	≤3m²
排烟量	排烟道采用机械排烟时	≤21600m²/h
排烟口面积	排烟口自然排烟时	≤1.5m²

（4）设置室内消火栓

消防电梯前室应设有消防竖管和消火栓。消防电梯是消防人员进入建筑内起火部位的主要进攻路线，为便于打开通道，发起进攻，前室应设置消火栓。值得注意的是，要在防火门下部设活动小门，以方便供水带穿过防火门，而不致使烟火进入前室内部。

（5）前室的门

消防电梯前室与走道的门应至少采用乙级防火门或采用具有停滞功能的防火卷帘，以形成一个独立安全的区域，但合用前室的门不能采用防火卷帘。

（6）挡水设施

消防电梯前室门口宜设置挡水设施，以阻挡灭火产生的水从此处进入电梯内。

8. 消防电梯梯井及轿厢的防火设计要求

消防电梯是电梯轿厢通过动力在电梯井内上下来回运动的，因此，这个系统也应有较高的防火要求。

（1）梯井应独立设置

消防电梯的梯井应与其他竖向管井分开单独设置，不得将其他用途的电缆敷设在电梯井内，也不应在井壁开设孔洞。与相邻的电梯井、机房之间，应采用耐火等级不低于2小时的隔墙分隔；在隔墙上开门时，应设甲级防火门。井内严禁敷设可燃气体和甲、乙、丙类液体管道。

（2）电梯井的耐火能力

为了保证消防电梯在任何火灾情况下都能坚持工作，电梯井井壁必须有足够的耐火能力，其耐火等级一般不应低于2.5~3小时。现浇钢筋混凝土结构耐火等级一般都在3小时以上。

（3）井道与容量

消防电梯所处的井道内不应超过2台电梯，设计时，井道顶部要考虑排出烟热的措施。

轿厢的载重应考虑8～10名消防队员的重量，最低不应小于800公斤，其净面积不应小于1.4平方米。

（4）井底排水设施

消防电梯井底应设排水口和排水设施。如果消防电梯不到地下层，可以直接将井底的水排到室外，为防止雨季水倒灌，应在排水管外墙位置设置单流阀。如果不能直接排到室外，可在井底下部或旁边开设一个不小于2立方米的水池，用排水量不小于每秒10升的水泵将水池的水抽排向室外。

（5）轿厢的装修

消防电梯轿厢的内部装修应采用不燃烧材料，内部的传呼按钮等也要有防火措施，确保不会因烟热影响而失去作用。

9. 消防电梯电气系统的防火设计要求

消防电源及电气系统是消防电梯正常运行的可靠保障，所以，电气系统的防火安全也是至关重要的一个环节。

（1）消防电源

消防电梯应有两路电源。

除日常线路所提供的电源外，供给消防电梯的专用应急电源应采用专用供电回路，并设有明显标志，使之不受火灾断电影响，其线路敷设应当符合消防用电设备的配电线路规定。

（2）专用按钮

消防电梯应在首层设有供消防人员专用的操作按钮，这种装置是消防电梯特有的万能按钮，设置在消防电梯门旁的开锁装置内。消防人员一按此钮，消防电梯能迫降至底层或任一指定的楼层，同时，工作电梯停用落到底层，消防电源开始工作，排烟风机开启。

（3）功能转换

平时，消防电梯可作为工作电梯使用，火灾时转为消防电梯。其控制系统中应设置转换装置，以便火灾时能迅速改变使用条件，适应消防电梯的特殊要求。

（4）应急照明

消防电梯及其前室内应设置应急照明，以保证消防人员能够正常工作。

（5）专用电话及操纵按钮

消防电梯轿厢内应设有专用电话和操纵按钮，以便消防队员在灭火救援中保持与外界的联系，也可以与消防控制中心直接联络。操纵按钮是消防队员自己操纵电梯的装置。

案例

日本WTC大厦
——高标准生命安全系统

WTC宇宙大厦（又称大阪世界贸易中心大楼）是西日本最高（256米）的建筑，是一座瞭望台和饭店、娱乐设施、多功能大厅、出租会议室及写作楼等设施集为一体的大型综合大厦。

WTC大厦采用先进的生命安全系统，超过纽约市建筑法规要求，并创造了一个高层建筑的新标准。大厦的所有安全系统包括逃生楼梯、通信天线、排气和通风竖井、电力立管和客梯都设置在墙面厚度约为90厘米的核心筒内。

除了采用加密的建筑结构设计和高强度防火黏合剂之外，建筑还通过送风系统的生物和化学过滤器，以防高强度撞击和生化武器袭击。大厦加强了消防和逃生功能，采用了面宽很大的加压楼梯、多个应急照明备份；并为所有喷头和紧急竖管作特殊保护措施、大量增加从写字楼到达附近的街道的逃生出口等。超越常规的建筑结构设计及安装安全设备，保障写字楼内办公人员安全

第四节　写字楼设施设备设计

现代写字楼建筑的发展趋势是：

（1）高层、超高层化成为趋势。

（2）办公环境舒适化、智能化成为潮流。

（3）楼宇对相关配套设备的需求量逐渐增多，设备设施的系统结构、配置组成日趋复杂。

（4）设备设施的科技含量在迅速上升。

（5）楼宇对现代化设备的依赖程度越来越高，设备在楼宇中的作用越来越突出。

（6）完善、前沿设施设备成为写字楼未来升值的重要筹码。

写字楼设施设备设计内容如图4-46所示。

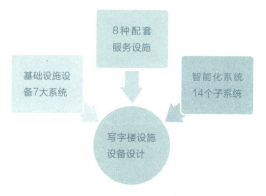

图4-46 写字楼设施设备设计

一、写字楼基础设施设备7大系统设计

现代写字楼对其基础设施设备的要求是很高的，一般应包括七个系统，如图4-47所示。

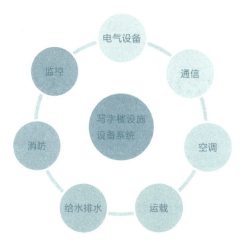

图4-47 写字楼设施设备设计7大系统

1. 电气设备系统

电气设备是写字楼设备中最重要的系统，是其他设备的基础和中心。包括变配电、照明、各种电动机、备用发电设备等，其中变配电室又是中心的中心。一般应保证两路供电，当一路供电发生故障时能自动切换至另一路。有的楼宇还配置备用发电机，供断电时应急使用。

写字楼建筑尤其是高层写字楼对于供电系统有以下三项要求：

（1）供电电源必须是来自于两个不同的发电厂，保证一路供电遇到问题或者突发事件时，另一个也可以正常工作，从而确保建筑内的正常运行。

（2）供电电源来自于两个不同的区域变电站。

（3）一个电源来自于区域变电所而另一个是自备的发电设备。

2. 通信系统

通信系统包括电话、传真、电传、电报、卫星通信、信息网络等。

通信手段是现代办公的主要工具之一，大楼的档次和它的通信设备的档次是相匹配的，越是现代化的大楼，它的通信设备也应越是现代化。以电话为例，现代写字楼一般设有人工转接的电话总机，它有充足的直线电话作保证，而且套间内还有集团电话自动交换机供客户使用。内部管理用内线电话，保安人员用无线电话、特殊需要的安装可视电话等。

3. 空调系统

空调有中央空调、分体式空调和窗式空调等几种。现代写字楼基本上是用中央空调或者是以中央空调为主，部分区域根据需要配装分体空调机组。

空调制冷在20世纪80年代以前大多采用氟利昂制冷设备，随着国际上氟利昂禁用，目前多采用溴化锂制冷。无论哪一种方式，酷暑期间办公室内温度应能控制在25℃左右为宜。

采暖方式有的用锅炉，有的用热泵，有的用城市集中供暖。无论采取哪一种方式，必须保证寒冷天气办公室内温度达到20℃左右。

写字楼对空调的要求很高，要求能够提供充足的新风和冷暖气。新风量要求按人均10~15平方米面积设计。有的大楼为了适应不同季节的需要，中央空调采用多路或多机组输送，有的采用先进的自动控制系统，以满足人们对新风和温度的需求（表4-20）。

各种类别空调的特点　　　　　　　　　　　　　　　　　　　　表4-20

类别	分类	特点
一对一	分体式空调	机组体积小，安装容易，控制灵活方便；设备初始投入高，运行能耗高；无新风供给；室内机组湿工况运行，容易二次污染；影响建筑外观

续表

类别	分类	特点
中央空调	VWV（变水流量系统）	由冷水机组、冷水循环系统及冷却水循环系统组成；系统比较复杂，安装难度大，不容易维护保养，需要两次热交换；运行稳定，使用舒适
	VRV（变冷媒流量系统）	一台室外机通过冷媒铜管连接多台室内机；不存在二次换热，效率高，节能；可分户计费；初始投入较大，制冷剂容易泄漏
	VAV（变风量系统）	通过控制风量来调节温度，节能环保，系统结构简单，维护简单，寿命长；但每层都需要20m²左右的空调机房面积，系统初始投资较大，会产生室内噪声

4. 运载系统

运载系统是指电梯和其他升降设备。电梯按用途有乘客电梯、服务电梯、观光电梯、食梯和消防电梯之分；按运载高度有高层电梯和低层电梯之分；按升降速度有高速电梯和低速电梯之分；按运载方式有自动扶梯和厢式电梯之分（图4-48）。布局合理、性能可靠的电梯是现代写字楼所不可缺少的组成部分。

图4-48 运载系统

电梯的设置取决于电梯的运力，而运力由4个因素决定：电梯的数量、每部电梯的容量、电梯的速度和电梯的组合。

(1) 电梯数量

写字楼电梯的具体数量设置要求无明确标准，估测得出的数值是：

顶级写字楼为3000~4000平方米/1000千克客梯；

甲级写字楼是4000~5000平方米/1000千克客梯；

乙丙级则在5000~8000平方米/1000千克范围内的客梯。

(2) 电梯速度

平均电梯速度在2.5~4米/秒，高速客用电梯可达到6米/秒。顶级写字楼电梯平均等候时间一般不超30秒，甲级写字楼一般不超45秒。

电梯按速度可分为以下四类：

①低速电梯：速度为V＜1米/秒的电梯；

②中速电梯：速度为1.75米/秒＜V＜2.5米/秒的电梯；

③高速电梯：速度为2.5米/秒＜V＜6米/秒的电梯；

④超高速电梯：指速度为V＞6米/秒的电梯。

(3) 电梯容量和尺寸

一般客用电梯的载重量为1350~1600公斤，载客13~20人。电梯轿厢尺寸为2.0米×1.5米×2.9米（宽×深×高）。

建面比方面，即按照建筑面积与电梯的比例来计算，甲级写字楼一般要求5000平方米配备一部电梯，国外高端写字楼能做到2000~3000平方米左右。

建面比=客梯总服务面积（平方米）/客梯数量（台）

电梯的容量和尺寸见表4-21。

电梯的容量和尺寸　　　　　　　　　　　　　　　　　　　　　　表4-21

额定载重（kg）	载重人数	轿厢宽度（mm）	轿厢深度（mm）	轿厢高度（mm）	轿门和层门宽度（mm）	轿门和层门高度（mm）
630	8	1100	1400	2300	800	2100
800	10	1350	1400	2300	800	2100
1000	13	1600	1400	2300	900	2100
1250	16	1950	1400	2300	1100	2100
1600	21	1950	1750	2300	1100	2100

（4）电梯分区方式

高层（高度超过75米或层数超过25层）和超高层写字楼（高度100米以上）往往会进行电梯分区，电梯的速度可随分区所在部位的增高而加快，即高层区电梯速度比中低层区为快；竖向空间布局时考虑将人多的空间（办公、餐饮等）布置在低层区，人少的空间（旅馆、公寓）布置在中层区或高层区。以下是四种电梯分组形式，如图4-49所示。

图4-49　四种电梯分区方式

1）分区设转换层方式。

分区设转换层方式是将电梯划分为若干组，每组分担某个层段的垂直运输，每个分区的交接点，通过停梯层相互重合1～2层。

建筑高度超过75米或层数在25层以上建筑的客梯可按奇数或偶数层分区停靠，或按低区、中区、高区分区停靠。停靠分区一般按每15层左右作为一区，低区层数可稍多一些，高区宜少些。

这种方式的设计需要注意的是，在出发层，由于几组电梯厅并列，所以设计的平面简明，路线流畅非常重要。

2）双层轿厢方式。

在同一梯井内安装上、下两层重叠在一起的双层轿厢，使每次运行具有两台电梯的运输力，出发层分上下两层，停止层分别为偶数层专用和奇数层专用。

这种方式的优点是提高同一井道的运输能力；缺点是乘客的诱导路线如果不明确，就容易发生混乱。所以，这种方式更适合于自用办公大楼，不大适用于出租用写字楼。

3）快速梯与分组梯结合方式。

写字楼超过30层即可采用快速梯与分组梯结合的方式，如快速梯每10层停站，然后换乘分组梯。这比传统分组式节省电梯空间，如超过50层这种方式更有效。

4）穿梭高速电梯与分组梯结合式。

超高层建筑常将建筑从高度上分为2~3个区域，称为低区、中区、高区。在区域交接处设转换电梯的空中大堂，在中区或高区工作者，由底层大堂分乘穿梭高速电梯直接抵达第一或第二空中大堂，再由空中大堂转乘本区内的分区电梯抵达区内的不同楼层。

采用高速穿梭电梯，大大提高了中区、高区乘客的交通效率，通常穿梭电梯从底部抵达空中大堂可控制在30~50秒以内。

案例

上海、北京高端写字楼电梯配置

上海、北京甲级写字楼电梯多选择迅达、三菱、蒂森等国际知名品牌，主流速度超过5米/秒，最高达10米/秒。

🌐 上海、北京高端写字楼电梯配置

	楼盘名称	金茂大厦	恒隆广场	汇丰大厦	中建大厦	环球金融中心
上海	规模及类型	综合体	写字楼+商业	纯写字楼	纯写字楼	综合体
	数量（台）	26	31	14	20	120（含扶梯）
	品牌	三菱	瑞士迅达	三菱	瑞士迅达	蒂森、奥的斯、日立、东芝
	速度	最高9m/s	最高7m/s	—	最高6m/s	最高10m/s
北京	楼盘名称	银泰大厦	金地中心	华贸中心	中环世贸	国贸三期
	规模及类型	都市综合体	写字楼+商业	都市综合体	综合体	写字楼+酒店
	数量（台）	20	25	39	40	—
	品牌	进口OTIS	芬兰通力	原装三菱	原装迅达	富士达
	速度	最高6m/s	等候时间小于40s	最高4m/s	最高4m/s	最高10m/s

5. 给水排水系统

城市自来水通过水泵和管道提升至楼顶水箱（也有的水箱在地下室或别的部位），再分配至各个用户，这部分叫做供水。使用过的废水通过输出管道排出，先经过处理变成合格的废水再进入城市污水管道，这叫做排水。

管道、泵、水箱、污水处理装置等构成了大楼的排水系统。值得一提的是污水处理，为了加强环境保护，我们国家制定了城市污水的排放标准，主要指标有油指标、COD、BOD等。现代写字楼必须有良好的污水处理系统。

写字楼的给水排水管理需24小时值班，进行管理和操作，以保证其设备系统的正常运行，遇有事故及时处理。

6. 消防系统

写字楼对电的使用量很大，发生火灾的几率较大；而且人流量大，不易疏散。因此写字楼对消防系统要求很高。

(1) 减小线路的消防危险系数

写字楼的电气、水暖设施应单独走线，对电源插座数量适当的控制，减轻线路负荷，降低事故发生可能性。

(2) 安装感应装置

大楼的各个部位都应安装有温感器和烟感器等感应装置，它们直接与消防控制中心相连。一旦有火警，一方面自动发出警报；另一方面消防泵自动启动，将水压入消防管道，火灾现场的喷淋自动喷水灭火。

(3) 配备灭火设备

写字楼每个楼面还应装有消火栓，供消防人员灭火用。平时每个房间和公用走道还应放置手提灭火器。

7. 监控系统

为了确保大楼的安全，建立监控系统是非常必要的。在出入口、电梯、停车场和各个楼面过道等重要部位安装监视器，中央控制室电视屏幕显示这些部位情况，保安人员可以通过屏幕监视各个点的情况。

二、8种写字楼配套服务设施设计

现代企业办公需求很广泛，而且逐渐呈现了多元化的特点，这些企业成了现阶段写字楼的主力客群之一。深入了解现代企业办公需求的发展方向，进而将写字楼产品的人性化配套服务设施设计引入到产品规划设计当中，尽量满足客户的多方面需求。

写字楼配套服务设施主要包含八个方面，如图4-50所示。

图4-50　写字楼配套服务设施

1. 信息中心

商务写字楼通过楼宇智能化的计算机网络系统连接高速公路，借助光纤的通信线路完成内部与外界的信息传递与交换。

2. 商务中心

商务写字楼为租户提供的打字、复印、传真、电传、文秘、翻译等服务项目，应足以使商务写字楼服务水准更健全。

3. 商务写字间

可以通过出租会议厅、报告厅、谈判间、多功能厅，承接各种形式的新闻发布会、洽谈会、展销会。

4. 培训中心

利用现代化的视听设备可承接各种类型的培训，如，业务培训、商务培训、管理培训等各种培训班。

5. 金融机构

金融机构的入驻及其提供的金融业务，如，外汇、信贷、结算、融资、拆借、储蓄等，使商务写字楼具备金融中心的功能。

6．商务餐厅

以人为本的商务写字楼除为租户提供标准的员工餐、雇员餐外，还需配备中餐厅、咖啡厅，以满足租户的需要。

7．康乐中心

商务写字楼为租户提供氧吧、健身房、台球厅、乒乓球厅、游泳池、桑拿浴等义务项目。

8．综合中心

商务写字楼功能齐全，除为租户提供标准服务外，还可为租户提供委托服务和特约服务，如洗衣、美容美发、保洁（入室清洁）、保安、装饰、装修等。

三、写字楼智能化系统14个子系统设计

随着计算机技术、网络技术与建筑业的结合，智能建筑工程项目迅速发展。建筑智能化正被越来越多的写字楼开发单位所接受。

当今的写字楼智能化系统主要包含如图4-51所示14个子系统。

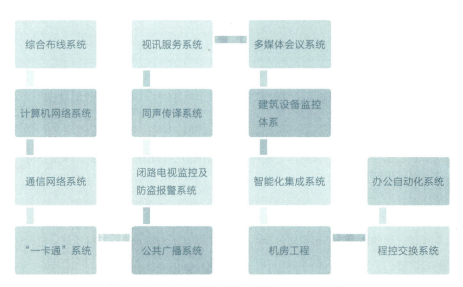

图4-51　写字楼智能化系统的14个子系统

1. 综合布线系统

综合布线系统（Premises Distribution System），全称"建筑与建筑群综合布线系统"，亦称结构化布线系统（SCS）。它是随着现代化通信需求的不断发展，对布线系统的要求越来越高的情况下推出的从整体角度来考虑的一种标准布线系统。

布线系统的对象是建筑物或楼宇内的传输网络，以使语音和数据通信设备、交换设备和其他信息管理系统彼此相连，并使这些设备与外部通信网络连接。它包含着建筑物内部和外部线路（网络线路、电话局线路）间的民用电缆及相关的设备连接措施。

（1）布线系统的组成

写字楼的布线系统一般由工作区、水平布线、垂直布线、楼层设备间、中心机房等几部分组成（有的工程还有各建筑单体之间的建筑群子系统）（图4-52），包含许多部件，主要有传输介质、线路管理硬件、连接器、插座、插头、适配器、传输电子线路、电气保护设施等。

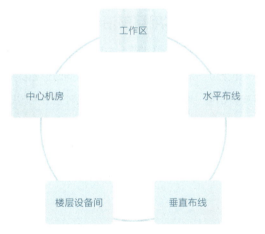

图4-52　写字楼布线系统的组成

（2）综合布线系统的7个设计要点

理想的布线系统表现为：支持语音应用、数据传输、影像影视，而且最终能支持综合型的应用。

由于综合型的语音和数据传输的网络布线系统选用的线材、传输介质是多样的（屏蔽、非屏蔽双绞线、光缆等），写字楼可根据自己的特点，选择布线结构和线材，不过设计过程最好遵循如图4-53所示7个要点。

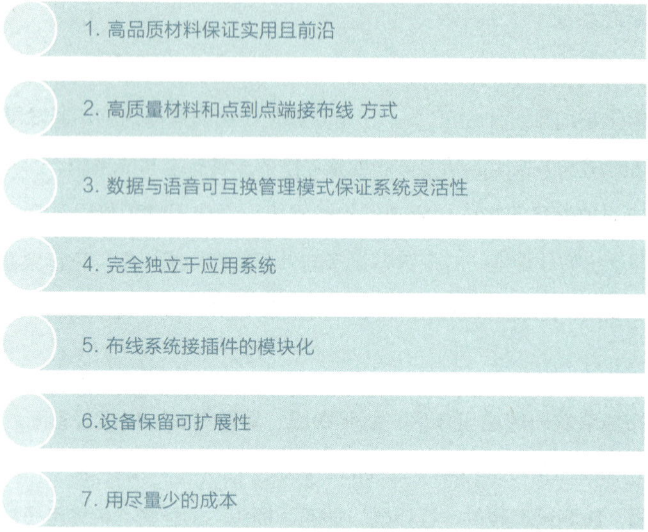

1. 高品质材料保证实用且前沿

2. 高质量材料和点到点端接布线 方式

3. 数据与语音可互换管理模式保证系统灵活性

4. 完全独立于应用系统

5. 布线系统接插件的模块化

6. 设备保留可扩展性

7. 用尽量少的成本

图4-53　综合布线系统的7个设计要点

要点1. 高品质材料保证实用且前沿

在综合布线系统中，采用光纤与双绞线混合布线方式，可以合理地构成一套完整的布线系统。如果布线均采用世界上先进的通信标准，可以为同时传输多路实时多媒体提供足够的裕量，确保系统应能支持语音、数据、图像及监控等各种信息的传输，并且能够适应未来技术的发展，保证若干年布线系统可靠使用。

综合布线采用高品质的材料和组合压接的方式，构成一套高标准的信息传输通道。所有线缆和相关连接器件均通过ISO认证，每条通道都要采用仪器测试链路阻抗及衰减率，以保证其电气性能。

要点2. 高质量材料和点到点端接布线方式

传统的布线方式，由于各个应用系统互不兼容，因而在一个建筑物中往往不能有多种布线方案。因此，建筑系统的可靠性能要由所选用的布线可靠性及利用容错设计来决定。

应用系统布线采用点到点端接，任何一条链路故障均不影响其他链路的运行。各应用系统采用相同的传输介质，因而可互为备用，提高了备用冗余。

要点3. 数据与语音可互换管理模式，保证系统灵活性

尽可能采用数据与语音可互换管理模式，使任意信息节点能够连接电话、计算机、终端、监视器、报警器等不同类型的设备，语音部分采用语音跳线架和数据配线架相结合的方

式,使每一个信息点更换只做相应的跳线即可。

要点4. 完全独立于应用系统

综合布线的首要特点是它的兼容性。

所谓兼容性是指它自身是完全独立的而与应用系统相对无关,可以适用于多种应用系统。支持总线型、星形、环形等网络拓扑结构的网络。在使用时,用户可不用定义某个区的信息插座的具体应用,只把某终端设备(计算机、电话、视频设备等)插入这个信息插座,然后在管理间和设备上做好相应的接线操作,这个终端设备就被接入到各自的系统中。

要点5. 布线系统接插件的模块化

除固定于建筑物内的线缆外,其他所有布线系统接插件都应是积木式的标准件,以便使用、管理和扩充。

要点6. 设备保留可扩展性

布线系统应具有良好的可扩展性,大多数电缆、光纤及超五类线等设备都做了相应的冗余,便于将来进行设备扩充。

要点7. 用尽量少的成本

布线系统应能做到一次性投资,长期受益,维护费用低,总体投资达到最少。可用"一条线"同时提供语音、数据和视频传输的集成通信。

2. 计算机网络系统

网络总体结构规划的要点有如图4-54所示4个。

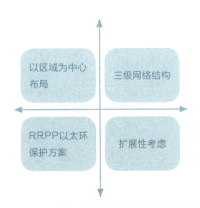

图4-54 写字楼网络总体结构规划的4个要点

（1）以区域为中心布局

网络主干网构成分为中心节点（网络中心）、汇聚层节点和接入层节点。中心节点为整个网络的核心，为整个网络提供可靠的高带宽核心交换路由，汇聚层节点完成各区域业务的汇集，接入层交换机负责各楼层网络业务的接入。

（2）三级网络结构

采用统一中心，星形对称式结构，中心采用两台核心路由交换机构建，以提供高可靠性的网络核心。各汇聚层节点到中心节点采用万兆光纤互连，对于网络接入业务特别多的区域，可以采用链路汇聚的方式，捆绑多条光纤链路以提供足够的带宽互连中心节点。各楼层接入层交换机到各汇聚层节点的连接方式采用千兆光纤互连。

（3）RRPP以太网环保护方案

RRPP技术是一种专门应用于以太网环的链路层协议，它在以太网环中能够防止数据环路引起的广播风暴，当以太网环上链路或设备故障时，能迅速切换到备份链路，保证业务快速恢复。与STP协议相比，RRPP具有算法简单、拓扑收敛速度快和收敛时间与环网上节点数无关等显著优势。

（4）扩展性考虑

在充分满足应用的情况下，网络建设需同时考虑经济实用性及先进性，因为随着各项应用的不断成熟，网络的规模及流量不断扩大，因而要充分考虑网络的可扩展性及平滑扩容。

3. 通信网络系统

主要内容有语音信息点设置原则，各楼层不同功能用房的信息点设置一览表（可与计算机信息点同表），机房设置，机房设备选择虚拟交换机、程控交换机和接入网等。

通信网络系统如果不与计算机网络系统同走综合布线系统，则要垂直管线采用通信电缆和水平布线采用四芯通信线等，每楼层设置电话分线箱，管线敷设方式，垂直管线走弱电竖井，水平管线走吊顶。部分工程还有无线通信系统等。

4. 闭路电视监控及防盗报警系统

这是属于安全防范体系的两个互相关联的子系统，内容包括本工程监控点、防盗点的设置一览表，以及选用主要设备的厂商、品牌、功能。

目前监控一般采用硬盘录像技术。部分工程要求监控摄像与灯光照明联动。

5. 公共广播系统

一般该系统与消防紧急广播系统兼容，设计要关注其与消防紧急系统的切换方式。扬声器设置如不完全相同则要作补充,部分场所要增设音量调节开关。如无消防紧急广播系统的工程则要配置扬声器,对主要设备厂商、品牌、产品作简单介绍。

6. "一卡通"系统

"一卡通"系统主要涉及门禁系统、考勤系统、巡更系统、消费(售饭)系统、停车场管理系统等。

7. 同声传译系统

同声传译系统具有多功能、高音质、传送数据保密、工作运行可靠等特点,同声传译系统可以对会议的过程实施全面的控制。采用先进的数字音频技术,音频信号在传输过程中,音质和幅度都不会衰减,即该同声传译数字会议网络无干扰、失真、串音等,使每一个参会代表都可以听到稳定、纯正的会议声音。

8. 视讯服务系统

视讯服务系统主要指大屏幕显示系统和触摸式多媒体信息查询系统。公建项目的办公、商场等一般设置上述两个系统,该系统设置于门厅、大堂等公共场所,对公众起广告、引导功能。大屏幕显示装置附近需设置小控制室,留足电源功率,一般1平方米面积配备1千瓦左右。

9. 多媒体会议系统

一般办公楼各种规模、各种用途的会议室、报告厅均需设置该系统。由于建设单位要求档次不同、投资不同,选用会议系统内容也不同。主要有会议扩声、投影、摄像系统,会议视频系统,还有会议表决系统、发言系统及多语种同声传译系统等。

10. 建筑设备监控系统

建筑设备监控系统是十分重要的,占全部智能化子系统设计的三分之一工作量,还要与水、电、暖等设备专业密切配合。

其主要设计内容有:设计原则;本工程建筑机电设备设置情况,如冷暖空调机组、热源锅炉(热水器)、油系统、通风设备、变配电设备、给水排水设备,照明设备,包括公共照明、室外照明、泛光照明等;电梯数字传输相结合,可以构成综合业务数字网,不仅实现电话交换,还能实现传真、数据、图像通信等的交换。程控数字交换机处理速度快、体积小、容量大、灵活性强,服务功能多,便于改变交换机功能,便于建设智能网,向用户提供更多、更方便的电话服务。因此,它已成为当代电话交换的主要方式。

11. 智能化集成系统

智能型楼宇管理系统（BMS）的目的是集成楼宇中各种子系统，把它们统一在单一的操作平台上进行管理。系统的设计目的旨在让楼宇中各种弱电系统（ELV）的操作更为简易，更有效率。它提供了一个中央管理系统以及数据库，同时它会协调各子系统间的相互连锁动作及相互合作关系。BMS系统集成能力的高低和决策分析功能已成为衡量楼宇自动化管理水平的依据。

12. 机房系统工程

机房系统工程的建设包括多项系统工程，如装修工程、电脑网络系统、电话语音系统、供电及不间断电源系统、闭路电视监控及防盗报警系统、机房精密空调系统、机房防雷及接地系统、消防报警系统等。各系统的正常运行及协调配合有赖于在方案设计时进行综合考虑。

13. 程控交换系统

程控数字交换与数字传输相结合，可以构成综合业务数字网，不仅实现电话交换，还能实现传真、数据、图像通信等的交换。程控数字交换机处理速度快，体积小、容量大，灵活性强，服务功能多，便于改变交换机功能，便于建设智能网，向用户提供更多、更方便的电话服务。因此，它已成为当代电话交换的主要方式。

14. 办公自动化系统（OA）

只有具备开放性的OA办公系统，才能与其他信息化平台进行整合集成，帮助用户打破信息孤岛、应用孤岛和资源孤岛。如今，大部分企业内部人员年龄跨度较大，众口难调，只有易用性高的OA办公系统才能获得用户的一致青睐。而OA办公系统的严密性和兼容性是衡量软件优劣的重要指标，也是反映OA软件厂商实力差距的重要方面。此外，不实用的OA办公系统，无论看起来功能多丰富，性价比多高，都可能造成与企业和行业发展的不配套，无法达到提升效率的目的。

写字楼营销管理

操作程序

第一节　写字楼营销概要
第二节　写字楼销售管理
第三节　写字楼租赁经营

写字楼是一种通过大规模投资和开发建设所营造出的商品。出于其明显的商品属性，在对写字楼进行资产经营、商业运营和物业管理等众多工作之中，写字楼市场营销可谓是重中之重。

写字楼的营销，从广泛角度来说，应当渗透在写字楼的市场研究、定位、销售的全过程中，但本章主要针对写字楼项目销售和租赁两个主题（图5-1）。

图5-1 写字楼营销管理

第一节 写字楼营销概要

由于写字楼项目主流客户的非个体属性与商务属性,因此制定营销策略以及选择营销推广渠道时,应当确保四点:

(1)渠道受众重点为企业高层人员或社会高端阶层。

(2)行业资源的应用是写字楼推广与住宅推广的重要不同点。

(3)在广告宣传的画面与文案设计方面,必须明确体现商务气质。

(4)在选择活动主题时,把握商务客户的敏感点,并在活动形式方面体现高端商务特色。

写字楼营销概要如图5-2所示。

05 写字楼营销管理

图5-2 写字楼营销概要

一、写字楼营销策略的3个导向

写字楼营销策略的制定通常基于市场环境、目标客户群需求、项目优势价值、竞争对手策略等因素的综合考量，但根据不同的项目背景，在制定具体的营销策略时，往往会以一个最为关键的思路为主导，同时融合其他因素的考量。写字楼营销策略制定的导向大致可分为市场竞争导向、客户需求导向、差异化导向三种，如图5-3所示。

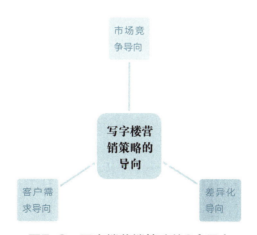

图5-3 写字楼营销策略的3个导向

1. 市场竞争导向

该方式适用于同期市场可能存在有力竞争对手的情况。是指在制定项目的营销策略时，针对自身与竞争对手进行更为细致的点对点比较分析，总结项目的优势以作为日后营销推广的重点（见表5-1）。

● 竞争点对点分析模型　　　　　　　　　　　　　　　　　表5-1

对比内容	本项目	竞争项目
区域属性		
客户属性		
区域配套		
景观资源		
交通配套		
建筑规模		
产权年限		
建筑指标（需细分）		
硬件指标（需细分）		
特色附加值（需细分）		
品牌支撑力		

2. 目标客户需求导向

该方式适用于写字楼初始进入非成熟商务区域，或同期市场不存在明显竞争对手的情况下。在制定营销策略时，需在明确目标客户群的基础之上，进一步分析潜在客户的关注重点，结合项目自身的匹配因素，作为日后营销推广的关键。

3. 项目差异化导向

该方式适用于项目本身具有独特性，且面对的是较为成熟的商务客户群体。以项目差异化特点为出发点在制定营销策略时，往往与竞争分析紧密结合，提炼出项目独一无二的特质，并针对细分客户群体的敏感点，深化日后营销推广的关键。

二、写字楼营销8大策略

写字楼销售之前，如果能依据项目的具体情况和市场调查分析结果，采用恰当的营销策略，将会让营销成果事半功倍。写字楼营销八大策略如图5-4所示。

05 写字楼营销管理

图5-4 写字楼营销8大策略

1. 差异化市场营销策略

差异化的市场定位,目的是避开竞争对手,抢先占领市场。是指在市场细分的基础上,找到市场的机会点,进行项目定位,凸显项目特色,满足目标客户的需求。市场是一个巨大的网,始终有市场缺口和未被充分满足的市场机会。写字楼开发要针对该项目所在地的政治、经济、文化、消费水平及结构,类似商用物业的竞争状况等商业环境作出详细的分析和论证,寻求市场细分后的空白点和切入点。

开发商必须注意写字楼特色经营的重要性,把研究市场需求、强化使用功能、追求个性特色、营造人性空间的思想作为经营理念,不仅在分隔、外形、色彩、内部结构等方面力求突破,而且在广告宣传、价格确定、促销方式等方面也要独具风格,打造成为市场亮点。

（1）产品差异化

以自身产品硬件的差异化进行定位,提高项目竞争力。如不同产品有档次、景观、大堂、智能化程度、电梯、空调、层高、采光等不同差异体现（图5-5）。

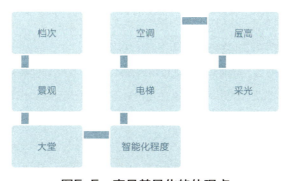

图5-5 产品差异化的体现点

（2）概念差异化

提出一些新颖的概念，利用差异化定位吸引目标客户群关注。比如，生态概念、"以立方米计算办公空间"的概念、4P办公、3A物业和SOHOSTUDIO等概念（图5-6）。

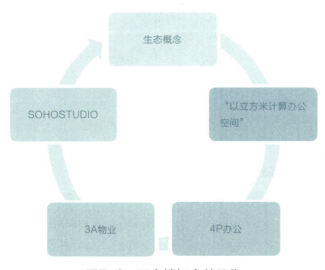

图5-6 写字楼概念差异化

（3）形象差异化定位

由区域形象聚变、企业形象聚变、人才聚变、配套聚变等一系列变化带来项目差异化形象，吸引目标客户注意力，提高认知度。

在项目地段、产品等优势不明显时，差异化形象定位是提高项目认知度的最好方法之一。如，高端标杆形象、区域配套形象、异域建筑形象等。

2. 先租后卖策略

所谓先租后卖，即开发商在已有租户前提下，再寻找买主，将物业卖给旨在投资的客户，并将原来享有的该房源权利及义务一并转让给买方客户。

先租后卖策略对不同主体来说具有以下三个作用：

（1）对开发商而言，既能充分保证楼盘的整体品位，又可以引导整幢写字楼个性化、专业化发展方向，获得更大的市场，在买主与已有租户之间起到桥梁作用。

（2）对租户来说，由于租赁事宜仍由开发公司代为办理，既保证了租期的延续性，也让租金制度变得更公平、透明化。

（3）对购房者来说，自用、投资两相宜，更解决了买房后寻找租户的投资后顾之忧，减少投资盲目性和繁琐性（图5-7）。

图5-7　先租后卖策略的3个作用

3. 客户关系营销策略

客户关系营销具有以下两方面作用：

（1）采用客户营销可以降低50%～80%的广告费用，发展商对客户必须有所选择，选择最能发挥自己专长的客户作为重点服务对象。

（2）客户关系管理能够很好促进企业和客户之间的交流，协调客户服务资源，给客户提供及时的服务，实施客户关系管理，直接服务于客户，通过良好的客户关系，达到用非广告意识影响潜在客户（图5-8）。

客户营销传播的主要渠道是大家的口碑，按传播理论，每个人大约可以影响250人。

不断用创新方法感动客户是发展商的责任，采用客户关系管理手段是客户营销的重要技术措施。

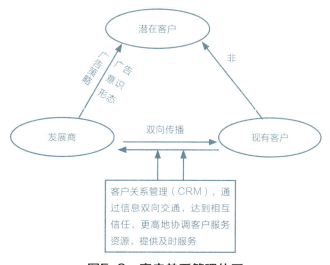

图5-8　客户关系管理体系

> **案例**
>
> **绿地中央广场的营销策略**
>
> 绿地中央广场于2012年8月首次以低价进行内部认购,仅针对绿地老业主(之前千玺、绿地卢浮宫馆、绿地之窗的业主),第一天大客户购买,次日散户要好选房,后来又加推8个楼层,北塔4~29层基本实现全部认购,成交均价13000~18000元/平方米。
>
> 绿地中央广场这一策略巩固、维护了与老业主的关系,通过短期差价利润直接吸引老业主购买,大幅提高客户忠诚度。

4. 品牌营销策略

写字楼品牌是写字楼中用以区别个性和功能特点的名称。品牌营销就是写字楼商品在客户心中占领一个有利位置。品牌形象与品牌实力一起构成品牌的基石。

（1）写字楼品牌营销策略的前提

写字楼品牌与其他商品品牌塑造具有很大的不同,不具备一般商品的重复购买性;但从客户营销角度看,已买客户能影响到其身边的朋友、客户,具备间接重复购买性。

（2）写字楼品牌营销策略的实施

房地产企业品牌建设的内容涵盖人才经营、企业文化与核心价值观过程策划、企业发展过程策划、产品经营过程策划、市场环境变化过程（图5-9）。

品牌建设不仅体现统一的VI（视觉识别符号）方面,更重要具有统一理念和行为,发展商、项目经理部、物业公司是共同的品牌塑造者。

图5-9 房地产企业品牌建设的内容

5. 网络营销策略

随着信息时代的到来和电子商务的发展，不少开发商都在互联网上注册网站，利用 internet 网络资源进行网络营销，为企业和产品进行宣传和推广。随着电子商务进一步发展，网络营销将成为房地产市场上一种具有相当潜力和发展空间的营销策略。

（1）写字楼网络营销的4个优点

写字楼通过网络营销方式，可以体现为四个优点，如图5-10所示。

图5-10　写字楼网络营销的4个优点

1）传播范围广。

通过互联网双向交流，打破地域限制，进行远程信息传播，面广量大，全方位的展示企业形象和产品形象，所提供的多样化选择为潜在客户提供方便。

2）营销成本低。

网络营销属于低成本的直销联系渠道，在传播面比较广泛的影响下，可以有效地控制营销成本。

3）开通一对一直接联系渠道。

互联网架设了发展商与客户的直接联系渠道，通过网络为客户提供服务。例如，提供多种装修方案供客户选择，或客户提出要求，发展商组织装修公司为客户提供专门方案。

4）提供售后服务。

通过网络能够为客户提供良好的售后服务，为客户提供咨询服务，增加客户满意度。

（2）写字楼网络广告的3大误区

写字楼项目与住宅项目相比，存在诸多差别，导致在网络广告方面也存在差异。通常因忽略此两者差别而导致的误区有以下三个，如图5-11所示。

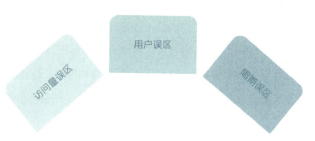

图5-11 网络广告的3大误区

第一，访问量误区。

很多开发商认为，门户网站访问量巨大，广告投放效果自然就好。门户网站访问量大固然是事实，但访问人群的结构、需求、质量、偏好等指标复杂多样（图5-12）。写字楼推广针对的受众是企业而非个人，因此，对写字楼产品而言，门户网站的访问量大多是无效访问和无效流量。

如果能针对写字楼有需求的直接用户，屏蔽无效访问和无效用户，网络广告的访问量才是真实有效的。

图5-12 门户网站访问量需要研究的指标

第二，用户误区。

很多开发商认为，门户网站用户量大，广告投放效果好。门户网站用户量大固然是事实，问题是什么样的用户，是企业用户还是个人用户。在门户网站的广告业务里，写字楼广告往往只是一个配角，只是一个频道甚至是一个栏目，查找起来非常困难。而且大多由广告代理公司进行资源买断和广告招商。而广告代理公司并非写字楼行业专业人士，既无产品更无服务。

房地产开发商能通过选址和服务，构建自己的网上销售、报价系统，随时发布代理楼盘信息，只有这样才能直接带动产品销售量及品牌影响力。

第三，周期误区。

很多开发商认为，写字楼网络广告推广与住宅一样，经过几天的"狂轰滥炸"，就能发挥最大广告效果。

"大投入、短时间、强投放"固然是网络广告的一个推广策略，问题是对写字楼产品投放广告是否合适。实际上，一方面门户网站广告价格高；另一方面，写字楼网络广告预算有限。因此，广告代理公司只能竭力引导开发商进行"大投入、短时间、强投放"的策略进行网络推广，结果往往不理想。

写字楼项目从产生需求开始，经过初步调研、锁定项目、看房选址直至签约入驻，一般需要3~6个月才能完成。因此，写字楼销售类项目网络广告推广半年一个投放周期是最优选项，写字楼租赁类项目网络广告推广以一年为一个投放周期是最优选项。

6. 公关营销策略

写字楼市场不能过多地依赖传媒广告，而更应该选择主动出击，寻求积极的公关策略。当前业界流行的整合营销理论，实际上就是公关营销思想的体现。企业在写字楼领域实施公关营销策略需要注意的五个要点，如图5-13所示。

图5-13 写字楼公关营销的5个要点

要点1. 组建公关团队——注重实力

客户组要覆盖销售部全员，并有市场、工程等部门相关人员参加或支持，甚至公司领导出面。对一个较大的楼盘而言，应该有若干个客户组，每个客户组中必须有一个具备谈判能力的人为核心组长，分配任务，并相互竞争。

针对写字楼客户的公关营销，也是企业实力、规范化服务的体现，会增强客户对发展商的信赖感，提高谈判的成功率。

要点2．侧重公关目标——企业客户

写字楼目标市场主要为企业客户，注重目标的寻找和选择，这样既可节省盲目的广告投入，又可提升目标的有效性。

要点3．制定公关策略——周全考虑

在目标公关的同时，同样要考虑企业的群管关系，这样就可以加强有效目标客户的搜寻、调研，在了解客户特征、需求以及竞争对手等情况的基础上，制定相应的公关策略和计划。

要点4．构造沟通渠道——双向沟通

重视消费者导向，强调通过开发商与客户双向沟通，建立稳定的对应关系，在市场上树立企业和品牌的竞争力。

要点5．安排经营策略——客户导向

从客户角度安排经营策略，充分研究客户需求，努力加强与客户沟通，实施关系营造。

7．定制营销策略

定制营销在房地产市场上的应用比较早，对于一些IT业、广告业等一些喜欢宣扬个性的企业来说，这种营销方式的成功率比较高。

所谓定制营销，是市场细分的极限程度。因为每位客户都有自己特有的需求和欲望，所以每位客户都可成为一个潜在的独立市场，卖方可以针对每位客户来设计不同的产品，制订相应的营销计划。

写字楼的定制营销，可以让客户参与设计、建造完全符合自己需要的产品，也可以对销售条件（如付款方式）进行定制。

8．合作营销策略

开发商在市场运作中既要讲求竞争，又要寻求合作；既要注意与地方政府、金融机构和其他社会组织的合作，更要注意开发商之间的合作（图5-14）。

开发商为了获得更大市场份额而开展各种竞争，当各种竞争压力使之难以支撑时，就需要寻求合作。开发商之间通常采用松散性结盟方式，使合作各方共同打造区域品牌，以达到共赢的效果。

图5-14　合作营销

三、写字楼7种推广载体

写字楼营销推广即根据市场竞争环境分析和项目自身优劣势分析，针对目标市场需求，制订有效的市场推广计划，为产品上市销售做好准备和支持。

推广载体是多种多样的，表5-2介绍了在写字楼的推广中比较常用的八种载体。

写字楼推广的7种推广载体　　　　　　　　　　　　　　　表5-2

载体	特点
户外广告	通过筛选能够覆盖目标客户群位置的公路立柱广告牌，向商务客户传递项目信息
楼体广告	通过高层建筑体悬挂项目名称及电话，直接低成本传播项目信息
广播媒体	传播范围广，广告信息抵达消费者的机会大，随意性强，不会占用消费者大量的宝贵时间。但受时间段局限，广告驻留时间短，表现形式单一而无真实感； 广播广告是写字楼推广使用频率较高的媒体之一，因为广播广告信息抵达目标受众的机会比其他广告形式大得多，往往可以达到比较大的效果

续表

载体	特点
网络推广	通过房地产门户网广告，有效向商务客户传递信息，同时利用网站的浏览量树立项目的市场认知度； 聘请剑客在论坛中炒作、造势，吸引关注，持续整个销售期
行业杂志	高管、行业客户获知信息的渠道，有一定品牌价值
直邮和短信	在写字楼营销中，直邮和短信对增加上门量，是最直接有效的推广手法。将多轮次不同目标客户群传播，与逐层递减精准锁定有效客户群有机结合、交叉运用，直达目标客户
直效媒体	楼书和单页具体介绍楼盘的基本情况，属于项目销售工具，在预售阶段尤为重要。是每个项目必备的宣传手段之一

四、写字楼5类营销推广活动

为了提高写字楼项目的知名度、促进写字楼销售，开发商会在项目的不同阶段举办各种营销推广活动，大致有以下五类，如图5-15所示。

图5-15　写字楼营销活动的5种类型

05 写字楼营销管理

类型1．项目工程类活动

根据工程的施工节点制定的营销活动。如奠基、封顶、样板层开放、竣工仪式等。

类型2．新闻炒作类活动

此类活动不需要太多人参与，重点在活动后的大量热点炒作，引起社会关注，吸引目标客户注意力。如，区域商务价值研讨等专题研讨会、××银行进驻签约仪式等。

类型3．展览类活动

参加各类住博会、投资展览会等房地产展会，或参加目标客户聚集的展会，直接面对目标客户，有效积累客户并促进成交。如客户定位为传媒企业的项目则参与传媒展会等。

类型4．全民参与活动

结合项目特性，广泛宣传，制造社会热点，吸引客户前来，从而挖掘意向客户。该类活动一般采用多媒体通路、长时间的宣传方式。如台北101大厦每年举行跨年倒数计时、焰火表演活动，新世界中心的美国地理杂志摄影展等。

类型5．目标客户参与活动

针对目标客户及意向客户制定的营销活动，进一步提高目标客户对项目的认知度，促进项目的销售，并能提高项目及开发商的品牌。如产品发布会、音乐答谢酒会等。

住邦2000的推广策略

——借势奥迪试驾

住邦地产联合北京奥吉通汽车销售有限公司，为住邦2000一期、二期客户推出主题为"品味携手最荣，激情与财富共赏"的新款奥迪A4、A6试驾活动。

房与车不仅仅是满足人们居住、办公和出行基本需要的简单产品，高端的房产和高档的汽车都是身份与财富的象征，是体现成功人士品味的标志。

第二节 写字楼销售管理

写字楼销售的营销,需要在写字楼项目的建设期间(甚至需要在更早的规划设计期间)就开始谋划和制定销售方案,并在建设中期开始将写字楼的预期成品向市场推介,包括组建专业的销售团队、宣传广告、制定价格政策、寻求客户资源、锁定客户、争取客户、签订合同,直至完成销售(图5-16)。

销售准备	销售的4个阶段的营销策略	写字楼的销售方式	写字楼的促销方式	营销案场管理
·制定营销计划 ·专业公司筛选与合作 ·开盘活动准备	1.寻找客户定做式生产 2.寻找大型客户进行整售 3.全面销售阶段 4.散售为主,租赁为辅,消化尾房	1.现场接待 2.直销推广 3.展销会	·付款折扣 ·变相折扣	·案场管理的3个重难点 ·销售人员的3个素质要求 ·案场展示攻略

图5-16 写字楼项目营销执行

一、写字楼销售前期准备

写字楼营销的准备工作不仅需要制订完整、合理的营销计划,还需要筛选专业公司,并做好必要的开盘活动准备(图5-17)。

制定营销计划	专业公司筛选与合作	开盘活动5个准备内容
·活动安排 ·人员安排 ·替代方案	·筛选专业公司的标准 ·双方的分工合作	·摸清客户意向 ·消化前期积累客户 ·选准开盘时机 ·选择开盘产地 ·把握现场调性

图5-17 写字楼营销准备

05　写字楼营销管理

1. 制订项目销售计划

写字楼项目营销计划要做到具有良好的执行性,除了需要进行周密的思考外,详细的活动安排必不可少;活动时间和方式必须对执行地点和执行人员情况进行仔细分析,在具体安排上应尽量周全;另外,还应该考虑外部环境(如天气、民俗)的影响,最好能做好补救与防范措施。表5-3为营销推广计划表。

营销推广计划表　　　　　　　　　　　　　　　　　　　　　表5-3

序号	任务名称	工作日	开始时间	完成时间	责任方
1	**一、工程进度**				
2	1. 符合预售条件				
3	**二、销售节点**				
4	1. 售楼处开放				
5	2. 全面展示(样板层、广场等)				
6	3. 公开发售				
7	**三、合作公司确定**				
8	1. 售楼处设计公司				
9	2. 3D公司				
10	3. 模型公司				
11	4. 网站制作公司				
12	5. 包装礼仪公司				
13	6. 物管公司				
14	**四、内外装设计及效果图提供**				
15	1. 公共空间装修设计及交楼标准确定				
16	2. 大堂、电梯厅设计定稿				
17	3. 外立面效果图提供				
18	4. 广场设计定稿				

续 表

序号	任务名称	工作日	开始时间	完成时间	责任方
19	五、现场包装、展示				
20	1. 项目Ⅵ及延展设计				
21	（1）项目Ⅵ与延展设计初稿				
22	（2）项目Ⅵ与延展设计定稿				
23	2. 形象墙				
24	（1）过渡性形象墙设计初稿				
25	（2）过渡性形象墙设计定稿				
26	（3）过渡性形象墙施工				
27	（4）正式形象墙设计初稿				
28	（5）正式形象墙设计定稿				
29	（6）正式形象墙施工				
30	3. 楼体灯光字				
31	（1）楼体灯光字设计				
32	（2）楼体灯光字施工				
33	4. 售楼处				
34	（1）售楼处装修设计				
35	（2）售楼处装修施工				
36	（3）售楼处内部包装设计				
37	（4）售楼处包装施工				
38	（5）售楼处家私设备采购				
39	（6）物管相关人员到位				
40	5. 广场				
41	6. 展示层				
42	（1）样板层的交楼标准装修				

续表

序号	任务名称	工作日	开始时间	完成时间	责任方
43	（2）样板层包装设计				
44	（3）样板层包装施工				
45	7．局部公共空间（例如：停车场、大堂、电梯厅等）				
46	（1）局部公共空间装修				
47	（2）局部公共空间包装设计				
48	（3）局部公共空间包装施工				
49	8．接近本项目的道路包装与导示				
50	（1）道路包装与导示设计				
51	（2）道路包装与导示施工				
52	**六、宣传物料**				
53	1．模型制作				
54	2．3D片制作				
55	3．折页制作				
56	（1）折页文案创作				
57	（2）折页平面设计				
58	（3）折页印刷到位				
59	4．其他物料				
60	（1）纸杯、纸袋、商务礼品设计				
61	（2）纸杯、纸袋、商务礼品制作				
62	（3）置业计划、户型单张设计				
63	（4）置业计划、户型单张印刷				
64	5．楼书				

续表

序号	任务名称	工作日	开始时间	完成时间	责任方
65	（1）楼书文案创作				
66	（2）楼书平面设计				
67	（3）楼书印刷到位				
68	**七、推广渠道**				
69	1. 网站制作				
70	2. 户外广告				
71	（1）户外广告设计				
72	（2）户外广告施工				
73	（3）更换户外广告设计				
74	（4）更换户外广告施工				
75	3. 报纸广告				
76	（1）配合售楼处开放的硬广与软文设计				
77	（2）配合售楼处开放的硬广与软文宣传				
78	（3）配合全面展示的硬广与软文设计				
79	（4）配合全面展示的硬广与软文宣传				
80	（5）配合公开发售的硬广与软文设计				
81	（6）配合公开发售的硬广与软文宣传				
82	4. 圈层推介				
83	（1）圈层推介活动方案制定				
84	（2）圈层推介活动筹备				

续表

序号	任务名称	工作日	开始时间	完成时间	责任方
85	（3）圈层推介活动开展				
86	**八、销售物料**				
87	1. 销售200问确认				
88	2. 销售人员培训				
89	3. 提供预售资料				
90	4. 预售相关证明准备				
91	5. 认购书认购须知相关税费表到位				
92	6. 按揭银行确定				
93	**九、其他工作**				
94	1. 商业部分包装				
95	（1）商业部分包装设计				
96	（2）商业部分包装施工				
97	2. 招商前置				
98	3. 售楼电话号码申请				

2. 专业公司筛选与合作

写字楼的营销推广，往往需要同广告公司、3D动画公司、模型制作公司、礼仪活动公司等专业公司合作。所以，对这些专业公司的筛选和分工合作是必不可少的营销准备工作。

（1）筛选专业公司的标准

开发商在筛选合作公司（包括广告公司、3D动画公司、模型制作公司、礼仪活动公司等）时，应遵循四个原则（图5-18）。

①拥有写字楼领域成功经验优先；

②主创人员业务能力与沟通良好；

③拥有一定相关资源；

④合理性价比。

图5-18 筛选合作公司遵循4个原则

（2）销售方与专业公司的合作与分工

在销售过程中，销售部门或者销售代理公司与各专业公司的具体工作职责不同，要明确区分和协同合作，才能共同完成营销目标（见表5-4）。

● 销售方与专业公司的职责　　　　　　　　　　　　　　表5-4

专业公司	专业公司职责	销售方对应的职责
广告公司	（1）通过合理的画面与文案体现项目气质； （2）升华并包装项目形象、制定推广语等； （3）从专业视角提供最佳表现形式与创意； （4）从专业视角完成语言组织与升华； （5）设计销售物料形式与材质	（1）把握并告知项目既定市场站位与目标客户特征； （2）把握项目形象定位与推广的核心元素； （3）把握广告作品位性与核心诉求； （4）把握文案作品思路框架与专业性； （5）把握销售物料的商务感、品质感
3D动画公司	（1）通过合理的动画效果体现项目气质； （2）从专业视角提供最佳表现形式与创意	（1）把握并告知项目既定市场站位； （2）把握3D片思路框架与核心诉求； （3）把握3D片片长，一般不超过5分钟

续表

专业公司	专业公司职责	销售方对应的职责
模型公司	（1）从专业视角制作逼真的区域及楼体效果； （2）提供高新技术应用手段	（1）提供区域模型的范围及表现重点要求，一般包括交通网络、景观资源、标志性建筑等； （2）提供楼体模型比例要求与品质感要求
礼仪活动公司	（1）提供丰富的活动资源； （2）从专业视角提供最佳表现形式与创意	（1）把握并告知项目既定市场站位与目标客户特征； （2）明确活动目的与主题； （3）把握活动流程合理性； （4）把控活动商务调性

3. 开盘活动5个准备内容

开盘活动虽有并非真正意义初始发售的可能，但依然是写字楼项目引起市场集中关注的关键节点。因此，开盘活动的形式及销售成果均对写字楼项目的持续销售和市场口碑起到至关重要的作用。确保到场客户人数及现场良好的成交氛围，是举办开盘活动重要目标。

写字楼开盘活动的前期准备工作包括五部分，如图5-19所示。

图5-19　写字楼开盘5个准备内容

（1）摸清客户意向

摸清客户意向的主要工作是指：①根据前期客户积累与信息反馈，在正式销售前总结诚意客户意向楼层与单位房号；②制定销控方案，确保正式开盘期主推的楼层既有能满足诚意客户购买意向的房号，又能通过不同楼层的价格区别，促进非客户第一意向房号的成交，从而提高整个开盘解筹率。

(2) 消化前期积累客户

写字楼与住宅销售最大的不同在于其客户量相对较少，且集中上门的可能性又较低；而且写字楼产品单位形态相对统一，内部替代性较强。因此，写字楼项目往往不会像住宅那样集中式开盘，而是在取得预售许可证后，先行分批消化大客户及诚意客户，确保前期积累客户能及时消化。

(3) 选准开盘时机

在适当节点举行公开开盘活动，能够利用前期认购有效保障公开发售效果，营造市场口碑，同时亦可利用开盘活动再次吸引前期未成交客户关注，增加成交几率。开盘活动现场的人气与氛围直接影响项目的市场形象与客户感知。因此，开盘活动必须在蓄客准备充分，前期一定量客户成交或准成交的基础上才能举办。

(4) 选择开盘场地

在通常情况下，若项目现场能满足活动场地布置的需要，开盘活动往往在项目现场举办，这样有利于销售引导与客户决策；如果项目现场不具备条件，写字楼开盘活动可租用临近项目现场的高端酒店会议厅举行，这种形式在卖方市场状态下较为适用。

(5) 把握现场调性

写字楼项目的开盘活动往往可以与产品发布会、封顶活动等相结合，增加开盘当日正向信息传递，提升客户信心。写字楼开盘活动需要注意将项目本身作为整体活动的重点与主题，避免被其他暖场性节目和活动喧宾夺主。商务感与高端属性是把握写字楼开盘活动调性的两大原则。

二、写字楼销售4个阶段的营销策略

由于写字楼的大量供给以及开发商自身实力等因素，写字楼在推向市场时会采取以售为主的销售策略。以售为主的销售模式有以下优点：

①对于开发商而言，可以尽快完成销售，尽快回收资金，降低风险。

②对于购买者而言，则可以较低成本获得不动产。

写字楼的销售贯穿于项目自立项到收尾的全过程中，按照不同的营销目的将这个过程分解为四个阶段，来分别了解写字楼的营销方式、推广方式和租售模式，领会写字楼的销售策略（表5-5）。

05 写字楼营销管理

写字楼销售的4个阶段   表5-5

	阶段一	阶段二	阶段三	阶段四
阶段	寻找客户定做式生产（项目立项期～项目破土动工）	寻找大型客户进行整售（项目导入期）	全面销售阶段（开盘期、强销期）	散售为主，租赁为辅，（持续期、收尾期）
工程节点	土地取得/将取得	施工初步阶段	项目主体结构封顶前	项目内外装基本完成
营销目的	了解市场现状及潜在需求	树立项目市场形象	完成销售回款任务；提升项目市场知名度	完成项目尾盘消化，提升/维持项目市场形象及知名度
营销方式	市场调查（产品考察、竞争项目考察、客户访谈等）	事件营销+硬件/软文广告等；意向大客户调查/洽谈/意向签约	活动营销（开盘/回馈客户等活动）；硬性广告+软文广告+新闻通稿	适量证言式广告+租赁式硬性广告等
文案类别	市场研究报告；客群需求研究报告；市场产品硬件研究报告	整体营销执行方案；事件营销执行方案；大客户需求调查报告；大客户意向签约；意向客户蓄客达到一定数量	活动营销方案；价格执行方案；完成开盘及强销期销售任务	广告策略及执行方案；租赁执行方案；租赁价格策略及执行报告
侧重点	投资商实力和品牌效应；新闻发布会、户外立体单柱、围挡；小频报纸、平媒宣传；政府支持和规划立项侧重	项目规模、档次、定位、知名度和影响力；适频平媒大版面宣传；户外、围挡保留；论坛活动；知名大企业的沟通；项目宣传材料到位	报纸、广播、电台加频宣传；售楼处全面包装、装饰布置到位；户外、围挡保留；报纸、广播、电台大频宣传；现场活动造势（名企进驻签约仪式）；户外、围挡更换画面、直击热销	报纸、广播、电台减频宣传；软文、新闻稿渲染，心里打击；户外更换画面、直击抢房；围挡开始拆除，告之即将竣工；报纸、广播、电台微频宣传；户外、围挡全撤；物业档次展示；售楼处仅留少量人员；侧重于售后、客服

阶段1. 寻找客户定做式生产

此阶段为项目初期阶段,是从项目立项期到项目破土动工期间。

一般项目地块已经取得土地使用权或即将取得土地使用权,此阶段的任务是找到合适的公关人员,积极寻找对地块所属区域有办公需求的企事业单位进行定做式生产。

阶段2. 寻找大型客户进行整售

此阶段项目处于施工初步阶段,是项目导入期。

鉴于写字楼买家倾向于购买(准)现楼的特点,此时写字楼的全面入市时机尚未成熟,但在该阶段的工程改动余地较大,仍然可以满足客户的个性化需求。所以,在此阶段应主动招商确定大客户名单,多通过小组公关形式寻找大型客户进行整售谈判,并在友好协商下满足大客户对工程结构、企业冠名等合理且可行的需求,促进成交,从而降低开发商的资金压力和规避市场风险。

此阶段可能会引起投资者关注,应确定初步推盘策略,统一制定吸引投资者客户的宣传口径(如是否代租等)。

此阶段的推广策略是对项目进行预热,引起社会关注,为后期宣传及销售做好铺垫。以新闻炒作为主要宣传方式,以特定专业媒体为工具,以新闻要求的真实性为主要文体撰写项目情况。

阶段3. 全面销售阶段

在此期间,项目主体结构封顶,项目以准现房姿态推向市场。是项目的开盘期、强销期。

主要工作步骤如下:

(1)开盘期:此阶段以导入期为基础进一步扩大项目知名度。因为有销售任务,此时企业在新闻策划的基础上要进一步增加硬性广告,且广告发布频率要有所增加。这是广告发布的第一个高潮,同时也标志着强销期的开始。

(2)强销期:各项销售工具全部到位。综合运用大众媒体(报纸、广播)进一步提升产品形象,以硬性广告为主,针对主要卖点做纯销售式广告,同时配合软性文章的理性诉求进行宣传,和销售有力配合,促成更高的成交额,减轻收尾工作的压力,同时发挥软性文章的理性诉求配合宣传,为后期工作做准备。

销售采取"泛营销"的策略,拓展客户渠道;以较强的现场执行力,提高散户成交率;预留部分高层单位,继续拓展集团客户。

阶段4.散售为主，租赁为辅，消化尾房

在本阶段，是项目的持续期和收尾期。项目内外装修基本完成，进入现房入驻阶段。一般此阶段以散售为主，租赁为辅。

持续期主要广告策略为利用报纸做已成交客户证言式广告，以维持消费者的记忆度，增强买家和潜在消费者的信心。收尾期主要采取脉冲式发布策略，减少发布频率，但维持较长的发布时间，大众性媒体广告发布较少，专业性媒体较多。

此阶段要采用促销手段，并且注重物业管理、办公环境营造等软件建设，代投资客户实现租金回报。

三、写字楼的销售方式

写字楼的销售方式主要有三种，如图5-20所示。

图5-20 写字楼的销售方式

1.现场接待（坐盘销售）

现场接待是房地产销售工作中最为重要的方式，产品的最终成交多为通过与客户在现场接待中心的谈判完成。这种方式的特点是客户的购买特征比较明显，目的基本明确。坐盘销售更需要广告宣传的支持，以吸引客户注意，促使其拨打热线咨询电话或前来现场咨询，销售人员即可通过游说促成交易。

2.直销推广

直销推广模型是基于系统的AET（电话访问）配额技术，以现场项目说明会为主要展示方法，用严格的控访流程维持样本派生率的直效行销形式。虽然被称为直效行销，模型中却没有任何意义上的传统推销行为，实际过程是通过对目标受众的深入研究和分类，选择出

有可能成为实际购买者的潜在人群,并把他们邀至销售现场。

在现场置业说明会上,开发商会对与购房相关的内容进行详细的解释和推介,进而促进买家产生购买行为。可以说,这种推广模型含有俱乐部营销的成分。

采取直销推广模式具有五个优势:

①每天到销售处的客源稳定;②现场成交稳定成熟;③针对真正的潜在受众群体进行宣传,确保营销投入的实效性;④不受季节性因素影响,对市场培植充分;⑤形成优秀的客户网络关系等。

总之,直销推广能够很好地消化传统推广模式的弱性,是一种低成本、高效率的推广模式。

直销推广的具体流程如图5-21所示。

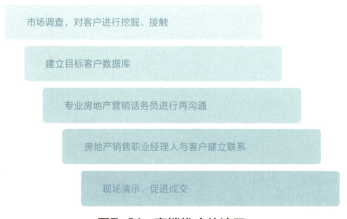

图5-21 直销推广的流程

直销推广按照具体的实现方式,还可分为5种类型:

(1)专员直销

聘请有企业事业单位关系资源的人士针对写字楼有需求的企事业单位进行追访,往往会起到事半功倍的效果。

(2)电话直销

根据项目定位,从商业电话簿或名片上找到目标客户的电话,用电话方式咨询其有否需求,这种销售的方式由于是漫天撒网式,所以,命中率较低。

电话行销是直销中典型的一种方式,利用专业话务员对重点客户进行必要的跟踪与服务,这里的跟踪与服务主要包括三个方面内容:

①向重点客户通知写字楼推广(不同阶段)的优惠措施。

②向客户发出邀请,参加开发企业举办的各种活动,活动可以是置业说明会,也可以是业主同乐活动等。

③为目标客户解答一些问题,促进其转入谈判阶段。

(3)到展会派发项目资料

根据写字楼的目标客户群定位,选择恰当的展会派发项目资料,这样也有利于项目销售。

(4)到写字楼派发名片

这也是比较有效的一种办法,进入大厦派发项目资料及名片予客户。增加项目知名度,累计项目潜在客户。此种方法一般比较耗费人力,需要长期积累,一般为地产中介等二手单位采用。

(5)小组公关模式

目前的写字楼对智能化的要求比较高,销售人员的个体力量不足以完成销售,成立客户组是写字楼推广的有效机制,客户组要覆盖销售部全体员工,最好有市场、工程等部门相关人员参加或支持。

所谓的小组作业,是指由"销售代表+销售主管+销售经理+公关经理+总经理+总裁"所组成的流水作业过程。对一个较大的楼盘而言,应该有若干个客户组,每一个客户组中必须由一个具备谈判能力的人为核心组长,分配任务数,形成竞争机制。

在谈判过程中可以采用如下一对一的方式:

高层管理者对高层管理者:即房地产的大笔成交单是老板与老板之间的对话。

技术人员对专业人士:客户可能会派出了解工程技术信息的购买成员,技术人员之间的对话才能完全地展示产品的优秀设计之处。

办公室人员:包括市调人员、策划人员和秘书。

财务人员:包括财务报告、报价系统及付款方式的制定等协助。

针对写字楼客户的团队公关,也是企业实力、规范化服务的体现,会增强客户对发展商的信赖感,提高谈判的成功率。

3.展销会

展销会上写字楼项目一般少有参与,不过有时候可以作为一种宣传工具,来增加项目的知名度。

最典型的促销(SP)活动就是置业说明会。

现场置业说明会一般由房地产销售职业经理人负责并主持,因为这是一次难得的与客户近距离沟通机会,尤其是客户亲临售楼现场。开展现场直销,要求销售接待中心具有良好的功能分区,同时拥有较大的接待空间和吸引买家关注的现场环境,以及颇具说服力的营销推广工具,装饰装修方面也追求高标准。

四、写字楼的促销方式

由于写字楼交易谈判周期较长,不可控因素较多,使得风险也很高。所以,以一定促销方式让客户在最短时间内成交是尤为重要的工作内容。

方式1.付款折扣

写字楼客户一般要比住宅客户理智得多,所以付款折扣是促进客户最终成交的最佳辅助手段。

（1）高、中、低等分类折扣

高折扣策略适用于"信息不透明,项目体量不大,市场不成熟"等条件,以期通过获取每一位客户的"消费者剩余"来获取最大利润;低折扣策略适用于"市场成熟,竞争激烈,目标客户同质性强,目标客户明确"等条件,可以实现快速成交。中等折扣介于两者之间。

（2）"有条件透明"折扣

"有条件透明"是指折扣相对公开透明,但通过设定"成交面积"的条件以及预售期内"付款进度"的条件控制客户追求最高折扣。

过于模糊的折扣导致客户会用较长时间试探底价,延长成交周期;过于明确的折扣会让最高折扣成为所有客户追求的目标,导致谈判不成功或利润降低。而有条件透明折扣则具有模糊折扣及明确折扣二者共有的优点,既可以保证对大面积客户的吸引,又能限制小客户的折扣谈判。

方式2.变相折扣

变相折扣是除价格折扣之外,发展商给予客户的一种优惠手段。如冠名权、装修等其他优惠。采用这种方式可有效地促使意向客户在一定的优惠或变相折扣的刺激下产生购买意向,早下抉择。在写字楼变相折扣中对购买方决策者的心理分析尤为重要。

05 写字楼营销管理

> **链接**
>
> **住宅与写字楼销售的差异**
>
> 住宅销售是一种产品化的销售,潜在客户与成交客户数量相对多,整个营销过程更强调营销策划定位的重要,项目定位准确,只要进行规范的销售组织管理,将营销广告活动与销售现场配合好,就可保证销售业绩。
>
> 而写字楼销售则强调个性化销售,或者说是关系营销或组织营销,由于潜在客户和目标客户数量相对少,整个销售过程对第一单的销售进程管理,强调对每个意向客户决策关系网的分析和公关,更强调一种团队协作销售。
>
> **住宅与写字楼的客户差异化**
>
> | 项目 | 住宅 | 写字楼 |
> | --- | --- | --- |
> | 形象特征 | 无一般特征;
关键在于对购买决策的影响力大小 | 有一定普遍特征 |
> | 心理特性 | 包含体验消费;
感性、冲动 | 需求性购买;
理性、稳重 |
> | 关注重点 | 自我的消费倾向和生活氛围带来的便利、享受 | 公司的需求;
商务氛围带来的利益 |
> | 购买行为 | 个人或家庭行为;
决策期相对较短 | 公司行为;
决策期较长,考虑因素多 |
> | 希望得到的销售服务 | 热情、亲和力 | 理智、知识型,能提供良好的建议 |

五、写字楼销售案场管理

销售案场管理也就是对销售现场的管理,是对售楼处、售楼中心的销售部分事务进行统一管理,包括销售人员管理、案场展示、案场气氛调控、促进销售成交等内容(图5-22)。

图5-22 写字楼销售案场管理

1. 写字楼案场管理的重点难点

销售案场是客户与销售人员进行沟通、谈判和确定成交的场所，是营销的重要战场。其管理存在三个重点难点，如图5-23所示。

图5-23 写字楼销售的3个重点难点

（1）树立良好的现场第一印象

写字楼客户相对于住宅客户体现出视野高远、决策理性的特点，因此在上门客户到达销售现场时，项目整体的第一印象能否给客户造成冲击，成为后期销售成功与否的关键之一。因此，在写字楼销售现场往往需要利用品质感强、制作技术先进、具有一定规模气势或创新的3D片、区域及楼体模型对客户的视听感受与第一认知产生冲击,建立良好的项目印象。此外,在整体接待与销售服务方面,需要力求体现专业性与商务感。

(2)房号销控避免拆散滞销

由于企业需求面积跨度较大,写字楼产品通常存在灵活的可拼合性。这对楼层销控与平面层不同房号单位的销控均提出较高要求。成功的写字楼销控往往应该保持整栋或整层销售的连续性,避免出现个别房号拆散滞销。

(3)协助客户取得银行按揭

写字楼销售一般分为个人购买与企业购买两大类型,银行对于不同购买主体的按揭审批要求与流程也有所不同,尤其是企业购买行为的银行按揭贷款申请与放款流程相对更为复杂。因此,写字楼销售人员需要投入更多的精力与工作量协助客户提供资信证明并顺利取得贷款。

2. 写字楼案场销售人员的3个素质要求

写字楼客户具有共同特征,一般是企业高层管理者、企业老板或高端投资客户,这对写字楼案场的销售人员素质提出了更高的要求(图5-24)。

图5-24 写字楼销售人员的3个素质要求

(1)形象与气质体现商务感

写字楼销售人员通常面对的是企业高层管理者、企业老板或高端投资客户,因此,销售人员首先应从个人形象与言谈举止方面更多体现商务感,特别需要注意能够以自信、平等的交流姿态面对高端客户。

（2）综合知识面广

写字楼销售人员相对于住宅更加需要着重提升个人综合素质，增加与企业客户对话的知识点与信息量。例如，写字楼销售人员除需要及时掌握基本的房地产信息外，还需要更为全面的了解宏观经济走势、政策精神、金融知识、产业发展以及企业运营知识等。

（3）具备外语交流能力

由于存在与外资企业领导者直接沟通的需要，写字楼销售人员最好能够掌握基本的外语交流，便于与涉外人员沟通。

3. 写字楼销售案场展示攻略

优秀的销售案场展示能给客户造成冲击，树立开发商、项目在客户心目中的形象，更容易赢得客户的信任，促成交易。

（1）写字楼案场展示的4个原则

写字楼项目现场展示主流客户具有商务性与高端性，同时客户集中上门的可能性较小。因此，在现场包装设计、服务内容与流程制定时，应注意四个原则：

①提升品质感与尊贵感；

②体现商务气质；

③建立专业威信，即通过展示内容及服务交流内容的专业程度，建立与高端商务客户的对话平台；

④适度展示，写字楼产权单位内部实际使用方式与布局具有多元化。因此，销售期内通常进行样板层展示，或概念样板间引导，而非精细化的样板间展示（图5-25）。

图5-25　写字楼案场展示4个原则

05 写字楼营销管理

(2) 写字楼现场展示的工作细则

写字楼销售现场是给来访客户的第一印象,需要细心布置,销售现场的工作细则见表5-6。

写字楼现场展示的工作细则 表5-6

工作项目	工作细则
外围包装	通过具有明确商务感的形象围墙、灯杆旗、导视系统、广场等清晰界定项目域界,提升卖场氛围
售楼处展示	通过对初始接待、3D宣传片放映、模型讲解、洽谈、休憩、签约等环节的合理分区,实现售楼处内部客户引导动线最优化
样板层展示	针对不同的项目,通过选择毛坯、简装、精装示范、工程材料展示等不同的形式,不同程度地展现写字楼的产权单位优势、公共空间特点、实际空间感及景观资源等
看楼动线包装	通过对未全面完工的公共空间、电梯厅、电梯、施工现场等环节的过渡性包装,提升客户看楼过程的舒适感与项目品质感
系统接待流程	针对写字楼客户的商务属性与高端属性,匹配专业从事写字楼销售的顾问人员,进行系统的"接待–推介–交流–维护"服务流程,如:预约登记、一对一顾问服务、阶段性写字楼市场信息交流、董事局报告提供等
现场物料准备	折页与楼书、3D宣传片、区域模型、楼体模型、销售物料等

链接

写字楼3种租售模式的优缺点

将写字楼的物业资产进行一次性出售将可能损失因未来商业地产升值所带来的远期收益。将写字楼的物业资产长期持有和租赁经营将可能承担巨大的资金成本。所以实际操作中开发商往往会采取分拆出售的第三种方式。这三种方式对比来说:

分拆出售可以得到一个市场的售价,但是这种方法可能在未来导致各个小业主之间的恶性竞争从而导致品质下降;整栋出售能帮助保证整个项目的品质,但整栋出售没有分拆出售的价格高;出租的方式有利于未来项目升值。

图5-26所示为写字楼三种租售模式。

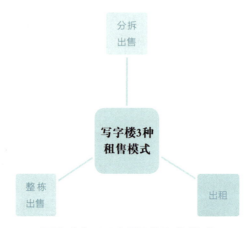

图5-26　写字楼3种租售模式

六、写字楼库存盘活的5个策略

2013年12月在北京举行的"中国写字楼综合体发展论坛第十届年会"上，嘉宾们认为：北上广深等一线城市已经进入存量房时代，当前，以旧楼改造、存量提升为特征的楼宇经济尽显商机，楼宇经济将迎来前所未有的新机遇。

2012～2014年间，我国一线城市的库存规模在高位盘整，虽去化速度有所加快，但成交均价却在高位震荡。2014年，一线城市的写字楼新增供应大于新增成交，从而使得库存量进一步上升。

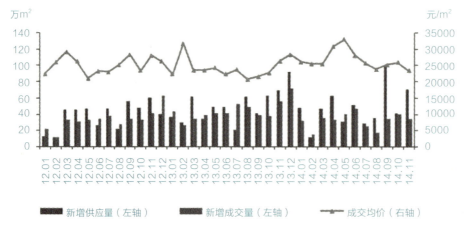

图5-27　2012～2014年我国一线城市写字楼新增供应、新增成交量和成交均价

05 写字楼营销管理

> **链接**
>
> **中国写字楼综合体发展论坛简介**
>
> "中国写字楼综合体发展论坛"是由房讯网发起,并联合全联房地产商会共同主办,是中国商务地产行业规格最高、规模最大、影响最广的专业论坛。从2004年起,该论坛以年会的形式已连续举办了十届,是中国房地产界一年一度的顶级盛事之一。

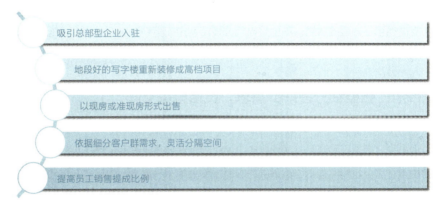

- 吸引总部型企业入驻
- 地段好的写字楼重新装修成高档项目
- 以现房或准现房形式出售
- 依据细分客户群需求,灵活分隔空间
- 提高员工销售提成比例

图5-28 写字楼库存盘活的5个策略

策略1. 吸引总部型企业入驻

大企业的企业总部实力雄厚、办公用地需求量大,吸引其入驻,不仅能消化相当数量的写字楼库存甚至达到被整购的目标,还能借用大企业的品牌效应提升写字楼物业的形象,是盘活写字楼物业的一大策略。

在实际操作中,写字楼管理者要完善工作机制,提升行政效能方面,例如对总部型企业的设立审批、认定、登记等实行专人服务,发挥"组团式服务"的优势。

策略2. 地段好的写字楼重新装修成高档项目

写字楼市场供应量大,但符合客户需求的写字楼并不多。在大量过剩的隐忧下,只有经过精心设计的优质物业,才能更好地占有任何一个非常时期的市场。包括物业品质、项目配套、品牌服务等多个方面,均是吸引消费者买单、突围市场的核心竞争力。

若能把处于市中心等良好地段的写字楼库存重新"包装"上市,将其打造成该市场的"抢手货",这种"短平快"的方法不失为一种淡市里的新出路。目前市中心好地段的老项目已越来越多地被关注，是否介入、可否盘活，成为开发商研究的课题之一。

策略3．以现房或准现房形式出售

与期房相比，高端写字楼现房投资者更青睐现房写字楼，让写字楼市场的"现房"、"准现房"产品形态成为一种趋势。不少业内人士也表示，写字楼卖准现房，已经成为写字楼购买的必然。

写字楼现房，对于投资客户而言不仅能早投资早受益，并且还能将风险控制到最低；对于自用客户而言解决了客户资金周转问题，避免了期房所带来的资金大量积压，并将同时减少了支付现租赁办公的费用；不论是自用或投资客户，更利于企业进行银行抵押，实现资金的灵活流动。

策略4．依据细分客户群需求，灵活分隔空间

在中国经济依然保持7%的增长的情况下，加之我国现在对民营企业的注册门槛也大大降低，中小企业会像雨后春笋般涌现出来，中小微企业或是未来写字楼市场的不可忽视的客户。这种中小微企业能够购买或租赁的写字楼规模有限，一家企业也就是几百平方米。如果所经营的写字楼要吸引这类客户群，则需要灵活分隔办公空间，以满足其面积需求小、支付水平低的要求。

策略5．提高员工销售提成比例

在房地产销售行业来说，也许已经习惯于疯狂的追求产品，追求渠道，追求价格……却往往忽视了个人在营销活动中所起的关键作用，营销和核心是人，人的核心是利，俗言"商人无利不起早"，营销的本质千百年是不变的，那就是人的利己本性，用利益驱动促使销售人员发挥最大潜力，在项目收益中更多地照顾到一线队员，把"要他做变成他要做"，只有销售者真正的主动要做了，产品生产者的营销才能迈出成功的第一步。

写字楼项目销售人员年龄结构总体偏低，90后占据了大半江山，引进更多的90后销售团队，可以为销售团队注入更多活力，提升销售士气。但"不稳定"是90后员工最大的特点，提高销售提成比例，对于其稳定工作情绪，会起到立竿见影的效果。

05 写字楼营销管理

第三节　写字楼租赁经营

写字楼采用租赁形式可以在保证"销售率"的前提下，提升项目的"入住率"，提升人气、市场形象及项目的投资价值。在市场状况良好时，保留一部分物业面积可以作为长期稳定的收入来源（图5-29）。

图5-29　写字楼租赁经营

一、写字楼租赁的5种营销模式

写字楼租赁市场营销共有五种模式（图5-30）。本节下文所述的写字楼租赁的营销所指的仅为第一种形式，即业主的自主营销模式，也就是写字楼由单一业主独自持有，建立资产经营公司并设立市场营销部门自主从事对写字楼物业资产的租赁经营。

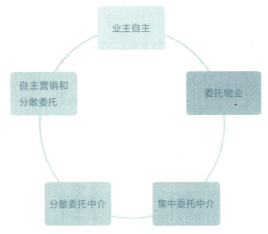

图5-30 写字楼租赁的5种营销模式

1. 业主自主营销模式

写字楼由单一业主独自持有，建立资产经营公司并设立市场营销部门自主从事租赁经营。

2. 委托物业营销模式

写字楼由单一业主独自持有，将租赁业务外包给写字楼的物业管理公司，后者按照合同的约定开展租赁业务并根据实现租赁的面积或获取的租金收益提取佣金。或者是写字楼由多方小业主购买持有，小业主统一将其所持有的物业资产委托写字楼的物业管理公司进行租赁，后者按照合同约定开展租赁业务并根据实现租赁的面积或获取租金收益提取佣金。

3. 集中委托中介营销模式

写字楼由单一业主独自持有，将租赁业务外包给有关的地产中介公司，后者按照合同的约定开展租赁业务并根据实现租赁的面积或获取的租金收益提取佣金。或者是写字楼由多方小业主购买持有，小业主统一将其所持有的物业资产委托有关的地产中介公司出租，后者按照合同约定开展租赁业务并根据实现租赁的面积或获取的租金收益提取佣金。

4. 分散委托中介营销模式

写字楼由多方小业主购买持有，各小业主分别将其所持有的物业资产各自委托不同的地产中介公司进行出租，后者按照合同的约定开展租赁业务并根据实现租赁的面积或获取的租金收益提取佣金。

5. 自主营销和分散委托营销相结合模式

写字楼由大小业主共同持有,大业主设立市场销售部门,自主性租赁经营自己的物业资产;而小业主则分别委托相关的地产中介公司出租其所持有的物业资产。

二、不同档次写字楼的租赁经营方式

不同档次的写字楼,产品综合质量不同、客户群不同,在出租经营方式上也有差异。顶级写字楼多采用只租不售方式,通过逐步提价来增加收益;一般甲级写字楼可能全部出租或部分出租、部分销售;乙级及乙级以下写字楼的出租经营重点在于招揽客户(图5-31)。

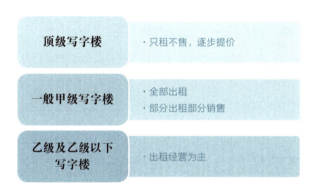

图5-31 不同档次写字楼的出租经营方式

1. 顶级写字楼——只租不售,逐步提价

顶级写字楼的发展商通常本身实力非常强,有很高的知名度和良好的商誉,项目的既定目标就是王牌写字楼,对写字楼的地段、硬件、配套及服务有非常高的要求。经营方式为只租不售,通常在经营初期要忍受较长一段的亏损期,对客户资质也有很高的要求。

一般顶级写字楼在推广初期以各种媒体组合扩大知名度为目的,寻找客户通常以发展商商务圈为基础。这种项目建成后一般都是城市标志性建筑物,所以,后期以其标志性的外立面、业内口碑及新闻策划为主要宣传方式,一般有自己的独立网站,少与中介合作。

甲级写字楼的经营策略通常是在写字楼入驻初期,会对知名客户给予较大幅度的优惠,知名客户入驻之后进入逐渐提价过程;当入住率达到一定水平之后,将进一步提高客户资质阶段,直至达到预期目标为止。

2. 一般甲级写字楼——全部出租或部分出租

一般甲级写字楼均为区域内标志性建筑，分为全部出租经营方式和部分出租部分出售结合经营方式两种。

（1）全部出租经营方式：一般要求开发商有较强的经济实力，经营有多样性的特点，为提升物业档次，在经营初期对客户要求也较高。在推广方式方面，与中介合作、建立自己的独立网站、坐销，以及与部分媒体组合宣传等多种形式（报纸很少采用）。

（2）部分出租部分出售经营方式：一般有整体出现的推广形式和小业主分别的推广形式，或与中介合作，有一些项目有自己独立的网站，必要时会在门户网站做链接，主要借助媒体为专业网页及报纸。

在分散产权的经营过程中，很容易造成内部恶性竞争，所以，对项目租金的维持，项目的保值增值都会造成一定的不利影响。

3. 乙级及乙级以下写字楼——出租经营为主

乙级或乙级以下写字楼出租一般借助于项目本身外立面或者是户外广告、报纸名片式广告、中介或经营者的商务圈进行对外招揽客户。应根据项目的特征、开发商的经济实力和开发商的企业发展目标来确定项目经营模式。一般以出租经营为主要经营方式。

三、写字楼租赁的3种价格策略

在写字楼的租赁市场中，目前通用的市场定价策略主要有以下三种：一是高开低走，二是低开高走，三是介于两者之间的中间路线（图5-32）。

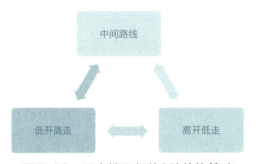

图5-32　写字楼租赁的3种价格策略

1. 高开低走

高开低走就是将租金价格定得比较高，以维护本写字楼在行业内的高端商誉，然后通过给客户较多的免租期，或者给客户各种优惠条件如免费使用停车位和储物间，或者按照写字楼的使用面积而非建筑面积计算租金（写字楼的建筑面积与使用面积的比例介乎于100：70和100：80之间）等方式来降低客户的实际租赁成本。

2. 低开高走

低开高走就是将起始租金价格定得很低以招徕客户入驻。然后通过采取其他手段提高写字楼出租方的实际收益，如高价出租写字楼的次级经营资源，包括停车位和储物间、高价收取客户的计算机机房制冷费用和通信布线费用、高价收取客户的装修工程费用和撤租恢复工程费用等。在低开高走模式中，最为典型的方式就是当客户新租时让其享受非常优惠的低租金价格，但在一两年后的续租时则大幅度提高租金价格。

3. 中间路线

即根据行业平均价格水平即市场价格向客户报价，按照建筑面积计算租金价格，在租约起始阶段给客户用于内部装修的免租期，按照正常标准收取停车位的租金和储物间的租金，按照正常标准收取装修工程费用、撤租恢复工程费用、计算机机房制冷费用、通信布线费用及其他相关费用，在客户续租期间按即时的市场价格有比例地上浮或下调租金价格等。目前，大多数写字楼的市场营销部门在制定其营销策略时通常采用这样的中间路线。

四、写字楼租赁的优惠策略

写字楼租金一般都会随着入住率的降低而下调，但是写字楼为维持其对外形象，更改报价会有一段时间的滞后，这种情况下为了增加其入住率会采取一定形式的折扣。

1. 租金折扣

写字楼出租人员在对来访人员进行完初步分析，了解求租人基本预算后，在租金上给予一定幅度折扣，是写字楼出租的一种促销方式。

2. 变相折扣

租金折扣与变相折扣相比，写字楼发展商在促销时更倾向于变相折扣，因为这样可以对外维持一个良好形象。写字楼出租的变相折扣手段包括免租期、赠送装修、减免应收费项目等（图5-33）。

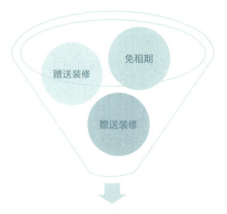

图5-33 写字楼出租的变相折扣方式

（1）免租期

免租期方式既可用于写字楼办公空间和商用空间，亦可用于写字楼的次级租赁资源，如停车位、楼层储物间和其他仓储空间等。按照写字楼行业内部不成文的规则或通行做法，一般应在新客户入住初期给予一至三个月的免租期，用于新客户对新租办公空间或商用空间进行内部装修装潢，并在后续租赁期间给予租赁客户每年一个月的免租期。

在写字楼租赁市场的前期营销即促销期间，为更有效地招徕租赁客户入驻，迅速降低空置率、提高入住率，出租方也可采取超强的优惠力度，诸如给予新客户三个月以上的装修免租期和每年一个月以上的普通免租期等。除给予租赁客户办公空间和商用空间的免租期之外，写字楼的出租方还可以根据市场竞争格局的需要，向租赁客户提供有关停车位、储物间和仓库等次级租赁资源的免租期。

（2）赠送装修

赠送装修是指发展商通过赠送一定的装修或者是装修材料的形式，来降低客户入驻时发生费用，给客户变相打折的一种促销方式。

（3）减免应收费项目

是指发展商通过减免如停车位费用、电话接入或移机费用、水电费，水牌费等的方法，来给客户变相折扣的一种促销方式。

五、写字楼租赁的营销准备

采用业主自主营销模式的写字楼，应当设置市场部（或称租赁部、销售部、租务部等），市场部门根据本写字楼的具体情况确定目标客户和目标客户群（图5-34）。

05 写字楼营销管理

图5-34　写字楼租赁营销准备

1. 设置营销部门

在写字楼自主式租赁营销的模式下,写字楼经营者应在其资产经营公司中设立市场部(或称租赁部、销售部、租务部等),作为职能机构负责开展写字楼整体租赁业务,包括办公空间、低层商业经营空间、仓储空间、停车位、户外广告位等。

写字楼市场部设市场总监一人(年富力强、德才兼备、外语专业背景、具有相关市场营销经验),主要负责写字楼市场租赁工作。

市场部还可设市场经理若干名,具体从事市场租赁业务。在高端写字楼行业内,市场部人员编制数量与写字楼整体租赁面积配比一般为2万m^2(建筑面积)/人。市场经理中应有分工方面的侧重,如,有人负责开发新客户、有人负责协调存量客户、有人负责联络储备客户、有人负责策划营销活动等。

2. 确定目标客户

写字楼市场部门应根据本写字楼的具体情况(包括建筑品质、规模体量、区位优势、智能化程度、硬件设施品质、软件服务品质、物业管理品质等综合条件)来确定适合本写字楼的目标客户和目标客户群(图5-35)。

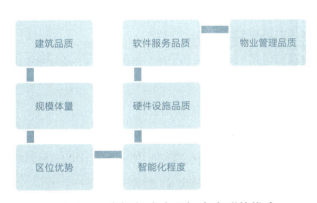

图5-35　市场部确定目标客户群的维度

最理想的境界是,写字楼内目标客户企业之间的产业链条相近或在商务和生产经营中存在着较强的互补性,可以由此将写字楼打造成一个商务平台,通过开展写字楼目标客户之间的商务合作来增强目标客户对写字楼的依存度和忠诚度，培育目标客户对写字楼所产生的归属感、依赖感、和谐感和幸福感。

六、写字楼租赁的前期营销

写字楼租赁市场前期营销是指写字楼建成伊始和投入商业运行之初时的租赁营销，主要是针对新客户的新租业务，是一个应急型、非常态的营销模式，其营销重点在于推广项目和积累客户（图5-36）。

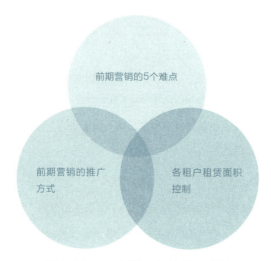

图5-36　写字楼租赁的前期营销

1. 写字楼租赁市场前期营销的5个难点

写字楼前期营销是一项极具挑战性的工作，尤其是处在完全竞争市场中的买方市场阶段，其存在以下五个难点：

（1）需要相当长的时间来逐步积累客户资源。

（2）需要相当多的精力来逐步在业界展示出新写字楼的特点和品质。

（3）需要制定非常优惠的佣金政策来鼓励相关的中介机构提供客户资源。

（4）需要推出非常优惠的租金价格来吸引新客户安家落户。

（5）需要制定富有创新意识的营销策略，以创新型的营销方式和差异化的营销内容来吸引高品质的商务客户（图5-37）。

05　写字楼营销管理

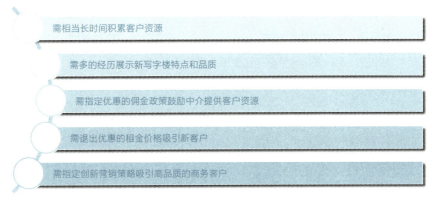

图5-37　写字楼租赁市场前期营销的5个难点

2. 写字楼租赁市场前期营销的推广方式

写字楼租赁市场前期营销重点在于推广，通常采用的推广方式如图5-38所示。

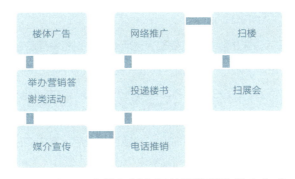

图5-38　写字楼租赁市场前期营销的推广方式

（1）楼体广告

写字楼利用自身高层楼体在外立面上悬挂巨幅醒目的广告。

（2）举办营销答谢类活动

形式多样、内容丰富的写字楼推介会，邀请业界知名商业地产中介机构参加，制定优惠佣金政策，从事业内答谢或推介活动。

（3）媒介宣传

在报刊媒体上进行广告推介。

（4）网络推广

在相关商业地产行业网站上推介和点击排名促销；

（5）投递楼书

印制装潢精美、内容生动的楼书，在行业协会、商务会所、高档餐厅、商务俱乐部等地点进行有偿投放，面向高端商务客户宣传推介等。

（6）电话推销

还有一些非正规营销方式，如电话促销，即从商业电话簿中采集目标客户的联络方式并通过电话作写字楼的租赁推介。但是要注意这个手段的使用技巧和方式，做一些基本筛选工作，不能给该类客户造成干扰。

（7）扫楼

即走访其他成熟的写字楼并选择楼内的目标客户进行入户推销。

（8）扫展会

即参加有关的专业展览会，在展览会上物色客户，特别是新成立的企业和机构，进行面对面的写字楼营销活动等。

3. 各类租户租赁面积控制

租赁方的权重或话语权是随着租赁面积变化而变化的。租赁面积越大，其权重或话语权就越大，反之，亦然。因此，在写字楼前期营销中应控制好各租户的租赁面积。

对写字楼出租方而言，客户的最佳租赁需求为200～500平方米建筑面积。低于200平方米建筑面积，楼层办公空间在分隔上有一定难度，且不容易实现每个单元必须拥有两个门的消防要求。但当客户的租赁面积超过500m^2建筑面积以后，客户将在与出租方的租赁博弈中拥有更多的权重。

如果客户租赁面积超过一整层，就可被视为"不安全客户"；当客户租赁面积超过三整层时，就自然成为"危险客户"了。这是因为：

一方面，当客户租赁面积过大时，出租方将被迫给予其更低的租金价格和更多的优惠条件，从而会大幅度降低写字楼的出租收益。

另一方面，当大面积客户到期不续租或因故突然终止租约时，出租方将需要相当长的时间来寻找新客户，同时将蒙受因出现巨大空置面积而导致的租金损失（图5-39）。

> 当客户租赁面积过大，出租方会大幅度降低写字楼的出租收益
>
> 大面积客户到期不续租或因故突然终止租约时，蒙受巨大空置面积而导致的租金损失

图5-39 各租户租赁面积控制的原因

七、写字楼租赁的中期营销

中期营销是指写字楼在正常商业运行期间的租赁营销,主要针对存量客户的续租业务、扩租业务以及少量的新租业务。工作内容包括:新客户招租、存量客户的续租和扩租、存量客户的分租、客户结构的优化、建立后备客户储备库等(图5-40、图5-41)。

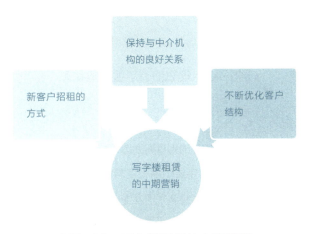

图5-40　写字楼租赁的中期营销

图5-41　写字楼租赁的中期营销的主要工作

一个高品质写字楼的理想租赁状态是(理想的写字楼租赁状态):由基础客户群占有60%的租赁面积,用20%的租赁面积招租新客户,用另外20%的租赁面积来满足写字楼内优质存量客户由于因业务发展而产生的扩租需求(图5-42)。

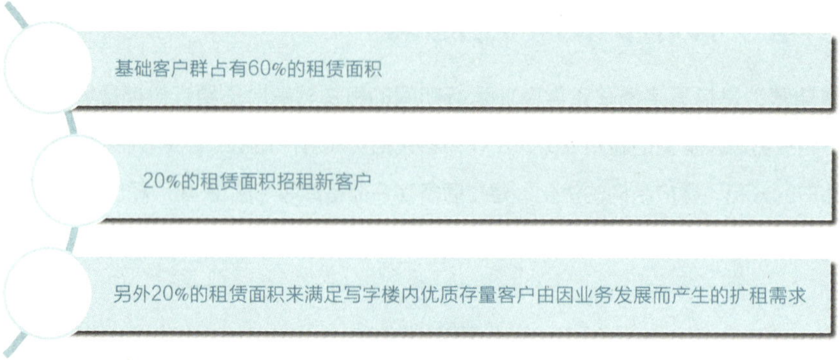

- 基础客户群占有60%的租赁面积
- 20%的租赁面积招租新客户
- 另外20%的租赁面积来满足写字楼内优质存量客户由因业务发展而产生的扩租需求

图5-42　理想的写字楼租赁状态

1. 新客户招租的方式

写字楼中期租赁营销中新客户招租的具体方式可以根据空置面积的具体情况而定。

如果空置面积较大，可以采取写字楼前期租赁营销中类似的一些策略，如包括举办写字楼推介会、以优惠佣金政策鼓励和发动业界中介公司为之效力、在相关报刊媒体和网络媒体上进行广告推介、在商务会所和高端俱乐部等地投放装潢精美的楼书、赞助和冠名相关的文艺文娱活动和体育赛事等，不断扩大写字楼的知名度，从而扩充和延伸写字楼的客户资源（图5-43）。

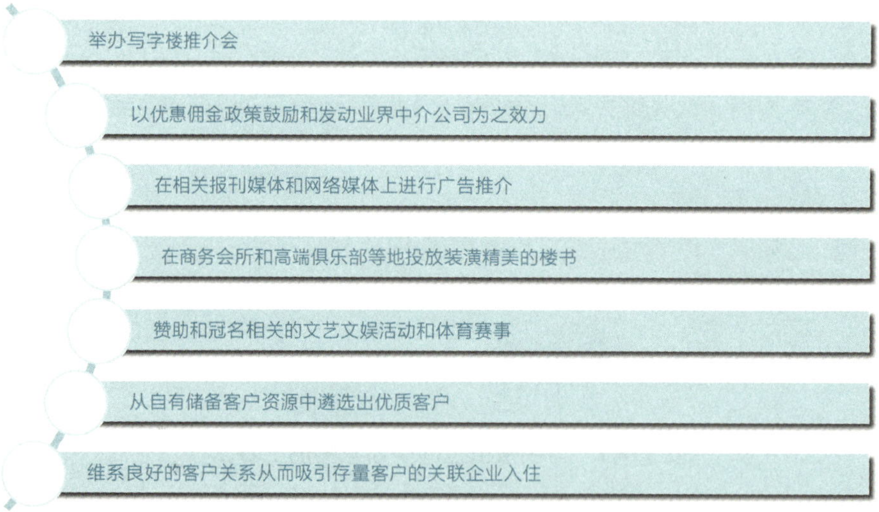

- 举办写字楼推介会
- 以优惠佣金政策鼓励和发动业界中介公司为之效力
- 在相关报刊媒体和网络媒体上进行广告推介
- 在商务会所和高端俱乐部等地投放装潢精美的楼书
- 赞助和冠名相关的文艺文娱活动和体育赛事
- 从自有储备客户资源中遴选出优质客户
- 维系良好的客户关系从而吸引存量客户的关联企业入住

图5-43　写字楼新客户招租的方式

在写字楼空置面积较小的情况下，则可以采取其他不同类型的营销策略，包括：

（1）从自有储备客户资源中遴选出优质客户。

（2）维系良好的客户关系从而吸引存量客户的关联企业入驻等。

2. 保持与中介机构的良好关系

写字楼市场部要与相关商业地产中介机构建立和保持良好的、可持续的合作关系，从而在写字楼行业内树立起自己稳固的商业信誉。为达到这一目标，首先，应制定出良好的佣金政策（一般为一个月的租金）且保证佣金给付及时到位。其次，不能因出租率高低而影响对中介机构的态度。

3. 不断优化客户结构

优质高端的客户能产生极大的辐射效应，可极大提升写字楼自身品质形象并有效地吸引其他优质客户竞相入驻。

写字楼市场营销部门应对本写字楼的存量客户建立一个科学、客观的客户品质档案，按照客户的国别、行业排名、商业信用、市场占有率、发展前景、员工素质、核心竞争力、租约履约情况、续租预期和扩租预期等内容建立起一个完整的参数体系综合评估。在年度续租过程中，写字楼市场部门应重视客户结构的优化工作，逐步淘汰综合评估分数较低的客户并着力引进综合品质预期较高的客户。

八、写字楼租赁的客户储备

对于写字楼的租赁营销而言，需要在日常市场营销工作中有计划、有目的、有重点的积累和整合优质后备客户资源，逐步构建起一个完整的客户储备库，用以平时优化客户结构，并在必要时填补写字楼大面积空置。

1. 储备客户数量

理论上，一个写字楼的完整后备客户储备库中的储备客户都应是高品质客户，其较为合理的数量应为写字楼目前存量客户数量的40%，其所需要的办公总面积也应为写字楼总租赁面积的40%。

2. 储备客户的4个来源

写字楼后备客户储备库中储备客户的来源有四个，如图5-44所示。

图5-44　储备客户的4个来源

（1）从已有客户中选择优质客户

在市场部日常工作中，常有各种不同的商务客户因租赁需求而登门造访，有些是因写字楼暂无空置面积或现有空置面积不理想而放弃租赁，也有些是因条件未商妥或财务预算不够而放弃租赁。市场部应该对这些客户予以甄别，从中选择出优质高端的客户，作为储备客户登记入库。

（2）从存量优质客户的关联企业中物色

写字楼市场部应通过积极有效的公关工作，努力从本写字楼存量的优质高端客户处取得与其有关联并存在租赁需求的企业或机构详细信息，主动联络、精心渗透并将其逐步发展成为自己的储备客户登记入库。由于上述的关联企业或机构可通过本写字楼的存量客户了解并信任本写字楼的品质、风格和服务内容，而且同处一个写字楼将使其业务合作更为方便，这类储备客户将具有极大的潜力。

（3）中介机构介绍

与有实力的商务中介机构密切合作，由其介绍一批存在现实或潜在租赁需求的高品质客户进入储备库。

（4）参加会议结识的客户

如由市场部人员参加有关的技术研讨会、专业座谈会、商务洽谈会等结识优质高端并有现实或潜在租赁需求的客户并将其登记入库。

3. 储备客户的管理

写字楼市场部对储备客户的管理主要包括两个方面：

（1）对登记入库的储备客户进行认真管理，详细记录与储备客户有关的商务信息，包括客户名称、基本情况、主营业务、行业排名、需要租赁的办公面积、计划租赁的时间段、租金预算、租赁偏好、特殊需求、联系方式等。

（2）与录入后备客户储备库的储备客户保持密切联系，通过定期走访、定期聚会、节日赠送礼品、在客户的纪念日和举办重要活动时赠送花篮致意、在客户负责人生日时送生日礼物等方式营造情感纽带和友好氛围，将储备客户逐步发展成为写字楼应对未来市场竞争的有效后备资源（图5-45）。

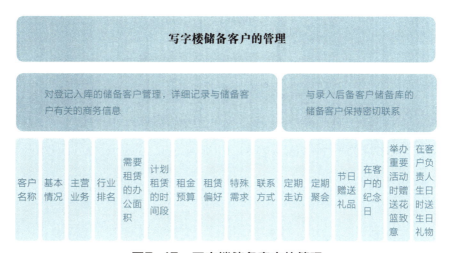

图5-45　写字楼储备客户的管理

写字楼物业管理

操作程序

第一节　写字楼物业管理全程介入
第二节　写字楼物业精细化管理

物业管理是写字楼的一个软实力。优秀的物业管理，能为写字楼营造出一个良好的内部办公环境，并对大厦设备设施提供优质维护，保证物业和设施设备长期使用，对保证物业口碑、提高出租率、保持租金水平非常有效。

物业管理是一项涉及面广、长期连续的管理工作。按阶段来分，它可以分为早期物业管理介入、前期物业管理以及日常物业管理。

本章介绍了写字楼早期物业管理介入、前期物业管理以及日常物业管理三个阶段的工作要点，并提出了写字楼物业管理三个管理优化的方向（图6-1）。

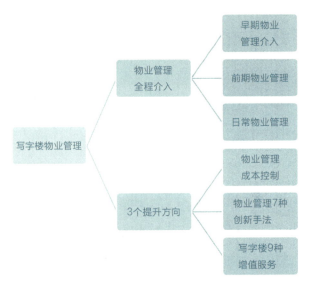

图6-1 写字楼物业管理

第一节 写字楼物业管理全程介入

写字楼物业管理由三个阶段组成：早期物业管理介入阶段，即物业预售至交付前三个月；前期物业管理实施阶段，即物业交付前三个月至业主委员会成立；以及日常物业管理（图6-2）。

物业管理工作在实际操作中，应分阶段、有重点、有步骤地落实。

图6-2 写字楼物业管理全程介入

一、写字楼的早期物业管理介入步骤

写字楼早期物业管理介入阶段的主要工作是从业主、开发商及物业管理专业三个角度出发，对物业规划设计、建筑安装、设施配置、设备选型等方面提出合理化意见和建议，使之既符合物业管理的要求，又满足广大业主的需求。这不仅有利于完善项目规划设计，还能避免因选材不当，或施工遗留问题给日后销售、使用及管理带来不便，为物业建成后的使用和管理打下良好基础（图6-3）。

图6-3　早期物业管理介入的3个阶段

1. 设计阶段的5个物业管理要点

写字楼设计阶段物业管理介入的工作重点是检查各类设施设备设计和检测材料选用是否合理，并提出相应设计或整改意见（图6-4）。

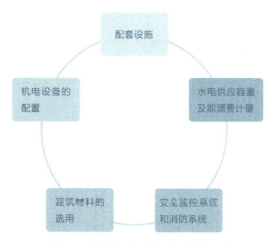

图6-4　设计阶段的5个物管要点

要点1. 检查配套设施是否完善

设施检查如邮局、商务中心、保洁用服务间、垃圾房、停车场、自行车库、开水炉（间）、吸烟区、员工餐厅及浴室等服务设施；另外，如物管公司用房、库房、员工通道、更衣室、工程部工作间、值班室、岗亭等后勤设备也要检查。

要点2. 检查水电供应容量及能源费计量

根据写字楼功能要求和不同业主（租户）使用设备及其发展需要审查水电特别是区域供电容量。对功能多样的楼宇，一定要考虑机电设备的配置和能源费（水、电、气）的分区域计量问题。

要点3. 检查安全监控系统和消防系统设备布局

检查安全监控系统和消防系统设备布局是否合理实用，是否留有死角。

要点4. 检查建筑材料的选用是否合理

设计单位和发展商从物业配套的外形美观和采购成本上考虑较多，而物业管理应从其后期维修保养的难易程度及费用上提出选择建议。

要点5. 检查机电设备的配置是否合理

物管公司提出建议和意见的方向为：不同功能和不同业主的使用要求、节能要求、安全要求、设备维养的难易程度及费用等方面。检查的主要方向为：各机电系统，比如，电梯、通信、采暖、空调、监控及消防主机、污水处理系统、新风系统等。

2. 建安工程阶段的5个物业管理要点

建安工程阶段的物业管理介入工作重心在于协助开发商进行与建安工程相关的审查工作，共五点，如图6-5所示。

图6-5　建安工程阶段的5个物管要点

要点1. 协助审查施工方案

协助发展商审查承建单位提出的施工组织设计、施工技术方案和施工进度计划。

要点2. 协助审查材料和设备清单

协助发展商审查承建单位提出的材料和设备清单及其所列的规格与质量、工程承包合同。

要点3. 协助控制工程进度

物管公司通过对施工计划和现场情况的分析对比,协助解决施工中的问题,提出解决问题的措施、期限和承担者,并督促其实现。

要点4. 协助保障工程质量

物业管理公司要参与制定重大项目和设备的招标投标条件和合同条款;协助督促承建单位设置质量保证体系(质量管理目标、程序和办法),设立质量检查负责人;特别是在机电设备方面,物管公司要对订货、采购、包装、运输、储存、安装、调试及成品保护进行全过程的检查和验收,做好质量记录和分析,提出意见协助处理质量问题(图6-6)。

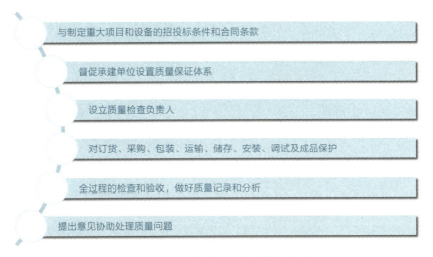

图6-6 协助保障工程质量的措施

要点5. 协助整理资料

检查安全消防措施和保险合同条款;收集整理合同文件和技术档案资料。

3. 开业运营前7个筹备工作

写字楼开业运营前，物业管理企业需要做好七个筹备事项，如图6-7所示。

图6-7　开业运营前7个筹备工作

事项1．督促工程整改

主要工作有三个：协助发展商对工程的进度和质量进行监理；接受机电供货商的培训；记录所有缺陷和问题，督促承建商和供货商整改。

事项2．协助物业销售

物管公司应根据工程进展和大厦租售情况与发展商协商制订一份详细的工作计划和进度控制表（要落实到每周）；与发展商一起制定租售价格和营销方案；了解已签约的业主和租户及发展商对他们在物管方面所作出的承诺，以制定相应的服务和解决方案。

事项3．协助整理档案资料

协助建立图纸资料档案、设备档案、承建商和供货商以及市政相关部门的联系档案；协助发展商签署各项工程和设备保修合同；相应文件及表格的设计、印刷和使用。

事项4．人员组织和培训

①成立物业管理公司或设置管理处。

设立各级管理机构及各岗位，草拟各级管理员工岗位职责，招聘所需员工及进行岗前培训，建立一支优良的专业物业管理队伍。管理机构一般应在进入写字楼管理前3个月建立,各级管理人员和员工应该到位。

②进行人员培训。

培训的具体内容包括:销售人员的物管知识培训;工程人员的专业培训;所有人员的入职导向培训、安全消防培训、管理维修公约培训、保险合同及理赔程序的培训、主要工作制度及程序的培训。让所有工程部员工熟悉楼宇建筑及各系统设备,参与楼宇、文件图纸、资料、设施设备的安装调试,具备完成验收交接工作的能力(图6-8)。

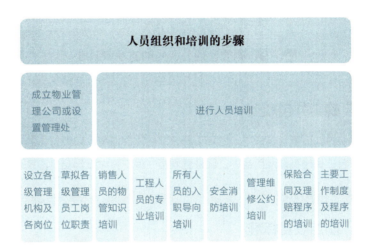

图6-8 人员组织和培训的步骤

事项5. 草拟物管规章制度

物业管理的规章制度分为物业管理公司内部的规章制度和公司对外(业主、租户)的规章制度两类:

①物业管理公司内部的规章制度。

建立一套科学、健全、严格的规章制度,使人人有章可循,事事有法可依。

物业管理公司内部的规章制度主要有:公司的宗旨,纪律、经营方针、工作程序岗位职责等(图6-9)。如保安员守则,工具的使用及保管规定,制服管理规定,考勤规定等。公司也可以将各种规章制度合成一本《员工手册》,方便员工全面了解和遵守公司的规章制度。

②物业管理公司对外的规章制度。

包括公司向业主、租户解释公司的宗旨、权利和义务,以及公司管理服务范围、管理服务方式,要求业主和租户共同遵守的行为准则等方面的文件,如业主公约、用户手册等。

图6-9　物业管理公司内部的规章制度

事项6．确定外包项目

确定外包项目，签署外包合同；制定汇总各部门采购清单，如办公家具设备及用品、工程工具及材料、保洁机器及用品、工服及更衣柜、保安器械及用品、印刷品、大厦指示牌等。

事项7．制定收费标准

根据大厦楼宇设备情况及业主租户服务需求预测，编制物业管理费预算，确定每月每建筑平方米的管理费金额；根据设备情况及业主使用功能的要求，拟定能源费计量及分摊方案和原则；确定服务项目及各类收费标准。

二、写字楼前期物业管理

前期物业管理阶段主要包括接管验收管理和业主入伙管理两个环节。

1．写字楼接管验收管理

为确保大厦环境、建筑和设施设备等符合有关法规政策及规划设计要求，维护业主的合法权益，为日后物业管理工作的展开奠定基础，物业接管前必须进行严格的验收工作。

新建写字楼接管验收应具备以下三个条件：

（1）建设工程已施工完毕并已竣工验收合格。

（2）供电、给水排水、供暖、卫生、道路等写字楼的附属设备能够正常使用。

（3）写字楼名称有地名管理部门审核的批准书，以及经公安部审批编制的正式门牌号码。

写字楼接管验收程序如图6-10所示。

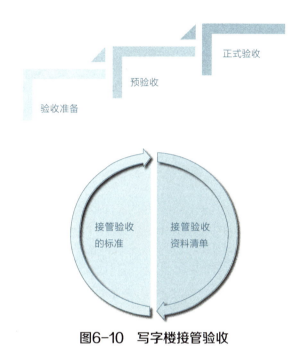

图6-10　写字楼接管验收

（1）物业验收准备工作

由物业部、工程部及公司有关人员组成写字楼验收小组，验收小组应在验收前完成以下准备工作：

①提前派出部分工程技术人员进驻现场，与开发单位和承建单位的工作人员一起参与写字楼竣工收尾监理工作，主要参与机电设备的安装调试，了解整个写字楼内装配的设备设施，熟悉各类设备的构造、性能；熟悉水、电等线路的铺设位置及走向，为入住后的管理、维修养护打下良好的基础。

②主动与开发单位、承建单位联系，协商写字楼交接问题（如交接日期及注意事项）和制定验收方案，统一验收标准。

③准备接管验收的各种表格，如接管验收表、接管验收遗漏统计表等。

④财务管理准备工作。筹措物业管理维修基金；制定财务预算方案，提交开发单位审批；建立完善的财务制度，有效控制管理费及资金收支；制定第一年的管理收支预算；拟定收费标准，包括管理按金及其他管理款项的建议。

⑤协助开发单位购买所需用具及设备，保质保量，保证写字楼管理顺利进行。

⑥编制写字楼验收计划。验收小组依据开发单位、承建单位提供的竣工图、设备清单

等文件，按设计及施工要求编制验收计划。验收计划应包括项目概况、接管原则、验收标准、职责分工、日期安排及工作内容和验收要求等。

(2) 写字楼的预验收

接到开发商接管验收的通知后，验收小组对所接收的资料，具备条件的，应在15天内签发验收复函并约定验收时间。届时，验收小组根据验收计划、标准（依据建设部《房屋接管验收标准》），按专业分工进行预验收。

预验收工作内容主要有四个部分，如图6-11所示。

图6-11　写字楼预验收的4个工作内容

①资料、设备清点。

验收小组对设计图纸、设计变更、竣工图、设备清单进行预验收，对写字楼的主体结构、外墙、楼地面、装修及电气、水、卫生、消防、供气、电梯、附属工程进行质量与使用功能的检验。同时，还要重点验收设备和主材的规格型号、容量、制造厂并清点数量、安装位置等。

②对不符合标准项目的整改。

在预验收中检查出不符合标准的项目，提出书面《物业验收整改通知书》，返回给移交单位，并在规定时间内由移交单位或工程施工单位整改。

③对单独设备进行试运转验收。

主要验收设备的安装质量和运转中设备的主要技术指标，对不符合指标的，及时提出书面意见，要求移交单位组织设备制造厂或施工单位重新调试，要达到规定的要求。

④提交预验收报告。

预验收后形成一份预验收报告，交公司总经理审查。

(3) 写字楼的正式验收

预验收中提出项目落实后,验收小组要进行检查、验证,如整改合格,则进行正式的写字楼验收。写字楼正式验收的工作内容如图6-12所示。

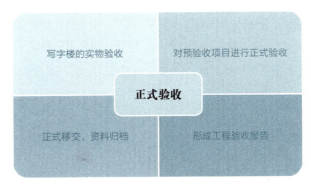

图6-12 写字楼正式验收的4个内容

①写字楼的实物验收。

一是图纸与设备规格型号、数量符合;二是工程的主要设备的实际安装位置与设计安装位置符合;三是设备(包括设备连接的整个系统的技术性能)应与设计的功能符合。验收结果记录在《验收交接记录表》中。

②对预验收项目进行正式验收。

重点放在预验时已记录在案的问题方面,其结果也记录在《验收交接记录表》中。

③形成工程验收报告。

各专业人员根据验收后情况,写出单项工程验收报告。验收小组根据单项验收报告,做好综合性验收评定及意见书,并将验收报告送公司总经理审批。

④正式移交,资料归档。

公司总经理代表写字楼的接收单位,同写字楼的交接单位进行正式移交。物业管理公司会同开发单位、施工单位、施工监理单位签字生效,并将全部资料收归存档。

(4) 写字楼接管验收资料清单

写字楼接管时需要移交的资料有三类:①产权方面资料,②技术方面资料;③开发商对楼盘原有内部装修标准及销售部门承诺的优惠条件方面资料,见表6-1。

物业接管验收资料清单   表6-1

资料类别	具体资料
产权方面的资料	（1）项目批准文件； （2）用地批准文件； （3）建筑执照； （4）拆迁资料； （5）业主姓名、产权、位置、建筑面积清单
技术方面资料	（1）竣工图，包括总平面图、建筑、结构、设备、附属工程及隐蔽管线的全套图纸； （2）地质勘查报告； （3）工程预决算分项清单； （4）图纸会审记录； （5）竣工验收证明书； （6）工程合同及开、竣工报告； （7）工程设计变更通知及技术核定单（包括质量事故处理记录）； （8）隐蔽工程验收签证； （9）沉降观测记录； （10）设备及主要建材的质量保证书或合格证书以及供水、供暖、管道煤气的试压报告
开发商对楼盘原有装修标准及承诺的优惠条件资料	（1）内部装修标准资料； （2）承诺的优惠条件资料

（5）写字楼接管验收标准

写字楼各部分接管验收标准见表6-2。

写字楼接管验收的标准   表6-2

部分	验收标准
地基、梁、柱、板主体	（1）地基基础的沉降不得超过建筑地基基础设计规范的允许变形值；不得引起上部结构的开裂或相邻房屋的损坏； （2）钢筋混凝土构件产生变形、裂缝，不得超过钢筋混凝土结构设计规范的规定值； （3）按图纸设计逐间检查，无变形、凹凸、剥落、开裂、倾斜、移位及非收缩性裂缝； （4）无钢筋外露
顶棚	（1）抹灰面平整，面层涂料均匀，无漏刷，无脱皮。 （2）无裂纹，无霉点，无渗水痕迹，无污渍

续表

部分	验收标准
墙面	（1）抹灰面平整，面层涂料均匀，无漏刷，无面层剥落，无明显裂缝，无污渍。 （2）块料（如瓷砖）面层：粘贴牢固，无缺棱掉角；面层无裂纹、损伤；色泽一致；对缝砂浆饱满，线条顺直。 （3）外墙面：无裂缝、起砂、麻面等缺陷，无渗水现象
地（楼）面	（1）毛地面：平整，无裂纹。 （2）块料（如瓷砖等）面层：粘贴牢固，无缺棱掉角；面层无裂缝、损伤，色泽一致，对缝线条顺直；对缝砂浆饱满，线条顺直。 （3）水泥砂浆面层：抹灰平整，压光均匀，无空鼓，无裂缝，无起泡等缺陷。 （4）卫生间地面：可用以下两种检查方法检验：一是向地面冲倒水，观察水流向是否准确到地漏，不应有积水、倒泛水；二是封闭地漏，灌水浸泡地面24小时，第二天到楼下检查楼面应无渗漏
门窗	（1）开启自如，手轻摇晃门窗与墙面接触牢固，无晃动和裂缝出现；目视零配件装配齐全，位置准确，无翘曲变形； （2）从室内轻摇晃门锁与连接牢固，开启灵活； （3）木门油漆均匀，观察门缝线条均匀，不掉角，无变形； （4）单指轻击玻璃安装牢固，无轻微晃动现象；玻璃胶缝密实，玻璃面层无裂缝，无损伤和刮花痕迹； （5）窗台泛水正常，无向室内倒流缺陷。可选择以下检查方法：先关紧所有窗户，从顶层房间窗户自上向下均匀浇水，停止浇水后半小时逐间检查每个窗台是否有水渗入
楼梯、扶手	（1）混凝土结构的楼梯：无裂缝，面层无剥落，钢筋无外露； （2）钢木结构的楼梯：用力轻摇无晃动，安装牢固；钢筋无锈蚀，无变曲；木扶手表面无龟裂，油漆无脱落，色泽一致，表面光滑，无扎手
开关	（1）安装牢固，目视盖板无损坏； （2）开关灵活，开启接触效果良好
照明灯具	（1）轻碰灯具无轻微摇晃，与楼面紧贴，零配件齐全，灯罩完好无损； （2）打开所有灯具，检查电源接通是否正常，灯具发光是否正常； （3）楼内公共照明灯全部接通连续工作3天，统计有多少自然损坏的
供水系统	（1）安装牢固不能摇动，管道（尤其是接头）完好无损，无渗漏水，无锈迹； （2）水龙头和水阀：打开水阀，流水畅通，无漏水；关紧水龙头，无漏水
排污管道（含塑料管）	（1）安装牢固，外观完好无损，配件齐全； （2）从楼上各排水口注入，楼下目视管道接口密实无渗水，楼上排水畅通无堵塞； （3）铸铁管：灌水后无渗漏水，表面无锈迹，无裂纹，面层油漆均匀

续表

部分	验收标准
卫生洁具	（1）安装牢固，外观完好无损，面层无污渍和刮花痕迹； （2）灌水后排水口密实，无渗水，接水软管无锈迹； （3）便器：水箱冲水正常，不堵塞，冲水畅通

2. 写字楼业主入驻管理

办理业主入驻手续时，为业主提供方便、快捷、及时、周到的服务，对塑造管理处的形象，给业主留下良好的第一印象，具有重要作用。因此，必须重视业主入驻工作的管理，其入驻流程如图6-13所示。

图6-13　写字楼业主入驻管理

（1）制定入驻程序，准备资料

在业主入驻之前，负责办理业主（租户）入驻的物业管理人员需制定入驻程序，准备各有关所需资料。

（2）布置入驻现场

布置业主（租户）入驻现场，打造利于入驻手续办理的环境，给业主（租户）留下良好印象。

（3）办理入驻手续

写字楼入驻手续的办理包括四个步骤：

①凭业主所持的入驻通知单和各类必备证明，发放交房资料；

②陪同业主（租户）验房，办理领房手续；

③收回业主（租户）按规定填写的各类表格，收取业主（租户）应缴纳的费用；

④对验房交接中发现的房屋质量问题，经业主确认后，填写《业主验收交接表》，并与业主（租户）约定时间，及时解决。

三、写字楼日常物业管理

写字楼日常物业管理的内容很多,包括保安管理、消防管理、绿化保洁管理、房屋及公共设备设施管理、娱乐设施管理、水系使用管理、财务管理、质量管理、档案资料管理、人力资源管理等方面(图6-14)。

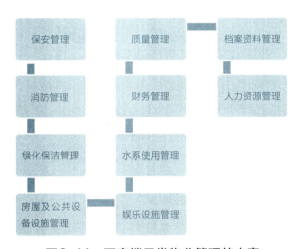

图6-14 写字楼日常物业管理的内容

1. 写字楼物业管理的3大原则

为实现既定管理目标,追求最佳环境效益、社会效益和经济效益,物业管理过程要始终把握三个原则,如图6-15所示。

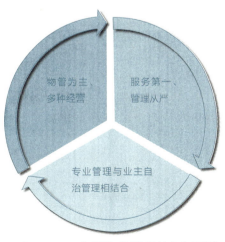

图6-15 写字楼物业管理的3大原则

原则1. 服务第一、管理从严

"服务第一"是物业管理的宗旨。因此管理中要继续秉承"以人为本"的管理理念,从业主的需求出发,强化服务机能,丰富服务内涵,提供优质、周到、及时的服务。

"管理从严"是服务的保障和基础,包括对物业的维护管理,对员工管理以及对业主不适当行为的管理和劝阻,建立严格、周全的管理制度,实施依法管理、从严管理、科学管理,以确保物业管理服务收到应有的成效。

原则2. 专业管理与业主自治管理相结合

在日常管理中,要充分发挥两个积极性,即物业管理公司的积极性和业主(租户)的积极性。物业管理公司应当尊重并按照广大业主(租户)的要求,通过管理处对物业实施专业化的管理,同时,努力争取业主(租户)的支持与配合,使其能正确使用和维护物业,并自觉遵守业主公约,共同创建文明办公环境。

原则3. 物管为主、多种经营

在搞好日常管理和常规服务的同时,从物业实际出发,开展一系列服务性多种经营,既满足广大业主(租户)不同需求,又增强物管公司的造血功能,增加经济积累,以利于更好地为业主(租户)服务。

2. 写字楼物业管理的8项要求

在写字楼走向高端化、细分化的同时,写字楼物业管理市场也在迅速扩大,物业管理水平需要不断提高。

写字楼物业管理的8点要求如图6-16所示。

要求1	科学、规范的管理制度
要求2	周密的治安管理
要求3	加强消防管理服务
要求4	重视清洁服务
要求5	加强设施设备维修保养工作
要求6	设立服务中心,完善配套服务
要求7	加强沟通,协调关系
要求8	建立完善的应急预案

图6-16 写字楼物业管理的8个要求

要求1. 科学、规范的管理制度

现代化写字楼技术含量高、管理范围广。所以,物业管理公司要积极探索制定并不断完善管理制度,使整个管理工作有章可循,有据可依,让写字楼管理科学化、制度化和规范化。要有高素质的员工队伍,高技术的管理手段,高标准的管理要求。

要求2. 周密的治安管理

写字楼安全保卫工作十分重要,它不仅涉及国家、企业和个人财产与生命安全,还涉及大量行业、商业、部门机密。由于写字楼一般在办公时间开放,所以,治安管理难度非常大,必须加强治安防范,建立健全各种值班制度:

①坚持非办公时间出入写字楼的检查登记制度。
②坚持定期检查楼宇防盗与安全设施制度。
③坚持上下班交接检查制度。
④加强前门、后门的警卫及中央监控。
⑤坚持24小时值班巡查,力求做到万无一失。
⑥物业管理公司应全面建立客户档案,熟悉客户情况,增加沟通了解,做到心中有数,确保客户的人身和财产安全。

要求3. 加强消防管理服务

由于写字楼规模大、功能多、设备复杂、人员流动频繁、装修量大,加之高层建筑承受风力大和易受雷击,火灾隐患因素比较多。因此,写字楼对防火要求很高,应特别注意加强对消防工作的管理。一定要教育员工、客户遵守用火、用电制度,明确防火责任人,熟悉消防基本知识,掌握防火、救火基本技能,加强防范措施,定期检查、完善消防设施,落实消防措施,发现问题及时处理,彻底消除事故隐患。

要求4. 重视清洁服务

由于写字楼一般都采用大量质地讲究的高级装饰材料进行装饰,所以,清洁难度很大,专业要求高。物业管理公司要制定完善的清洁细则,明确需要清洁的地方、材料及清洁次数、检查方法等。要加强经常性巡视保洁,保证大堂、电梯、过道随脏随清,办公室内无杂物、灰尘,门窗干净明亮,会议室整洁,茶具清洁消毒。

要求5. 加强设施设备维修保养工作

写字楼本身规模大、功能多、设备先进,物业管理人员不仅要具有管理知识,更要具有与之相配套的专业技术知识，才能做好这些设备的管理和维修保养工作，以及指导客户正确使用这些设备，避免设备被人为损坏。

物业管理公司应重视对写字楼水电设施（包括高低压变电房、备用发电房、高低压电缆电线、上下水管道等各项设施）的全面管理和维修，供水供电要有应急措施；特别注重对电梯的保养与维修，对消防系统的检查、测试和对空调系统的保养、维修。

此外，要有健全的检查维修制度，对公共场所和设施，比如走廊、大厅、电梯间等地方进行定期检查与维修维护。对客户的设备报修要及时处理，并定期检查。要做到电梯运转率不低于98%，应急发电率达到100%，消防设备完好率达到100%。

要求6. 设立服务中心，完善配套服务

写字楼管理其实就是一种服务。为方便客户，满足客户需要，写字楼应设立服务中心。服务中心负责帮助客户办理入住和退房手续，解决相关问题；提供问询、商务等各类服务，包括提供一些日常性服务，如协助接待来访客人、回复电话问询，提供打字、传真、复印及订票服务等；提供其他可能的委托服务，如代客购物、代送快件等。

要求7. 加强沟通，协调关系

物业管理公司要加强与客户的沟通，主动征询、听取他们对管理服务工作的意见与要求，认真接受、处理他们的投诉，及时解决他们提出的问题。妥善处理各方关系，协调配合政府各部门的工作，不断改进管理模式，使各项指标达到同行业的先进水平。

要求8. 建立完善的应急预案

物业管理要随时做好应对突发事件的准备。由于写字楼内设备系统、建筑结构和楼内人员的复杂性，作为物业管理公司应时刻保持警惕，随时准备应对各种突发事件。因此，物业管理公司要建立完善的应急预案，诸如火灾或刑事案件发生时的处理预案、意外人身伤害的处理预案、公共卫生应急预案等，并应定期进行演练。

06 写字楼物业管理

操作程序

第二节 写字楼物业精细化管理

写字楼走向高端化、细分化的同时,写字楼物业管理市场也在迅速扩大,其业主、租户物业管理需求也在同步增长,写字楼物业管理需要不断提升。本节提出写字楼物业管理的三个提升方向:物业管理成本控制、物业管理手法创新和提供增值服务(图6-17)。

图6-17 写字楼物业管理提升

一、写字楼物业管理成本控制

物业服务成本一般包括人员工资福利费,公共部位、公用设备设施的日常运行和维护、保养费,绿化养护费,清洁卫生费,公共秩序维护费,办公费,固定资产折旧费,共用部位、共用设施设备及公共责任保险费,经业主同意的其他费用(图6-18)。

图6-18 物业服务成本的内容

物业服务成本比例构成大致可分为四大部分：人力成本（占总成本的30%～40%），公共能源（占总成本的20%～30%），营运成本（占总成本的20%），管理费用（占总成本的10%左右）（图6-19）。可见，人力成本和公共能源成本占写字楼企业成本的50%～70%，成为写字楼物管企业成本控制的重点。

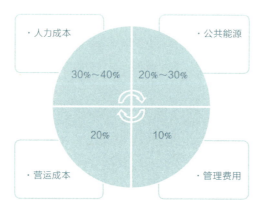

图6-19　物业服务成本比例构成

1. 采用成本临界点控制方式

临界点控制，是一种动态的控制方式，在既满足写字楼服务需求高峰期顾客对较高服务能力的需要，也保证低谷期不闲置服务能力的基础上，对内部各部门的成本预算和定额控制。临界点控制能使企业服务供应和顾客需求在刚好匹配的临界点上运作，实现高顾客满意度下的有效成本控制管理。

（1）建立成本预算和定额控制体系

将企业各部门作为独立的成本控制中心，企业核准各部门的预算，批准一定成本额度，并对其实行成本定额控制和考核。

（2）重点控制高达70%的公共能源和人力成本

①控制公共能源成本。

能源成本控制是一项长期的涉及组织内全体员工的工作。因此，企业应组成能源控制小组。相对于人力成本而言，公共能源成本的刚性较大。因为写字楼的基本照明和设备设施用电是必不可少的，在一定程度上，照明的布局和亮度标志着写字楼的品牌形象。所以，其控制还应该于细微处着眼，把握从小处见大的原则。

②控制人力成本。

写字楼的服务能力不仅指员工的数量，也包括员工的技能（专业技能和综合素质），它直接关系到企业提供服务的及时性和服务质量。人力成本是写字楼企业赢利的敏感因素。过度控制人力成本就会引起服务能力不足,影响服务质量。

2. 能源成本精益控制的4个措施

在满足顾客对能源需求(照明和设备设施需要)的同时,控制能源成本。能源成本精益控制的四条具体措施为:计量无遗漏、管理无空白点、电价核算准确、临界点运行(图6-20)。

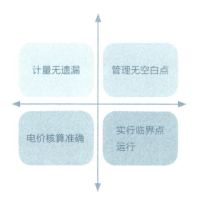

图6-20 能源成本的精益控制

(1)计量无遗漏(的管理办法)

计量无遗漏是能源成本精益控制的前提和基础,应从以下五个方面加强管理:

①为顾客安装电表。

总表扣除顾客使用的电费即为写字楼企业应该承担的费用,包括:公共设备设施运行的电费、公共照明电费,以及写字楼企业自己的办公用电三部分。

②配合国家或地区的电力优惠政策,安装相应的电表,可节约能源费。

③为了分析、控制设备设施用电,除了设备设施的总表外,为大型的设备设施安装专项计量电表。

④为了分析、控制公共照明用电,以每层楼为单位安装电表。

⑤为物管企业自用房安装电表。

(2)管理无空白点

能源的控制管理,要做到只要使用能源,都要能被计量。具体体现在:

①有相应的能源使用规定。

②派专人负责开关和控制运行时间。

③杜绝一切可能的无管理现象，如长明灯、夜班时间因责任不明确或安排不当而无人关闭的用电系统等。

④可以通过能源小组定期对写字楼进行全面巡查，杜绝能源管理的空白点。

⑤能源小组寻找可能的空白点，制定管理控制的措施，达到不断修正、完善的目的。

（3）电价核算准确

国家电力部门根据枯水季节和丰水季节分别实行两种用电平均价格，且每天按照丰、平、谷三个用电时段分三个不同的标准计量电价。所以，实际电费单价需要从总电费和使用小时两个指标反算得到。

另外，大型写字楼的框架结构决定了房间可任意割断电源，所以，供电部门不可能实施户表工程。为降低物管企业的成本，从总表到每位顾客办公间的线路损耗就只能通过顾客平摊的方式弥补。

（4）实行临界点运行

能源控制临界点运行是指凡是使用电力能源的系统，如写字楼设备设施用电、照明系统用电等，其开启、关闭和运作的时间和方式，刚好能满足写字楼顾客正常的需要。能源管理在没有多余浪费的需求和供应的平衡点上运行。

在这一点上，企业要从人员操作上做长期细致的工作。比如，不仅有设备的运作规程，还应制定设备的能源控制操作规程；在照明管理上，除了正式的规定，还可以将写字楼划分成不同的责任区域，要求员工根据实际情况自行调整操作规定。员工根据顾客的使用情况进行及时的开、关调整，使之既能满足顾客的需要，又能最大限度地节约用电（图6-21）。

图6-21 实行临界点运行的办法

3. 人力成本的精益控制

一般写字楼物管企业都是以较大服务需求来设计服务能力，并采用定岗定员的制度。这样虽然能够满足服务高峰期需求，在服务低谷期会出现明显的服务能力闲置，造成总体服务成本居高不下。写字楼人力成本的精益控制需要注意三点，如图6-22所示。

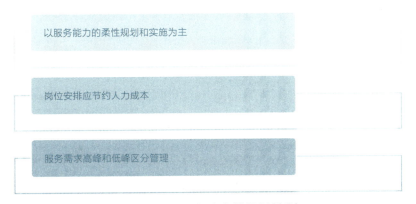

图6-22　人力成本的精益控制

（1）以服务能力的柔性规划和实施为主

人力成本的精益控制以服务能力的柔性规划和实施为主。柔性服务能力从两个方面实现。

一方面，培养一专多能的高素质的员工。为提高人员工作质量，对员工进行有计划、有目的的长期培训和岗位轮换实习，并将培训成效纳入绩效考核体系，才能有高质量地柔性规划服务能力，达到人力成本精益控制的效果。另一方面，在满足需求的情况下，打破人员安排刚性化，根据服务需要及时调整服务能力。改变企业目前通常采用的定岗定员制，详细分析服务需求，采取定岗定员和综合值班结合的人员排班方式，科学合理地安排服务运作时间和在岗人员。

（2）岗位安排应节约人力成本

在岗位安排上，从两个方面着手。

①从时间上，分析写字楼服务的需求高峰期和低谷期，重点安排服务能力，而不是平均分配服务能力。

②从空间上，落实服务责任，在不同服务时段采取定岗定员和值班结合的排班方式。

（3）服务需求高峰和低峰区分管理

写字楼全年服务需求高峰期和低谷期区隔的比较明显。由于写字楼租赁顾客数量在一定时期内相对固定,所以,可以按照年度节假日将写字楼服务排班分为工作日班和节假日班。每个工作日班又可以分为服务高峰定岗定员制和服务低谷值班制,而节假日班可分为周末和大假两个班。

物业管理企业要根据各种班次的服务需求强弱和特点以及管理重点,安排服务岗位。如在服务高峰期配以定岗定员的较高的服务能力;在低谷期(节假日等)以值班方式提供服务;以处理意外事件的应急能力为标准来满足较低服务要求;值班小组人员少,以团队方式相互协作,小组内员工一专多能,比如工程维护人员在需要时协助保安,共同完成值班任务(图6-23)。

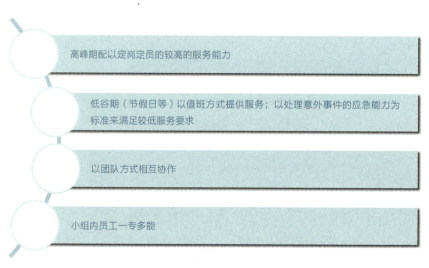

图6-23 服务需求高峰和低峰区分管理

二、写字楼物业管理7种创新手法

写字楼创新管理是指物业管理企业根据写字楼环境条件的变化(特别是客户需求的改变),更新管理理念,实现四个转变:

①从劳动密集型向管理技术型转变;
②从物业管理本身向不断满足人的需求转变;
③从物业管理区域资源提供向整合社会服务资源转变;
④从简单的管理手段向充分借用现代科技手段转变。

具体来说,物业服务企业可以运用以下七种手法实现写字楼管理的创新,如图6-24所示。

06 写字楼物业管理

1. 管理体制创新	·管理层与操作层分离
2. 设备管理创新	·节能环保、自动化
3. 安全防范创新	·引进新技术，多防结合
4. 秩序管理创新	·提供零干扰办公环境
5. 手续流程创新	·简化服务程序
6. 管理手段创新	·电脑网络化
7. 互动方式创新	·新媒体应用

图6-24　写字楼物业管理7种创新手法

1. 管理体制创新——管理层与操作层分离

改变目前通行的"大而全"物业管理体制，实现管理层和操作层分离。策略是通过业务外包，由专业公司来实现。而管理层将主要精力放在物业监理和资产管理上，发挥更大的管理和服务潜能。

2. 设备管理创新——节能环保、自动化

对设备管理，传统习惯是通过操作、保养、维修，达到延长设备使用寿命的目的。而近年的设备管理在此基础上更提出了节能、环保等新需求，要求物业服务企业不断采用新技术。

3. 安全防范创新——引进新技术，多防结合

应尽可能采用技防手段，如监控、红外线布防、公安联网报警、门禁系统卡、证件扫描器等，提高人防水平，发挥普通员工的防范作用，达到群防群治的目的。

4. 秩序管理创新　　提供零干扰办公环境

写字楼作为公司机构办公场所，对大厦内的秩序和环境安静要求非常高。但现实中会有一些特殊情况与环境的清静形成冲突，如客户装修，客户公司开张庆祝，各种推销人员混进大厦骚扰客户，甚至有公司上班开始全体员工喊口号等。管理者要思考如何寻找最佳解决办法。

5. 手续流程创新——简化服务程序

简化服务程序，为客户提供方便快捷的服务是物业管理企业制度创新的关键。例如：

（1）实行一站式服务：使客户在一个部门办理完入住、装修、维修等全部手续。

（2）实行一单式维修：服务窗口出单，工程部门凭单维修，客户凭单验收，财务凭单收费。

（3）实行一次式上门：物业管理企业上门帮助客户完成入住、搬离等手续（图6-25）。

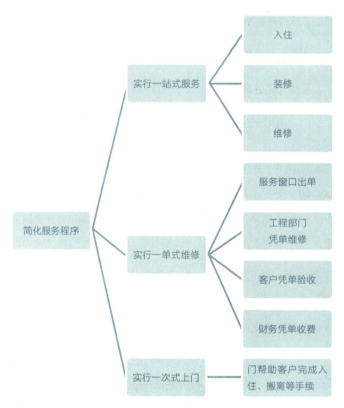

图6-25　手续流程创新

6. 管理手段创新——电脑网络化

物业服务企业根据写字楼实际情况，设计管理和服务软件，对客户档案、装修资料、室内及公共区域维修、投诉处理等全部进行电脑操作，实现网络化办公，提高工作效率。

物业服务企业也可以建立写字楼内部网站，给客户参与的机会，形成物业服务企业与客户的互动，便于物业服务企业更好地改进管理和服务，也便于客户掌握更好更新的信息。

06 写字楼物业管理

7. 互动方式创新——新媒体应用

随着网络和手机的普及，微博、微信等沟通工具应运而生，这些平台也逐渐会成为企业品牌宣传和创新营销的载体。

网络及终端媒体具有广泛的传播性和成本相对较低的优势，且能够有效地解决物业投诉处理不及时或客服电话无法接通等问题，甚至业主市场调研也可以通过结合有奖问答的形式实现。

此外，企业文化也可以通过这些平台得到多角度的展示：物业好人好事宣传、公益节约号召、节假日温馨提示等，可周期性发布。

三、写字楼9种增值服务

所谓增值服务，是指物业管理企业利用各种管理方式和管理手段，提供多种物业管理服务项目及衍生性服务项目，特别是特色化管理项目，达到或超越合同约定的服务质量要求，从而使物业增值成为一种服务方式。

写字楼增值服务主要有九种，如图6-26所示。

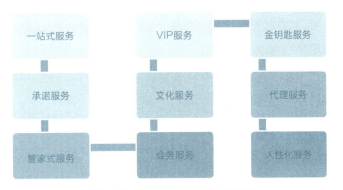

图6-26　写字楼9种增值服务

1. 一站式服务

在写字楼方便位置设立服务中心，采取一个窗口对客，一站式服务，24小时服务热线，全程负责办理客户的服务或者投诉等要求。避免客户办理装修、入住手续时，要跑不同部门、找不同人的不方便，所有手续只要打一个电话或到服务中心，就可以全部办理（图6-27）。

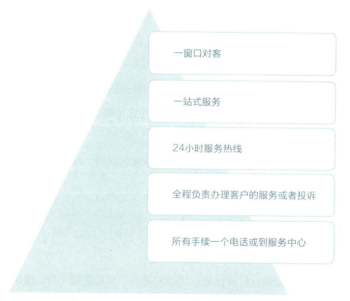

图6-27 一站式服务的服务形式

2. 承诺服务

即自觉公布服务的标准、时间及质量要求,自觉接受客户监督。服务承诺是物业管理企业量化服务标准,提高服务效率的有效措施,也是物业管理企业自我加压,不断提高和完善服务质量,满足客户需要的有效手段。

例如,规定每天9:15将日报送至用户信箱;3小时内将到达的杂志和邮件送至用户房间;铃响三声内接电话;紧急事件3分钟到达;投诉1小时内有回复等。

3. 管家式服务

借鉴英国 butler "管家制"模式,设立"贴心管家"。"管家"手机24小时开机,客户若有什么事情可以随时与他联系。

"管家式服务"作用有三:一是将被动的"保姆服务"转变为主动服务,为客户主动提供各类信息和建议;二是由公司对公司的服务,转变为人对人的服务;三是通过"管家"的调配,使物业管理企业内部资源与社会服务资源都得到更有效的整合(图6-28)。

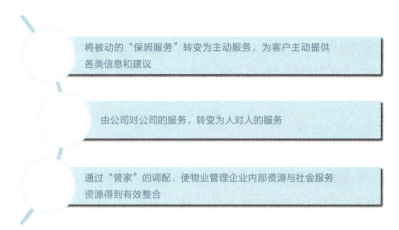

图6-28 "管家式服务"作用

4. VIP服务

对写字楼部分业主,如长期客户实行 VIP 优惠待遇。VIP 服务是客户身份的象征,可以让客户得到更大的优惠,让客户有更强的尊重感和优越感。

5. 文化服务

营造物业独特的文化品位,塑造良好的物业形象,打造温馨和谐的办公环境是写字楼增值服务的重要环节。物业管理企业可以根据实际,开展形式多样的大厦文化建设,通过社区文化活动给物业注入一种强大的文化内涵。品牌的背后是文化,文化具有巨大的无形资产,当这种无形资产转移到物业之中,就会带来物业的增值。(物业管理公司可以组织的)文化活动的内容是多样的,包括专业讲座、商务会、交友会、联谊会、文体娱乐活动、企业内刊和电子屏幕宣传栏等(图6-29)。

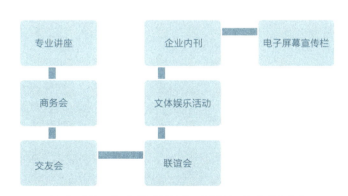

图6-29 物业管理公司可以组织的文化活动

6. 会务服务

会务服务属于物业管理的衍生服务。尤其是高档写字楼，客户对会务服务的需求很大。物业管理企业可以根据硬件配置，建立各种类型的会议室，并提供相应的会务服务，以满足客户商务洽谈、培训、会议等多方面需求。

7. "金钥匙"服务

在写字楼管理中引进星级酒店金钥匙（Concierge）服务理念。

首先，"金钥匙"服务要求在员工中树立"宾客至上，服务第一"的意识，使每位员工都致力于为客户提供"满意和惊喜"的忠诚服务。

其次，"金钥匙"服务拓展服务内容，向客户提供代理代办、信息咨询等服务，可以满足客户个性化需求。

8. 代理服务

物业管理企业整合社会资源，提供有偿代理服务，为用户节省时间，提供便利。例如与地方大医院联合在大厦内设点为用户免费体检；与邮局中秋节联合推出"月饼邮寄服务"；年底联系各大报社预约上门订报刊；联系废品站，上门收购废品等。

9. 人性化服务

物业管理企业要针对业主的特点提供更人性化的服务。例如：

（1）便民类服务。为用户提供雨伞借用、微波炉热饭、便民药品、便民工具、洗衣代办、自动擦鞋机、清洗饮水机等。

（2）温馨类服务。对新入住客户送花篮，客户过生日寄贺卡、送蛋糕等。

（3）细节类服务。在洗手间放小型盆栽绿化、设形象镜等。

（4）代办类服务。用户室内电脑设备、传真机代维修等（图6-30）。

06 写字楼物业管理

图6-30 写字楼人性化服务的内容